大庆师范学院教育教学改革项目 《大学英语》课

课题编号：JY2121

黑龙江省高等教育教学改革研究项目 多模态理论视域下大学英语课程思政建设研究与实践课题编号：SJGZ20210003

高校英语教学模式创新路径探索

张文静 张婕妤 李大鹏 ◎ 著

九 州 出 版 社

JIUZHOUPRESS

图书在版编目（CIP）数据

高校英语教学模式创新路径探索 / 张文静，张婕妤，
李大鹏著. -- 北京 : 九州出版社，2024.5

ISBN 978-7-5225-2909-7

Ⅰ. ①高… Ⅱ. ①张… ②张… ③李… Ⅲ. ①英语－
教学模式－教学研究－高等学校 Ⅳ. ①H319.3

中国国家版本馆CIP数据核字(2024)第096220号

高校英语教学模式创新路径探索

作　　者　张文静　张婕妤　李大鹏　著
责任编辑　云岩涛
出版发行　九州出版社
地　　址　北京市西城区阜外大街甲35号(100037)
发行电话　(010)68992190/3/5/6
网　　址　www.jiuzhoupress.com
印　　刷　河北万卷印刷有限公司
开　　本　710毫米×1000毫米　　　16开
印　　张　16.75
字　　数　220千字
版　　次　2024年5月第1版
印　　次　2024年5月第1次印刷
书　　号　ISBN 978-7-5225-2909-7
定　　价　98.00元

随着经济全球化的推进和信息时代的到来，英语作为国际通用语言的地位日益凸显。在高校教育领域，英语教学不仅是培养学生基本语言技能的重要手段，更是促进跨文化交际和国际化人才培养的关键环节。然而，传统的英语教学模式已经难以适应现代社会的多元化、个性化需求，因此，对高校英语教学模式的创新和改革显得尤为迫切。

本书由大庆师范学院张文静、张婕妤，安阳师范学院的李大鹏共同撰写完成，其中张文静撰写 10 万字，张婕妤撰写 8 万字，李大鹏撰写 5 万字。本书共分为七个章节旨在深入探讨高校英语教学模式的创新路径，全面分析现有教学模式的优势与不足，并提出一系列具有前瞻性和实用性的创新方案。

第一章和第二章分别对英语教学模式和高校英语教学进行了全面概述，旨在为读者提供坚实的理论基础。对英语教学模式的基本认知、发展演变、改革背景和评价方法的深入剖析，可以使读者更好地理解高校英语教学的教学目标、教学原则和教学理论。第三章至第六章聚焦于高校英语教学模式的创新路径，包括项目式、多模态、模块化、慕课与微课等教学模式，为高校英语教学提供了丰富多彩的选择。第七章则着重于高校英语教学模式的创新实践，包括听力、口语、阅读、写作和翻译等方面。这一章旨在将理论与实践相结合，展示创新教学模式在实际教学中的运用和效果。

本书力图构建一个全面、系统并具有前瞻性的高校英语教学模式创新框架，相信通过不断探索和实践，高校英语教学将迎来更加灵活、有效、个性化的新时代。同时，期待本书能为教育工作者、学者和所有关心高校英语教学改革的人士提供有益的参考和启示。

相信只有大家共同努力，才能推动高校英语教学不断前进，培养出更多具有国际视野和跨文化交际能力的优秀人才。

由于作者水平有限，文中难免存在不足之处，恳请读者予以批评指正。

C目录
Contents

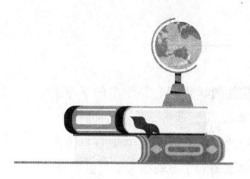

第一章　英语教学模式概述

第一节　英语教学模式基本认知

一、英语教学的内涵

（一）教学的定义

在对英语教学进行深入研究之前，教育工作者首先需要理解并定义什么是"教学"。教学，从字面上看只包含两个简单的概念："教"与"学"。然而，一旦深入这个词的核心，就会发现教学远不止于此，它是一种复杂且动态的过程，其内涵是丰富的。"教"是教学过程的前提，这一方面涵盖了教师的工作，包括课程的设计、教学策略的选择、教学资源的利用、教学过程的管理等。但是，"教"的概念并不仅仅局限于教师的角色和活动，它还包括教学环境的建设、教学目标的设定、教学内容的组织等，这些都是"教"的重要组成部分。因此，"教"是教学过程中的主动方，是教学活动的组织者和引导者。

"学"，是"教"的结果，也是教学过程的核心。其不仅包括学生的学习活动，如注意、理解、记忆、应用等，而且包括学生的学习结果，如对知识的掌握、技能的获得、态度的形成等。在教学过程中，"学"的效果不仅受到教师的教学活动的影响，还受到学生自身因素（如认知水平、学习策略等）以及环境因素（如学习资源、学习氛围等）的影响。因此，"学"是教学过程中的接受者和反馈者，是教学活动的参与者和体验者。

综上可知，教学不仅是一种单向的传递过程，而且是一种双向的交互过程。它不仅需要教师有效地传授知识，而且需要学生积极地接受和理解知识。在这个过程中，教师和学生都是教学活动的主动参与者。只有当他们共同参与到教学活动中，才能实现教学的目标，达到预期的学习效果。

（二）英语教学的定义

英语教学作为我国非母语教育的一部分，面临着自身的特殊性与挑战性。由于使用环境与使用对象的缺乏，因此，英语教学的任务不仅仅是传授语言知识，更重要的是培养学生运用英语进行思考、表达和交际的能力，这无疑给英语教学带来了一定的困难。

英语教学是一种有目的性的活动。对于不同的教学阶段和不同层次的学生来说，英语教学目标也各不相同。例如，初级阶段可能更侧重于培养学生的基础英语技能，包括听、说、读、写、译；高级阶段则更侧重于提升学生的语言应用能力，如批判性思考、创造性表达、跨文化交际等。这些目标不仅需要教师具有明确的教学方向，还需要学生有清晰的学习路径。

英语教学具有系统性和计划性。系统性主要体现在教学内容、教学方法、教学评价等方面，它需要教师、教研部门等多方共同配合，以保证教学的连贯性和一致性。计划性则主要体现在教学进度、学习任务等方面，其需要教师和学生共同制定、执行和调整，以保证教学的高效性和针对性。

英语教学需要利用合理的教学方法和教育技术。随着信息化的发展，课堂教学已经从传统的讲授式教学转变为多元化的互动式教学，其中的转变得益于各种新兴的教学技术的应用，如多媒体教学、网络教学、远程教学等。这些教学技术不仅丰富了教学手段，还拓展了教学空间，为教师因材施教、个性化教学提供了更多的可能性。

不能忽视的是，英语教学的本质是培养学生的语言运用能力，因此，不论教学目标如何设定，教学内容如何组织，教学方法如何选择，都必须以学生的学习为中心，以学生的发展为导向。只有这样，英语教学才能真正实现价值，达到预期的效果。因此，英语教学既是一门科学，也是一种艺术，它需要教师具有扎实的专业知识、丰富的教学经验、独特的教学视角和创新的教学思维。英语教学也是一种实践，它需要学生积极参与、主动探索、自我反思，形成自己的学习方式和学习风格。只有这样，教育工作者才能有效地解决英语教学中的各种问题，不断提高英语教学的质量和效果。

（三）英语教学的本质

英语教学的核心目标是引导学生实践和掌握英语语言，这是一种动态过程，需要学生持续探索，通过建立新的假设，并不断修正原有的假设，逐步达成对语言的理解和运用。然而，英语教学的本质并不仅如此，它还涵盖了更广阔的领域。例如，文化教学让学生在掌握语言的同时，理解并接纳不同的文化价值观和生活方式。

作为一种语言教学，英语教学主要聚焦于如何帮助学生建立有效的英语知识体系，提高学生的英语听、说、读、写、译等综合技能，使学生在将来的学习和生活中能够熟练运用英语。因此，英语教学对学生的语言认知能力、学习策略和语言应用能力提出了更高的要求，这就需要教师充分运用教育学、心理学、语言学等相关学科的理论知识，实施有针对性的教学活动，激发学生的学习兴趣，提升学生的学习效果。

英语教学是一种文化教学，涉及不同的文化背景，学生不仅要掌握语言本身，还要了解和理解英语国家的文化。语言与文化的关系非常密切，语言是文化的载体，是表达和传递文化的重要手段。在英语教学过程中，帮助学生理解英语国家的文化是十分重要的，这不仅能提升学生的跨文化交际能力，还能培养学生的全球视野。对于当今社会来说，这一点尤为重要。

总的来说，英语教学的本质是通过科学的教学方法，培养学生的语言运用能力，如对语言知识的掌握、语言技能的运用、学习策略的应用以及文化意识的形成。而这些目标的实现需要教师的专业素养、学生的主动参与以及教育工作者对教学理论与实践的深入理解和有效应用。在这个过程中，教师应时刻关注学生的学习需求，灵活运用各种教学方法和技术，创设良好的学习环境，激发学生的学习兴趣，引导学生主动参与、自我探索、自我反思，使学生形成自己的学习方式和学习风格，从而实现英语教学的最终目标，即提升学生的英语素质，提高学生的语言运用能力，培养学生的跨文化交际能力。

二、高校英语教学模式

（一）高校英语教学模式的含义

"模式"的英文是 model，model 还可以翻译为"模型""范式"等，把"模式"这个词融入教学方法指导中，便成为教学模式。教学模式是一种教学活动的基本结构或框架，是在特定的教育理论和方法指导下形成的，具有稳定的教学行为结构。从宏观视角看，它是对教学活动中教学方法和各部分内部联系及功能的高度把握；从微观视角看，它是教学活动的顺序和可操作性的表现。

教师理解了教学模式的概念，就可以更好地把握教学过程中的各个环节，更有效地设计教学活动，提高教学效果。教学模式不仅关注教学内容的设计，还关注教学过程的管理以及教学效果的评估。教学模式的科学性和合理性，直接影响到教学质量和效果，是优质教育的重要保障。

高等教育中的英语教学模式是根据高校英语教育的特点和需求，结合现代教育技术和教育资源，对教学内容、教学方法、教学手段、教学环境等进行整体设计和有效组织的教学行为模式。在英语教学中，教学模式的选择和应用，直接关系到教学效果的好坏，影响到学生的英语学习效果。

现代高校英语教学模式已经从过去的以教师为中心的传统模式，发展为以学生为中心的现代模式。这种模式强调学生的主体性，鼓励学生主动学习，注重对学生的能力培养，特别是对学生的自主学习能力、合作学习能力和创新思维能力的培养。这种模式充分利用现代教育技术，如网络技术、多媒体技术等，可以提供丰富的教学资源，创设灵活的学习环境，增强学生的学习兴趣，提高学生的学习效果。因此，在这种模式下，教师需要发挥好引导和辅助的作用，引导学生有效利用资源进行学习。

（二）高校英语教学模式应用的意义

教学模式的发展，归根结底是对教育方法论的一种革新。它的中介作用和方法论意义对教育实践产生了深远影响，尤其是在当前高等教育英语教学领域，教学模式的运用更显其重要性。

在高校英语教学中，教学模式的中介作用表现在模拟教学系统为英语教学提供学说依据，使教师摆脱只凭经验和感受，为教师在实践中弥合理论与实践的差距提供了可能。一方面，教学模式来自实践，它为某类教学提供了一个相对稳定的运行框架，涉及的各种因素和相互关系在这个运行框架中按照一定的规则有序地作用于教学，这种框架具有内在的逻辑关系；另一方面，教学模式是抽象理论的简化表达，可以更好地反映抽象理论的基本特征，并形成比抽象理论更具体的教学实施程序。

在高校英语教学中，教学模式的方法论意义则表现在以一种全新的视角来审视教学方法的革新。英语教学不能简单地运用刻板的教学方法，而应该更全面地审视教学活动，并对其进行深入的分析讨论，以便更好地理解和掌握教学活动的实质规律，从而优化教学内容和教学方式。

因此，在高校英语教学中，教学模式的运用至关重要。它可以帮助教师更好地理解教学活动的性质，更准确地把握学生的学习需求和学习过程，从而有针对性地调整教学方法和策略，以提高教学效果。举例来说，教师如果运用基于任务的教学模式，可以通过设计不同的学习任务，引导学生在完成任务的过程中自主学习，以提高学生的学习积极性和主动性，促进学生的交际能力和自主学习能力的提高。教师如果运用混合式教学模式，可以把线上和线下的教学有机地结合起来，利用网络技术的优势，使学生可以在任何地方和任何时间进行学习。这不仅可以提高学生学习的自主性和灵活性，而且可以节省教学资源，提高教学效率。而教师如果采用以学生为中心的教学模式，就可以更加关注学生的需求，尊重学生的主体性，激发学生的学习兴趣，培养学生的学习能力，从而提高学生的学习效果。

第二节　英语教学模式发展演变

一、教学模式的发展演变

在中国，一套完整的教学模式开始于当现代教育学成为一个独立的领域。在古代，教学的主要形式是以教师为主导的授课方式，即讲述、听讲、阅读、记忆、实践。这一模式的核心是教师传授知识，学生被动地接受。所以，学生在课堂上回答问题时往往是照本宣科，完全复制教师或教材上的内容。然而，到了 17 世纪，随着自然科学内容被纳入学校课程，这种传统的教学模式开始变革。

在国外，教学模式的概念贯穿在其整个教育历史中。西方近代教育理论的奠基者夸美纽斯（Comenius）提出了一种以课堂讲授为单位的教学方式，其强调课堂教学应包括讲课、提问、回答和巩固练习。这一教学观念突破了传统的授课方式，增强了学生的主体性。同时，他把学习和考试等活动纳入教学体系，首次提出了以"感知、记忆、理解、判断"为主的教学模式。[①]

19 世纪，随着科学实验的普及，被誉为"科学教育学的奠基人"的赫尔巴特（Herbart）在统一理论的基础上，提出了"清楚—联合—系统—方法"四阶段的教学模式。[②]他的学生莱因（Rein）在此基础上发展出"预备—提示—联合—总结—应用"的教学模式。这些教学模式都存在一个共同的问题，即灌输式的教学在不同程度上抑制了学生的个人发展。随着资本主义经济体制的推进以及重视个体成长的理念的普及，传统的教学模式开始受到挑战，美国哲学家杜威（Dewey）的实用主义教学理念逐渐得到认同，并推动了教学模式向更好的方向发展。

杜威提出了一种以"做中学"为原则的，"以学生为中心"的实用主义教学模式。[③]其基本步骤为"创建情境—确定问题—收集数据—提出假设—测试假设"。这一模式修复了以往教学模式的简单化倾向，弥补了赫尔巴特模式的不足，强调学生在学习中的主体性，注重培养学生的探索、问题发现和解决能力，为现代教学模式铺平了道路。然而，这

---

① 夸美纽斯. 大教学论 [M]. 傅任敢，译. 北京：教育科学出版社，1999：26.
② 赫尔巴特. 普通教育学 [M]. 李其龙，译. 北京：人民教育出版社，2015：44.
③ 杜威. 民主主义与教育 [M]. 魏莉，译. 武汉：长江文艺出版社，2018：46.

一实用主义教学模式也存在一定的问题，它过分强调学生的直接经历，忽视了教师在教学过程中的引导作用，导致了教学质量的下降，因此，在 20 世纪 50 年代遭到了批判。

自 20 世纪 50 年代以来，随着科技的发展，各行各业面临着需要应对科技变革的挑战，新的思想和学说催生了新的教学模式。现代心理学和思维科学的发展揭示了人类大脑活动的规律，为教学模式提出了新的要求，催生了新的教学理念和学说。在教学模式的分类上，国内外学者也提出了各种观点。乔伊斯（Joyce）、韦尔（Ware）、卡尔霍恩（Calhoun）从教学模式的源头和理论出发，将其划分为四种类型：资源处理教学模式、人格（人道）教学模式的发展、社交传播教学模式和方法矫正教学模式。[①] 中国学者则将教学模式分为三种，即教师引导学生从活动中学习的模式、教师和学生协作的模式、以学生为主体的模式。这些模式均强调了学生在学习过程中的主体地位，尤其是最后一种模式，更强调学生的主体作用，教师的角色更多的是指导学生如何学习。

二、高校英语教学模式发展

（一）传统时期（20 世纪 50 年代—70 年代）

自 20 世纪 50 年代至 70 年代，中国的高校英语教学主要以词汇和语法为中心。课程内容倾向于讲解复杂的语法结构和大量的词汇记忆，而非实际语言的应用和交流能力的培养。这一时期的教学方法主要以讲授为主，教师在课堂上扮演着主导角色，而学生则是被动接受的角色。听课、做笔记、复习，成为学生的主要学习方式。而且当时与国际交流较少，英语的实际应用场景有限，课堂教学也没有与实际生活紧密结合，考试主要集中在对语法知识和词汇的测试，而对听、说、读这几项

---

① 乔伊斯，韦尔，卡尔霍恩．教学模式 [M]．8 版．兰英，等译．北京：中国人民大学出版社，2014：18.

基本能力的考查相对较少，这导致学生虽然通过应试教育掌握了大量的语法和词汇知识，但在实际运用英语进行交流时却感到力不从心。这一阶段的教材以传统的语法课本为主，重点解释语法规则和词汇用法，缺乏实际情景的模拟，也缺乏对文化背景知识的介绍。学生通过学习能了解到语言的结构，却很难了解到语言的文化内涵和实际运用情景。

（二）改革开放初期（20世纪80年代—90年代）

随着改革开放的推进，20世纪80年代的中国高校英语教学模式开始有所变化。这一变革不仅反映在教学理念的更新、教学内容的丰富和教学方式的改进上，还体现在对学生听说能力培养的重视以及教师与学生之间的互动增强上。在这一时期，中国社会开始步入现代化进程，与外界的交流日益增多，而英语作为国际通用语言，在中国的地位也日渐重要。这使高校英语教育不得不调整自身的方向，以适应社会和经济发展的需要。英语不再只是一门学科，而且是一种实际的交流工具，英语教育也开始从对语法和词汇的教授转向了对听说能力的培养。

在教学方式上，教师的角色发生了变化。过去，教师在课堂上几乎是唯一的话语主体，学生更多的是听和记。而到了20世纪80年代，教学方式逐渐由以教师讲授为主向教师与学生互动转变。教师开始鼓励学生表达自己的观点，引导学生参与课堂讨论，并通过组织各种课堂活动促进学生的语言实际运用能力的提高。这一变化使英语课堂不再是单调乏味的讲解场所，而是充满活力和创造力的学习共同体。

随着改革开放的不断推进，中国高校的教学资源开始逐渐丰富起来。来自英国、美国等说英语的国家的教材开始进入中国市场，为高校英语教学提供了更加先进和丰富的教学资源。这些教材更加注重语言实际运用和文化背景介绍，能够帮助学生在学习语言的同时更好地理解西方文化。这一时期，国外教学理念和方法也开始影响中国的高校英语教育，以沟通为目的的教学理念逐渐为课堂所接受。学生的需求和兴趣开始受到重视，教学不再仅仅是灌输知识，而是引导学生探索和发现。这一理念的变革也促使教师不断更新自己的教学方法，寻找更符合学生需求的教学途径。

当然，这一时期仍处在探索阶段，具有许多挑战和困难。有些教师对新的教学理念和方法还不够熟悉，可能难以突破传统教学模式的窠臼。加上学生之间的英语基础也存在差异，如何满足不同学生的需求也是一个挑战。但总的来说，20世纪80年代的改革为中国高校英语教学的后续发展铺平了道路，也为中国高校英语教育的现代化进程做出了重要贡献。这一时期的探索和实践，不仅反映了当时中国教育改革顺应时代潮流，也为后续的教学改革提供了宝贵的经验和借鉴之处。

（三）教育现代化阶段（20世纪90年代—2000年）

20世纪90年代，中国的高校英语教学进入了一个新的现代化阶段。其不仅在内容、方法、资源、目标上发生了深刻的变革，还在理念和目标上展现出了前所未有的多元化和个性化特点。

在内容上，高校英语教学开始从单一的语言技能训练转向全方位的语言素质教育，不仅包括对学生听、说、读、写四项基本能力的培养，还包括对学生文化素养、交际能力和批判性思维能力等的培养。多元化的教学内容更好地满足了学生的个性化需求，让每个学生都能在英语学习中找到自己的兴趣和方向。

在方法上，多元化和个性化的教学理念得到了体现。教师开始尝试不同的教学方法，以适应不同学生的学习风格和需求。例如，教师采用小组合作的教学方式让学生在合作中学习，通过项目驱动的教学方式让学生在实际操作中学习。多样化的教学方法使学生的自主学习能力得到了有效提升。

在资源上，这一阶段的高校英语教学取得了较大的进展。多媒体和网络教学的普及，为学生提供了丰富的学习资源和灵活的学习方式。不仅如此，互联网还提供了一个全新的学习平台，学生可以通过网络参与各种在线课程、参与国际交流、阅读外文资料等，这不仅拓宽了学生的视野，而且提高了学生的自主学习能力。

在目标上，高校英语教学不再只关注学生的语言技能，而是更加强调培养学生的综合素质，包括学生的批判性思维能力、创新能力、团队合作能力等。与此同时，学生的个人兴趣和发展方向也逐渐得到重视。教育不再是"一刀切"似的灌输，而是关注每个学生的个体差异，努力培养学生的个性和特长。

（四）国际化教育阶段（2000 年至今）

2000 年至今，中国的高校英语教育进入了国际化教育阶段。这一阶段的教育特点不仅是对学生英语能力的提高和完善，还是对学生国际视野和跨文化交际能力的培养。这一变革是与中国经济的快速发展和经济全球化进程的推进紧密相连的。

在内容方面，英语教育更加注重对学生实际沟通能力的培养。与过去重视语法和词汇不同的是，现代英语教育更强调如何在真实的情境中进行有效沟通。这一转变反映了国际化时代对人才的新要求，也体现了教育的本质是为了培养具有国际视野和竞争力的人才。教学方法也发生了显著的变化，传统的教师讲授和学生听讲的模式逐渐被更灵活、更具有参与式的教学方法所替代。小组讨论、角色扮演、案例分析等方法被广泛运用于课堂教学中。这些方法不仅使学生能够更加积极地参与学习，还有助于培养学生的团队协作能力、分析问题的能力和解决问题的能力。[1] 教学资源也得到了丰富。网络、多媒体等现代教学技术被广泛运用到英语教学中，为学生提供了丰富的学习资源和灵活的学习方式。

---

[1] 于伟. 高等教育国际化与英语教学的目标和定位 [J]. 黑龙江教师发展学院学报，2020，39（4）：130-132.

许多高校还与海外高校建立了合作关系，为本校学生提供了海外交流和学习的机会。这些资源和机会不仅提高了学生的英语实际运用能力，还拓宽了学生的国际视野。此外，跨文化交际能力也成为高校英语教育的一个重要方向。在经济全球化的背景下，人们不仅需要掌握一门语言，还需要理解和适应不同文化背景下的交际规则和习俗。因此，跨文化交际能力的培养成为英语教育的一个重要内容。许多高校还专门设置了跨文化交际课程，通过对不同文化的比较和分析，培养学生的跨文化交际能力。

第三节　英语教学模式改革背景

一、高等教育国际化

在经济全球化的潮流中，高等教育的国际化成为不可逆转的趋势。大学英语作为高等教育体系中的基础性课程，肩负着培养学生实际英语应用能力、增强跨文化意识和跨文化交际能力的重要任务。在这一过程中，英语教学模式的改革已然成为高等学校提高教学质量的关键环节。

在中国的教育体系中，英语教学长期受到语法翻译法的影响，过度强调知识讲解和语法形式，却忽视了学生语言实际应用能力的培养。从2003年开始，教育部在全国范围内开始了大学英语教学改革的试点工作，一直持续到2007年《大学英语课程教学要求》的正式发布，此间改革成果显著，但在理念、教学设计和教学管理等方面，仍存在进一步完善的空间。在高等教育的国际化背景下，学术英语成为大学英语教学的新目标。[①]随着学生英语水平的提高和国际化课程对英语水平的高要

---

① 　孙晓东.英语课程的价值体系与英语教学发展：评《大学英语课程教学要求》[J].新闻爱好者，2018（2）：112.

求，英语教学需要从通用英语转向学术英语。学术英语的教学不仅能提高学生的英语运用能力，还能帮助学生更好地掌握专业知识，为其以后的深造和科研打下坚实的基础。学生跨文化交际能力的培养也是大学英语教学的重点。语言习得不可分割地与对文化的理解联系在一起。在越来越多的学生出国留学，以及外国学生来中国留学的背景下，大学英语教学需要包含更多的文化内容，使学生在学习语言的同时，了解并理解外国文化。

大学英语教学的改革是实现中国高等教育国际化的关键步骤。高等教育的国际化，是指在一个国家或地区内提供充足的国际高等教育资源和学术交流资源，帮助本国或本地区师生了解国际学术前沿、增加国际知识、拓宽国际视野。这需要接收留学生和外国学者，举办国际学术会议，制定国际化的培养目标，开设国际化课程，鼓励本校师生利用国际资源，参与国际交流活动等。大学英语教学改革将为此提供必要的语言基础。

二、信息化和互联网的发展

在当今信息化和互联网高度发达的社会环境中，大学英语教学的改革已经成为必然，而非选择。

首先，信息化和互联网已经深深地改变了社会的工作方式和沟通方式，这直接影响了英语作为国际通用语言的使用和学习方式。传统的教学模式可能无法适应这种变化，使学生无法有效地在真实环境中使用英语。因此，英语教学必须调整教学策略，以培养学生的实际语言技能和跨文化交际能力。其次，信息化和互联网为教育公平提出了新的要求。互联网为所有人提供了丰富的学习资源和更多的学习机会，使人们的学习不受地域和时间的限制。如果大学英语教学还停留在传统的教学模式，可能会导致学生之间的学习机会不平等。因此，为了满足教育公平的要求，英语教学必须利用信息化和互联网的优势进行改革。再次，信息化和互联网的发展促使大学英语教学必须跟上时代的步伐。大学教育的目标不仅是传授知识，更是培养学生的创新能力和终身学习能力。这就需要英语教学充分利用信息化和互联网的资源，鼓励学生自主学习、合作学习，培养他们的信息素养和学习策略。最后，信息化和互联网的发展使英语教学的评价方式也必须改革。传统的考试评价方式往往偏重学生对知识的掌握情况，而忽视了技能的运用和个人的发展情况。现在，互联网提供了更多元化的评价工具和平台，可以更全面、更公正地评价学生的学习成果。

信息化和互联网的发展不仅为大学英语教学提供了新的可能，也对其提出了新的要求。如果想要适应社会的发展，满足学生的需求，英语教学必须进行改革，以信息化和互联网为驱动，实现教学的现代化和国际化。

第四节　英语教学模式评价方法

一、高校英语教学评价体系构建

（一）高校英语教学的特点

高校英语教学在当今经济全球化背景下具有不同于其他教学水平和领域的独特性质。其特点体现在多个方面，彼此交织，共同塑造了一种复杂而富有内涵的教育现象。

高校英语教学紧随时代的发展趋势，不仅是培养学生英语基础知识的过程，更是一种跨文化交际能力的培养和批判性思维的引导。学生人数众多，知识背景各异，这要求教学方法必须具备一定的灵活性，以适应不同学生的学习需求。

在教学资源方面，高校英语教学通常配备了丰富的学习材料和先进的教学设施，如多媒体教室、在线学习平台等。这为教师提供了更多样化的教学方法，也为学生创造了更多元化的学习途径。

高校英语教学还与学科专业教学紧密相连。许多学科专业都需要用英语进行学术交流和研究，因此，高校英语教学常常需要与专业课程相结合，以达到更实际、更深入的教学效果。

高校英语教学注重培养学生的自主学习能力和团队协作能力，倡导学生以主体地位参与到教学活动中来，促使他们能够主动探索、合作交流。教师作为引导者，不仅要传授知识，还应引导学生如何学习，如何运用所学进行国际化交流，以满足社会不断变化的需求。

（二）高校英语教学评价标准

高校英语教学评价标准充分反映了英语教学过程与效果应如何进行衡量，成为提高教学质量和促进教学改革的关键要素。在明确教学目标的基础上，评价标准不仅关注学生英语语言技能的掌握、跨文化交际能力的培养和批判性思维能力的提高，还对教学方法和内容的科学性、先进性、实用性进行深入考查。

评价的核心之一是学生学习的效果，它涵盖了学生学习的成果、进展、兴趣和态度等多个方面，以便全面了解学生对英语知识和技能的掌握情况。它还包括学生学习的自主性和合作精神，这与教学资源和环境的优化相辅相成。例如，多媒体教学设施的有效运用和在线学习平台的合理构建。教师作为教学的主导者，其教学水平、态度和创新精神也是评价的重要内容。这涉及教师对教学内容的准确把握、对学生学习需求的敏锐洞察和对教学方法的灵活运用。评价体系还强调了反馈和改进机制的必要性，包括及时收集各方反馈意见和根据评价结果调整教学策略，以确保教学质量的持续提升。①

更重要的是，高校英语教学评价标准需与国家教育政策、行业标准和社会需求保持一致，以体现教学的社会适应性和前瞻性。这一评价体系是一个综合性、系统性和动态性的过程，涉及多个相互关联的因素。它旨在确保教学过程和效果的科学性、公正性和可持续性，同时需要顾及教师和学生的实际需求与社会的外部环境相协调。

二、高校英语教学的定量评价方法

（一）统计分析方法

1.高校英语教学效果的描述统计

高校英语教学的定量评价方法在统计分析方面发挥了重要作用，其中，描述统计作为评价过程的基础环节，对于分析和理解教学效果具有关键意义。

在高校英语教学效果的描述统计中，人们通常会采取一系列科学的方法来收集、整理、分析和解释数据，从而描绘英语教学效果的总体特征。这一过程不仅涉及对学生英语成绩的分析，还涉及对学生的参与度、满意度以及教师的教学风格等多个方面的统计描述。

通过对学生在不同教学环境和不同教学方法下的学习效果进行描述统计，教育工作者能够更清晰地了解学生的学习进展和学习需求。在这一过程中，教育工作者可能会采用平均值、中位数、标准差等统计量来总结学生的英语成绩分布，从而揭示学生英语能力的整体水平和个体差异。描述统计还能用于分析学生对不同教学内容和教学方法的反应。通过对学生的学习兴趣、学习动机、学习策略等方面进行统计分析，教育工作者可以探寻哪些教学内容和教学方法更受学生欢迎，哪些可能需要

---

① 吴耀熙 . 高校英语课堂教学评价标准研究 [J]. 英语广场：学术研究，2018（5）：119-120.

改进。描述统计还可以应用在对教师教学效果的评估中。例如，通过统计教师的教学方法和学生的学习效果之间的关系，进而评估教师的教学能力和教学效率。同样，通过分析教师的教学风格与学生满意度之间的关系，还可以为教师的进一步专业发展提供依据。

2.高校英语教学效果的推断统计

推断统计在高校英语教学效果的评估中占据了不可或缺的地位。相较于描述统计，推断统计更侧重于从样本到总体的推断和预测，它涵盖了假设检验、置信区间、回归分析等多个方面。

高校英语教学效果的推断统计需要关注的是样本的代表性和可推广性。随机抽样或分层抽样等方式的运用，能够保证样本真实反映总体情况，从而使通过样本获得的结论具有推广到全体学生的可信度。例如，通过对一部分学生进行测试，人们可以推断整个年级或学校的英语教学效果。推断统计可用于对不同教学方法、教学材料或教学策略的有效性进行比较和评估。设立假设后，通过运用 t 检验、方差分析等方法，可以科学地检验不同教学手段对学生学习效果的影响，找出更符合高校英语教学需求的教学方案。推断统计还与高校英语教学的长期规划和持续改进紧密相连。例如，通过回归分析，人们可以探究学生的学习成绩与其他因素（如学习时间、教学方法、学生参与度等）之间的关系，从而预测未来的教学效果，并为教学改进提供方向。同时，推断统计强调对结果的准确性和可信度的评估。计算 P 值和置信区间，不仅能够明确推断的精确程度，还可以直观地表现不同变量间的关系强度和方向。这对于高校英语教学管理层来说，是进行决策和资源分配的重要依据。

在实际应用中，描述统计与推断统计相辅相成，共同构成了高校英语教学效果评估的完整体系。描述统计提供了对现有数据的直观理解，而推断统计则拓宽了这一理解，使之能够延伸到更广泛的背景和更深远的未来。正因为如此，推断统计不仅有助于揭示教学现象背后的深层机制，还为高校英语教学的战略规划和创新发展提供了坚实的科学支撑。

（二）问卷调查方法

1.针对高校学生的问卷设计

问卷调查作为一种主流的社会科学研究方法，在高校英语教学评价中具有广泛的应用。针对高校学生的问卷设计不仅需要考虑科学性、合理性，还必须兼顾实际教学场景和学生的特性。

在问卷设计的起始阶段，确定问卷的目的和研究对象是关键步骤。针对高校学生的问卷需要深入了解他们的学习需求、兴趣和困扰，以便更准确地把握研究方向和提出具体问题。在这一过程中，问卷设计者可以与教学一线的教师沟通，还可以进行预调查来确保问卷的方向性。问卷的内容设计要求既全面又精确。高校英语教学涉及多个方面，如教学内容、教学方法、教师素质、学生满意度等。因此，问卷需要囊括这些因素，但也要避免过于冗长和复杂。其中，问题的提法也要清晰明了，避免引起误会或模棱两可的回答。

对于高校学生群体的特殊性，问卷设计还要注意几个方面。一是要充分考虑学生的学习背景和英语水平，确保问题表述通俗易懂，符合他们的认知水平。二是要关注学生的情感需求和兴趣点，以便提高问卷的吸引力和回答的积极性。三是要关心问卷的形式设计，如采用网络问卷的方式可以增加学生的参与度，方便后续的数据分析。问卷的可信度和效度检验也是不可或缺的环节。对此，问卷设计者可以通过专家评审、预调查、信度分析等方法来确保问卷的质量，特别是针对高校学生的问卷，还可以通过与教师和学生的深入交流，了解他们的真实感受，来不断修正和完善问卷内容。问卷的实施和分析阶段也要有针对性的安排，如采用分层抽样来保证样本的代表性，或采用专门的统计软件来增加分析的准确性和深入性。

2.高校英语教学问卷分析

高校英语教学问卷分析是一项涉及多方面知识和技能的复杂任务，

它旨在从大量的原始数据中挖掘出有用的信息，为高校英语教学的改进和发展提供科学依据。下面以融合性的方式来描述高校英语教学问卷分析的全过程。

在收集完问卷数据后，对原始数据的清洗成为首要任务。由于问卷数据涉及的问题多样化，且来源广泛，因此可能存在一些无效或错误的回答。这就需要通过一些统计软件或人工的方式，剔除掉这些数据，确保后续分析的准确性和可靠性。数据清洗完后，接下来要进行的则是描述统计分析，如频数、百分比、平均数等，并描绘出数据的基本分布情况和趋势。由于其涉及高校英语教学，所以可能需要更多关于学生英语水平、教学满意度、教学方法等方面的细致描述。随后的推断统计分析则更为复杂，它涉及一些深入的分析和解读。例如，是否存在某种教学方法与学生满意度之间的显著关系？学生的英语水平与哪些因素有密切联系？这些问题可能需要运用到相关性分析、回归分析、方差分析等统计方法。而在这一过程中，问卷设计者不仅需要选择合适的统计模型和方法，还要根据实际情况合理解读和解释结果。

由于高校英语教学涉及个体差异和主观感受，而开放性问题可以提供更丰富和深入的信息，因此，问卷分析也不能忽视对开放性问题的分析。通过内容分析、主题分析等定性分析方法，问卷设计者可以从文字描述中提炼出一些深层次的主题和模式。在整个分析过程中，其需要不断与高校英语教学的实际情况相结合，反映出教学现实的复杂性和多样性。这可能涉及教育心理学、教学方法论、统计学等多个领域的知识，也可能需要与教师、学生、教育管理者等多方沟通和合作。

高校英语教学问卷分析的结果应以清晰、准确的方式呈现，既要满足学术严谨的要求，也要符合教学实践的需求。分析报告要力求使非专业人士也能理解，从而让分析成果能真正服务于教学改进和提高。

三、高校英语教学的定性评价方法

（一）观察法

1.高校教学直接观察

高校教学直接观察作为定性评价的重要手段，在英语教学评估中占有不可替代的地位。与其他数据收集方法相比，直接观察法在许多方面具有独特优势。本书将结合高校英语教学环境，探讨教学直接观察的实施方式和意义。

直接观察教学现场是理解和评估高校英语教学过程的核心手段之一。通过实地参与或亲眼见证教室内的教学互动，观察者可以更真实、更准确地捕捉到教学的微妙之处。与仅依赖学生或教师的讲述不同的是，直接观察允许观察者在没有先入为主的观念干扰下，全面体验教学的全过程。

在实施高校教学直接观察时，要考虑多个方面的因素。例如，选择合适的观察时间、地点和对象，确保观察的可行性和效率。此外，观察者的角色定位也是一个重要问题。观察者可以作为旁观者全程观察，也可以与学生或教师互动，深入了解教学的实际效果。这种灵活性使直接观察法在揭示教学真实情况方面具有独特的优势。

需要强调的是，高校教学直接观察并不是一项简单的任务。观察者需要具备敏锐的观察力和丰富的教学经验，才能在复杂多变的教学现场捕捉到关键信息。观察者还需要拥有扎实的学科背景，理解教学内容的深层次含义，确保观察结果的专业性和科学性。

直接观察也需要避免一些潜在的风险。例如，观察者的存在可能改变学生或教师的正常表现，从而影响观察的真实性。解决这一问题的方法之一是通过长期观察，使观察对象逐渐适应观察者的存在，恢复正常的教学行为。

2.高校教学间接观察

高校教学间接观察作为一种补充直接观察的方法，在许多情况下，可能成为更适宜的选择。间接观察通常涉及使用录音、录像或其他技术手段来捕获教学过程，然后在其余时间进行分析和评估。与直接观察相比，间接观察有其独特的优点和不足。

间接观察的主要优势之一在于其灵活性和便捷性。通过录音和录像，评价者可以多次观看和分析同一段教学材料，进行更深入、更细致的分析。这不仅可以增强观察的准确性和全面性，还可以方便多人协作和共享分析过程。间接观察还可以通过特定的软件工具进行更复杂的定量分析，如语言分析或行为编码等。然而，间接观察也有潜在的局限性和挑战。例如，录像或录音可能会损失一些教学现场的重要上下文信息，如教室的氛围、学生的非言语反应等。这可能导致一些微妙但重要的教学动态被忽略或误解。此外，技术设备的选择和使用也可能带来一系列的实际问题，如设备故障、数据管理和隐私保护等。

在高校英语教学评估中，间接观察可以用于多种目的。例如，通过对教师讲课录像的分析，评价者可以深入了解教师的教学方法和风格，从而提供个性化的反馈和培训建议。通过分析学生小组讨论的录音，评价者可以揭示学生之间的互动模式和合作能力，为促进学生间的有效合作提供依据。需要注意的是，高校教学间接观察的实施需要仔细规划和准备。例如，选择合适的技术设备和工具，以确保录像或录音的质量和有效性；明确间接观察的目的和焦点，以确保观察活动与评估目标的一致性。这可能涉及与教师、学生和其他相关者的密切合作，目的是确保观察活动的顺利进行和有效结果。

（二）访谈法

1.教师结构化访谈

教师结构化访谈通过事先设定的问题和格式进行，旨在获得更系统、可比较的数据。以下是对这一评价方法的综合分析。

教师结构化访谈通常用于收集关于教学实践、教学态度、教学难题等方面的信息。提前设计的标准问题，可以确保不同访谈对象之间的一致性，从而使来自不同访谈对象的数据可以互相比较和汇总。这种方法的可控性和可比较性使它特别适用于大规模的评价项目，如对一所大学或一门学科的教学评价。

在高校英语教学评价中，教师结构化访谈可以用于多种目的。例如，通过对教师的访谈，评价者可以深入了解教师的教学理念和实践，从而为教学改进提供依据。结构化访谈还可以用于评价教材和教学方法的效果，或者收集教师对教学支持和资源的需求和反馈。

教师结构化访谈的成功实施需要注意几个关键因素。

首先，访谈问题的设计需要基于明确和具体的评价目标，以确保收集的数据具有实际意义和可用性。其次，选择合适的访谈对象是关键，他们应具备所需的知识和经验，并愿意诚实和坦诚地分享。最后，访谈的组织和实施需要细致入微的计划和准备，包括与被访谈者的沟通、访谈的时间和地点的安排，以及对访谈数据的记录和分析。

2.学生半结构化访谈

为了揭示学生的学习体验、态度和需求，学生半结构化访谈采取了一种灵活但有针对性的方法。相较于结构化访谈，半结构化访谈留有更多空间来探索未预见的主题和问题，从而能更真实、全面地反映学生的情况。学生半结构化访谈通常以一组预设的开放性问题作为基础，访谈者可根据实际情况在访谈过程中做适当调整。这种灵活性使半结构化访谈能够在保持一定的聚焦和系统性的同时，发掘更多丰富和多元的信息。它还能更好地适应不同学生的个性和背景，以便探讨高校英语教学的复杂和微妙之处。

在半结构化访谈中，学生的视角特别重要。学生作为教学过程的直接参与者和受益者，对教学效果、教师行为、教学材料等方面具有独特的感受和看法。通过半结构化访谈，访谈者可以深入了解学生的学习动机、学习策略、学习障碍等，从而为教学改进提供切实可行的建议。学生半结构化访谈还可以促进学生与学校之间的沟通和理解。通过开放和诚实的对话，学生可以感受到他们的意见和需求受到重视，而学校也可以更准确地把握学生的期望和不满，从而做出更有针对性的改进。

半结构化访谈的组织和实施也需要精心安排。选择合适的学生访谈对象、确保访谈的隐私和保密、创造舒适和安全的访谈环境等都是必须考虑的因素。此外，半结构化访谈通常需要更多的时间和精力来进行和分析，这也要求有足够的资源和支持。

学生半结构化访谈作为一种高校英语教学评价工具，通过其灵活性和深入性，能够揭示学生的多样化和个体化的学习体验。同时，它还强调了与学生的对话和合作，有利于人们建立更民主和包容的教学环境。虽然半结构化访谈在实施和分析方面可能带来一些挑战，但其对高校英语教学评价的独特贡献使其成为一种不可或缺的方法。

四、高校英语教学的混合评价方法

（一）高校英语教学数据融合

高校英语教学数据融合是一种综合性的评价方法，其通过整合不同来源和不同类型的数据，能够更准确、全面地评估和理解教学效果。这一方法不仅突破了单一数据源可能带来的局限性，而且增强了评价的可信度和深度，是高校英语教学评价体系中不可或缺的组成部分。

在高校英语教学评价中，数据融合可以涵盖诸多方面。例如，数据融合可以将来自教师、学生、教学管理员的定量数据与定性数据相结合，以便更全面地揭示教学实践的复杂性。数据融合还可以整合不同时间点的数据，揭示教学效果的动态变化，以便更精确地评估教学改进的效果。

高校英语教学数据融合的过程涉及多个关键环节。其首要任务是确立明确的评价目标和问题，这将指导整个数据融合的方向和范围。其次是选择合适的数据源和类型，以确保数据的相关性和一致性。最后需要制定数据收集和整合的标准和流程，以确保数据的准确性和有效性。

数据融合的另一个核心问题是如何处理和分析融合后的数据。由于融合后的数据涉及多种数据类型和结构，这一过程可能相当复杂和敏感。因此，评价者需要合理选择和应用统计分析方法，还要注意定性数据的解释和呈现。只有通过精心设计的分析流程，才能确保数据融合的真实性和可解释性，从而真实反映高校英语教学的多维度和层次。

（二）高校英语教学方法的选择与组合

高校英语教学方法的选择与组合是一项涉及对多元教学策略进行整合与运用的复杂过程，其旨在实现教学目标的最优化，同时满足不同学生的学习需求和特点。这一过程强调对教学内容、学生特点、教学环境和教学目标的深入理解和灵活运用，以便形成一种协同和动态的教学模式。

高校英语教学方法的选择与组合需要考虑多个方面。教学内容的多样性和复杂性要求教师具备灵活选择和组合教学方法的能力，以便更有效地呈现和探讨不同主题和话题。学生的学习风格、背景和需求也是教学方法选择的重要依据。一种有效的教学方法组合应能激发学生的兴趣，促进学生的主动参与，并支持学生的个性化学习。

高校英语教学环境也是教学方法选择与组合的关键因素。不同的教学环境可能适合不同的教学策略。例如，一些先进的教学技术和工具可能支持更多样化和互动化的教学方法，而一些传统的教学环境可能更侧重于讲解和示范。因此，教学环境的特点和资源应被充分考虑和利用，以便形成一种与教学目标和内容相一致的教学方法组合。

选择与组合高校英语教学方法还涉及对教学效果的持续评估和反

思。通过定期收集和分析教学反馈，教师可以及时了解教学方法的效果和影响，并据此调整和优化教学策略。这一过程强调教学方法的动态性和适应性，以便更好地响应教学和学习的变化和挑战。

五、高校英语教学评价的实施与改进

（一）高校英语教学评价的实施步骤

1.高校英语教学评价目标的设定

在高校英语教学的评价过程中，评价目标的设定是一项关键任务，其不仅涉及教学的方向和重点，还对评价的方法和效果产生深远影响。高校英语教学评价目标设定的过程是一项复杂而精细的工作，涉及对教学目标、学生需求、教育理念和评价准则的全面理解和整合。

高校英语教学评价目标的设定要基于对教学目标的明确和理解。教学目标是评价的基础，决定了评价的内容和方向。[①] 通过对教学目标的深入分析和反思，教师和评价者可以确立评价的具体目的和期望，如对知识的掌握深度和广度、技能的运用和发展、态度和价值观的塑造等。

学生的需求和特点也是评价目标设定的重要依据。不同的学生可能有不同的学习目标和期望，因此评价目标应能反映学生的多样性和个性。通过对学生的需求分析和调查，评价目标可以更精确地定位和响应学生的学习进展与挑战，从而促进学生的全面化和个性化发展。

高校英语教学评价目标的设定涉及对教育理念和评价准则的认识和运用。教育理念决定了教学和评价的价值和方向，而评价准则为评价提供了明确和一致的标准和指引。因此，评价目标的设定应与教育理念和评价准则相一致，以确保评价的合理性和有效性。

高校英语教学评价目标的设定是一项动态和持续的过程。随着教学

---

① 刘俊芬.析英语教学评价多元化的具体实施与应用[J].语文学刊,2011(23):
154-155.

的进展和学生的发展，评价目标可能需要不断调整和优化。这一过程强调评价的灵活性和适应性，以便更好地支持教学的改进和学生的学习。通过定期的反馈和反思，评价目标可以与教学和学习的实际情况保持一致，从而增强评价的针对性和实效性。

2.高校英语教学数据的收集

高校英语教学数据的收集是教学评价体系中的关键组成部分，旨在捕捉和分析学生的学习进展、教师的教学方法、课堂的互动模式等多元化信息。这一过程不仅为教学效果提供了客观评价依据，而且能发现并解析潜在问题，进而有利于教学的不断改进和优化。要实现这一目标，首先需要确保数据的准确性。这意味着必须运用科学和标准化的工具和方法来收集数据。通过设计合理的测验、问卷和观察表，教育工作者能够获取关于学生学习成绩、态度和参与度的可靠信息。其次，需要确保数据的全面性。定期的数据收集和记录可以捕捉学生学习的动态变化，为教育工作者的深入和细致的分析提供支撑。全面性要求对教学过程进行多方面和多层次的观察和分析，其不仅涉及学生的学习效果，还包括教师的教学方法、课堂的互动模式、教材的使用情况等方面。全面性的数据收集有利于揭示教学的复杂性和多样性，为评价和改进提供更丰富和全面的视角。最后，需要确保数据的可比性。可比性要求在不同教学情境和对象之间建立公平和一致的评价标准。在高校英语教学中，不同的学校、专业和班级可能有不同的教学目标和条件，通过共同的评价准则和工具能够确保数据的可比性和通用性，进而能够支持更广泛和深入的教学分析和交流。

现代信息技术在提高数据收集的有效性和效率方面发挥了重要作用。自动化和智能化的数据收集、整理和分析系统可以有效提高数据处理的速度和质量。例如，通过对在线测试和反馈系统的运用，教育工作者可以实时收集和分析学生的学习数据，从而为教师和学生提供及时和个性化的支持。这一整合性的方法确保了高校英语教学数据收集的科学性、全面性和实用性，使之成为教学创新和提升的有力工具。

3.高校英语教学分析与解读

高校英语教学分析与解读是教学评价体系中的核心环节，涉及对收集到的各类教学数据进行深入挖掘、理解和解释。通过分析与解读，教学管理者和教师能够更好地把握教学现状，了解学生学习的特点和需求，发现教学中存在的问题和不足，从而提出针对性的改进措施。

高校英语教学分析首先要确保数据的质量和可信度。这包括对数据的清洗、整理和校验，以确保分析的准确性和有效性。随后的分析过程中要运用合适的统计和分析方法，如描述统计、相关分析、回归分析等，来揭示数据背后的趋势、模式和关系。这些分析不仅可以反映学生的学习成绩和进度，还可以揭示教师教学方法、课程设计、教材使用等方面的效果和影响。解读则关注对分析结果的理解和诠释。这要求分析者具备教育学、心理学、社会学等多学科的知识和视野，能够将分析结果与教学理论和实践结合起来，提炼出具有启示和指导意义的信息和见解。例如，通过对学生学习动态的分析和解读，分析者可以了解学生的学习兴趣、动机、策略等方面的特点和变化，从而为教学的个性化和精细化提供依据。

分析与解读还涉及多方参与和沟通。不同的利益相关方，如学生、教师、管理者、家长等，可能对教学分析与解读有不同的关注点和诉求。因此，分析与解读的过程要秉持开放和包容的态度，鼓励各方的参与和反馈，以促进共识的形成和决策的合理化。

（二）高校英语教学评价结果的反馈与改进

1.高校反馈机制

高校英语教学评价结果的反馈与改进是一种涉及反馈机制的构建和实施的过程，旨在将教学评价的发现和理解转化为实际的教学改进和发展动力。高校反馈机制在此过程中起到了关键的桥梁作用，它将评价与教学实践紧密结合，形成一个持续的教学质量提升循环。

高校反馈机制需要明确反馈的目的和对象。反馈不仅是一种信息传递和沟通的过程，更是一种促进学生学习和发展的手段。通过有效的反馈，学生可以了解自己的学习情况和不足，教师可以掌握教学效果和问题，学校管理者可以监控教学质量和资源配置，社会和家庭也可以了解和参与学校的教育活动。因此，反馈要以促进各方的理解、参与和合作为导向，而不应仅仅是单向的通知和告知。

反馈需要考虑信息的内容和形式。有效的反馈要提供具体、准确和及时的信息，要涵盖教学的各个方面，如学生的学习进展、教师的教学方法、课程的实施效果等。反馈要采取易于理解和接受的方式，如口头交流、书面报告、网络平台等，以适应不同的反馈场合和对象。反馈的信息还可能涉及个人隐私和敏感问题，因此要确保信息的保密性，并尊重被评价者。反馈可能会引起被评价者情感和态度的反应，如自豪、沮丧、反感等。因此，反馈要秉持公正、客观和同理心的原则，避免产生消极和负面的影响。

2.高校英语教学改进策略

高校英语教学改进策略是根据教学评价结果，针对教学过程中存在的问题和不足而制定的一系列教学实践措施。这些策略围绕教学目标、内容、方法、资源、评价等方面展开，目的是促进教学效果的提升以及学生的全面发展。通过科学、系统和灵活的改进，英语教学不仅可以提高教学质量和效率，还可以满足学生的多样化需求和社会的广泛期待。

在教学目标方面，改进策略需要确保目标的清晰、合理和动态。教学目标不仅是教学活动的方向和导向，更是教育质量的核心保障。它要与学生的个人发展、社会的需求和学科的进展相一致，这样才能体现教育的实用性和前瞻性。通过持续的分析和调整，教学目标可以反映教育的时代性，激发学生的兴趣和动力。为了更好地实现这一目标，教师应密切关注学科的最新发展，理解社会的真实需求，并深入了解每一个学生的学习兴趣和潜能。这样，教学目标就能既具有广泛的社会价值，又能紧密联系到每一个学生的实际，真正成为推动教育改革和提升教育质量的重要工具。

在教学内容方面，改进策略需要关注内容的广度、深度和联系。英语教学涉及语言、文化、思维等多个方面，因此，教师在选择和组织内容的过程中必须考虑全面和均衡。教师需要结合学生的实际和英语水平，选择适当的内容和难度，既不可过于简单，忽视学生的挑战和成长，也不可过于复杂，造成学生的挫败和困惑。英语教学内容的广度要涵盖语言的各个方面，如听、说、读、写等技能的培养，还要包括文化背景、交际策略等多维度的认知。适当地拓宽教学内容，既可以开阔学生的视野，还可以培养学生跨文化交际的能力。教学内容的深度要结合学生的年龄、兴趣和学习目的，精心设置难度和层次。教师通过由浅入深、由易到难的教学设计，可以激发学生的学习兴趣，这有利于学生逐渐掌握和运用所学知识。教学内容的联系要强调跨学科和实际应用的结合。英语不仅是一门学科，更是一种交流工具。将英语与其他学科，如历史、地理、艺术等进行融合，不仅可以增强英语教学的实用性和趣味性，还能促进学生的综合素质和能力的提升。

在教学方法方面，改进策略需要探索方法的多样化、互动化和个性化。传统的讲授和练习已经不能满足现代教育的多元化需求。教师通过运用项目、合作、探究等新型教学方法，可以促进学生的主动参与和深入思考。多样化的教学方法能让学生从不同的角度、通过不同的途径接触知识，这有利于培养学生的多元思维能力和创造力。例如，教师可以结合讨论、演示、实验等方式，让学生从不同的视角体验和掌握知识。互动化的教学方法注重学生与学生之间、学生与教师之间的沟通和协作，这有利于培养学生的团队协作能力和交际能力。例如，通过小组合作解决问题、共同完成项目等方式，学生不仅学到了知识，还学会了合作和沟通。个性化的教学方法关注每一个学生的独特性和需求，这有利于满足不同学生的学习风格和发展路径。通过灵活的教学安排,教师可以更好地发掘每个学生的潜能,引导他们走适合自己的发展路线。

在教学资源方面,改进策略需要优化资源的配置和利用。现代化的教学技术和媒体为英语教学提供了丰富和便捷的资源。通过网络、多媒体、虚拟现实等技术的融入,教学资源可以突破时间和空间的限制,增强教学的直观性和实效性。当然,优化资源的配置和利用并不仅仅是增加高科技的运用,教师还需要根据学生的实际需求,灵活选择和组织资源,确保资源的有效性和针对性。这可能涉及教学资源的筛选、整合和再创造,需要教师具备一定的信息素养和创新精神。

在教学评价方面,改进策略需要强化评估的公正、全面和反馈。教学评价不仅是衡量学生学习成果的工具,更是促进教学改进和发展的手段。通过形式和终结性的评价,过程和结果的结合,自我和他人的参与,评价可以反映学生的真实水平和潜能,为教学决策提供有效的信息和支持。

综合以上论述可知,高校英语教学改进策略涉及教学的各个方面和环节,要求教育工作者具有全局观念和创新精神,要求学生具有参与意识和合作态度,还要求社会具有支持政策和参与渠道。通过科学的理念和实践,改进策略不仅可以提高英语教学的质量和效果,还可以推动教育的公平和发展,为培养具有国际视野和创新能力的人才做出积极、有益的贡献。

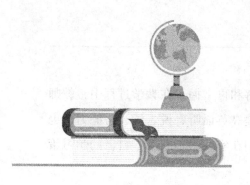

第二章 高校英语教学概述

第一节 高校英语教学的目标

一、帮助学生理解英语

高等教育英语教学目标的确立对英语教学效果具有重大影响。这主要体现在两个方面：一是帮助学生理解和掌握英语语言，二是使学生具备应用英语的实践能力。二者缺一不可，共同构建成完整的教学目标体系。

帮助学生理解和掌握英语，是英语教学的基础阶段。学生在这个阶段需要获取丰富的语言输入信息，积累足够的语言素材，掌握语言的基本规则。在具体教学过程中，教师更多的应是作为学生掌握知识的引导者，他们应从学生的角度出发，设置合理的教学环节，引导学生掌握和运用英语语言的技巧。在这个过程中，学生才是主角，他们需要通过自我探索的方式积极参与到学习过程中来。

对学生应用英语能力的培养，是英语教学的提高阶段。这一阶段的学习不再仅停留在理解和掌握知识的层面，其更强调对知识的实际运用，以及在实际运用中对知识的再理解和再掌握。在教学过程中，教师需要提供更多的实践机会，帮助学生提高英语听、说、读、写能力，也需要为学生提供足够的反馈，帮助他们在实践中不断调整自己的学习策略和方法。

就高校英语教学来说，对学生理解和掌握英语，以及应用英语能力的培养，不仅是单纯的教学目标，更是培养学生独立思考能力、批判性思考能力和创新能力的重要方式。通过学习英语，学生能够接触不同文化的思维方式，开阔视野，提高跨文化交际能力，这对他们未来的学术研究和职业发展具有深远的影响。需要注意的是，帮助学生理解和掌握英语以及对学生应用英语能力的培养并不是孤立的，而是相辅相成的。只有对英语有了深入的理解和掌握，学生才能在应用英语的过程中得心应手；只有在实际的应用中，学生才能真正感受到语言的魅力，从而更有动力去探索和学习英语。

二、帮助学生学会英语

在教育过程中，受教育者、教育工作者和教育措施三者关系密切，共同构成了教育的完整体系。其中，受教育者（即学生）是学习的主体，他们对教育结果的形成起着重要的作用。教育工作者主要指教师，他们是教学活动的设计者和实施者，通过运用教育措施，引导学生进行学习，并帮助学生达到学习目标。

进入 21 世纪，随着教育理念的变革，教育工作者开始重视学生在教育过程中的主体性，把教学的焦点从"教"转向"学"，强调学生的主动性和创造性。在英语教学中，这种转变表现得尤为明显。在传统的英语教学模式下，教师是知识的传授者，学生是知识的接受者。而在新的教学模式下，教师扮演的角色更多是学生学习的引导者，学生则是知识的建构者。这种转变意味着学生不再仅仅是被动地接受知识，而是主动参与到了知识的探索和创造过程中。

学会英语不仅仅意味着掌握一门语言，更意味着学生需要具备用英语进行思考、表达、交流的能力。这需要学生在学习过程中不断实践，并通过实践将学到的知识内化为自己的能力。而教师则需要提供适合学生的教学措施，创设丰富多样的学习情境，帮助学生激发学习的兴趣，进而提高学生学习的积极性，引导他们自主探索，自主学习。

随着教学模式的转变，教师的职责也发生了变化。教师不仅需要帮助学生学习知识，更需要引导他们学会如何学习，培养他们的自主学习能力。这是因为，随着社会的发展，知识的更新速度越来越快，学生需要具备终身学习的能力，以适应不断变化的社会。在这个过程中，教师需要用开放的心态接纳学生的不同意见，尊重他们的独特性，支持他们的创新行为。

三、向学生传授语言知识

传统的教学模式中，常常出现教师以学生所需而悉心布置教学内容的情况，然而，这种模式的缺点逐渐显现出来，它忽视了学生的主体性和参与性。对于学生来说，这种被动接受教师灌输的学习模式并不是一种有效的学习方式。教师对知识的理解，甚至对美的理解，不一定适应所有的学生。每个学生都有自己的兴趣爱好和认知风格，教师需要对这一点有深刻的理解。

对于英语教学而言，重视学生的主体性尤为关键。语言学习不仅仅是知识的获取，更是一种交际技能的培养。因此，学生不仅需要掌握语言知识，还需要有机会实践，使用语言去表达自我，与他人交流。而这就需要教师创设合适的学习环境，提供多样的学习材料，激发学生的学习兴趣，引导学生积极参与到学习过程中来。

值得注意的是，教师不应仅关注教学过程中的输入，即教师向学生传授的知识，更应关注学生的输出，即学生如何理解和运用这些知识。这需要教师放卜对所谓"正确""标准"的执着，尊重学生的独特性，允许他们以自己的方式理解和表达英语。教师在制定教学目标和教学策略时，还需要与学生进行有效的沟通，了解他们的需求和期望，然后根据这些信息进行调整。只有这样，教师才能真正成为学生的引导者，而不是简单地把知识灌输给学生。

四、训练学生的英语技能

在英语教学中，对学生的技能训练通常是强调教师指导和学生实践相结合的一个过程。这种过程中，教师的角色以及他们所采用的教学策略对学生的学习效果有着较大的影响。然而，如前文所述的教学模式，教师采取主导，学生偏被动的情况，仍然存在于部分教学环节中。这种模式下的教学方式往往更多地关注结果而忽视过程，如教师在训练学生英语技能时，会设计一些固定的模板，然后教给学生。学生在运用英语技能时，大多会依赖这些模板，而不是根据具体情境灵活运用所学知识。这样虽然能够在短期内看到学生的进步，但对于培养学生的语言运用能力，尤其是其应对不同交际情境的灵活运用能力，会显得力不从心。

语言是一种交际工具，对于英语学习者来说，他们需要的不仅是词汇和语法知识，更重要的是能够在实际交际中灵活运用这些知识，这就需要教师在教学过程中适当调整教学策略。例如，教师可以在课堂上创建多元化的语言环境，提供真实的交际场景，鼓励学生通过参与这些场景，积极实践，体验语言的使用。教师还可以设计一些开放性的任务，如角色扮演、情境对话等，让学生有机会从多角度、多层次去体验和实践英语交际。对于学生的评价，教师不应仅关注学生是否能够模仿和运用模板，而应更多地关注他们在实际交际中的表现，以及他们对所学知识的理解和运用程度。教师还应鼓励学生在交际中敢于表达，并尊重他们的独特表达方式，以充分发挥他们的主观能动性。

在这个过程中，教师的角色应转变为引导者和辅助者，并为学生提供必要的支持和指导，而不是简单地传授知识。教师需要尊重每一个学生的独特性，充分认识到学生是学习的主体，让他们在学习过程中发挥主动性，从而使英语学习变得更有意义和有价值。

五、发展学生的意义潜势

在深化对英语教学过程的理解中，教师应该考虑学生的学习动机和学习潜能。英语不仅是一门知识学科，更是一种语言工具，需要通过实践和运用来提升英语水平。然而，正如在之前的教学模式中的那样，学生在整个学习过程中处于被动接受的状态，没有充分发挥自身的主观能动性和创新思维。在这种模式下，学生的角色更像是机械的重复者和接受者，而不是主动的参与者和创新者。他们被要求学习教师所教授的知识，而忽视了他们对学习内容的理解和运用，更没有激发他们的学习兴趣和热情，即学生缺乏自我表达和创新的空间。

随着教育理念的变化，以学生为中心的教学模式逐渐得到重视。在这种模式下，教师的角色更多地转变为引导者和协助者，而学生则成为主动的学习者。学生被鼓励去发现问题、去解决问题、去创新思维，以及去发挥他们的主观能动性。这不仅有利于激发他们的学习兴趣，也有利于他们对知识的理解和运用，从而真正实现英语学习的目标。对于这种模式下的教学目标，可以理解为学生不仅应学会基础知识，更重要的是学会如何运用这些知识去表达自己的想法，去理解他人的表达，这是他们作为语言学习者所必须掌握的技能。他们学会了灵活运用知识，成为知识的创新者和运用者，则能够根据实际情况和需求，灵活运用所学知识。作为英语学习者的自信表现，他们能够大胆地说英语，不再害怕犯错误，不再害怕被批评，而是敢于表达、敢于交流。同时，他们能够体会到英语学习中的乐趣，享受学习过程，享受知识带给他们的喜悦，认识到英语的重要性。

六、培养学生的跨文化交际能力

随着经济全球化的推进，跨文化交际能力在英语教学中的地位日益凸显。越来越多的教育实践证明，英语学习不仅是对语言知识的掌握，更是对跨文化交际能力的培养。

在英语教学过程中，教师需要注意的是如何提升学生的口语表达能力和交际能力。不少学校聘请外教，以营造更加纯正的语言环境，从而激发学生的学习兴趣，提高学生的语言表达和交际能力。这种教学策略不仅让学生体验到与外国人直接交流的乐趣，还使他们获得了英语学习的成就感。然而，跨文化交际能力的培养并不仅是语言表达和交际能力的提升，更需要学生理解和掌握文化背景知识。毕竟，语言是文化的载体，只有理解了文化背景，才能真正掌握语言的使用规则，才能在跨文化交际中更加自如和得体。

不同的文化有着不同的交际规则和习俗，如何在教学中向学生传达这些信息，如何让学生理解和接纳这些文化差异，成为教师需要面对的重要任务。例如，正式与非正式用语之间的差异就是一个典型的跨文化交际中需要注意的问题。这需要教师具备较高的文化敏感性和跨文化教学能力，还需要教师在教学中注重对文化背景的介绍，引导学生从多元文化的视角理解和使用英语。在这个过程中，教师应将学生置于主体地位，引导学生主动学习和实践，以实现跨文化交际的目标。这不仅要求学生掌握语言知识，更要求学生理解和尊重文化差异，适应跨文化交际的需求。这种转变，既是对学生的能力培养，也是对教师角色转变的要求。教师不仅是知识的传授者，更是文化的引导者。教师需要在知识教学和文化教学中找到平衡，用学生能理解的方式将知识和文化融合在一起，使学生在掌握语言知识的同时，理解和适应文化差异，这样才能实现跨文化交际的目标。

第二节 高校英语教学的理念与方法

一、以学生为中心的教学理念

当代高校英语教学越来越强调将学生置于教学的核心地位。这一理念的提出源于对学生作为知识和技能学习的主体这一事实的认识。正因如此，教学活动的设计和实施均应围绕学生的需求和兴趣进行。

学生主体性的培养是该理念的重要组成部分，强调学生在学习过程中的主动参与、自主选择和创造性思维。将学生从被动接受知识的对象转变为积极探索知识的主体，有利于促进学生的思维能力和实际操作能力的发展。

学生需求的分析与满足是以学生为中心的教学理念的另一关键环节。通过深入了解学生的学习目标、兴趣和动机，教师能够更精确地定位教学内容和方法，以便更有效地引导学生达到预期的学习效果。这一过程需要教师具备敏锐的观察力和丰富的教学经验，以便在教学过程中灵活调整教学策略，并使其与学生的需求和发展阶段相匹配。

学生能力的全面发展要求教学不仅注重知识和技能的传授，还要关注学生情感态度、价值观念和人际交往能力等方面的培养。通过提供丰富多样的学习经验和实践机会，教师可以帮助学生建立全面的能力体系，使学生在未来的学习和职业生涯中能够灵活应对各种挑战。

以学生为中心的教学理念强调的是一种动态、交互和全面的教学过程。在这一过程中，教师与学生之间的互动关系不再是单向的知识传授，而是双向的合作和共同成长。学生的每一次反馈都可以成为教师调整教学策略的依据，而教师的每一次引导也都可以促进学生更深入的思考和更高层次的能力发展。这样的教学过程不仅有助于提高学生的学习兴趣和动机，还能促进教师教学水平的提升以及专业成长。

二、强调对实用性与应用能力的培养

高校英语教学的一项重要使命是培养学生的实际应用能力。这一理念源于对英语作为全球通用语言，以及其用于职业、学术和日常交流的重要性的认识。因此，英语教学不仅是传授语言知识的过程，更是培养学生将知识应用于实际情境中的过程。

职业素养与实际应用的结合体现了英语教学与现实需求的紧密联系。当今社会的工作环境需要具备跨文化交际能力的人，其应能够在多样化的文化背景下有效沟通和协作。英语教学应致力于培养学生的职业沟通技能，让他们能够在不同的工作场合和文化背景下展现自信和效率。

英语专业与非专业课程的融合反映了当今社会对英语学习不仅限于语言本身，还涉及与其他学科的交叉和融合的趋势。这意味着英语教学应关注学生如何将英语运用于其他学科领域，如科学、艺术、商业等。通过这种跨学科的学习体验，学生能够更全面地理解英语的广泛应用，增强自己的跨学科能力。

技能训练与实践操作的平衡则体现了理论学习与实际操作之间的关系。在教学过程中，理论知识与实际技能应该互相补充，共同发展。通过与现实情境结合的模拟练习、项目合作和案例分析等教学手段，学生能够在实际操作中运用和检验所学的理论知识，从而增强自己的实践能力。

三、强化教师角色与专业素质

教师在高校英语教学中扮演着重要角色，他们的职业素养和教学技能直接影响着教学质量和效果。在当今教育改革和社会发展的背景下，强化教师角色与专业素质已经成为英语教学改革的重要方向。

教师的学科素养与教学技能是教育工作的基础。学科素养与教学技能不仅包括对英语语言的精通，还包括对教育学、心理学等相关学科的理解。一个优秀的教师不仅要具备扎实的学科知识，还要具备教育学的敏感性和人文关怀，能够将知识传授与学生个体发展结合起来。教师还要不断探索和采用创新的教学方法，满足学生的学习需求，激发学生的学习兴趣。

教师与学生互动的方法与策略是教学效果的关键因素。在教学过程中，教师应注重学生的主体性，鼓励他们积极参与和思考。通过提问、讨论、合作学习等方式，教师可以促进学生的主动学习和深层思考。教师还要善于观察和倾听，理解学生的学习需求和困惑，及时提供个性化的指导和支持。

教师职业道德与继续教育是教师专业发展的支柱。教师不仅要具备崇高的职业道德，始终将学生的成长和发展放在首位，还要不断追求自我成长和提高。通过参与继续教育和专业培训，教师可以及时了解教育领域的新动态和新理念，提高自己的教学能力和专业水平。

强化教师角色与专业素质不仅是教师自身的责任，也是高校和社会的共同责任。高校应该为教师提供良好的工作环境和发展机会，鼓励他们进行教学研究和创新；社会应该加强对教师的尊重和支持，营造有利于教师专业成长的氛围。

四、注重教学方法与技术的创新

高校英语教学在追求学科知识的深度和广度的同时，必须对教学方法与技术进行不断的创新和完善，以适应学生多样化的学习需求和社会快速发展的挑战。

现代教育技术的运用为教学方法提供了新的可能性和空间。例如，数字化教学平台和虚拟现实技术的引入，可以让学生在模拟环境中体验真实的英语交际场景，增强学习的真实感和沉浸感。人工智能和大数据分析技术的运用，则可以为教师提供个性化教学的支持，使教学更加精准和有效。

教学方法的多样化是适应学生个体差异和促进学生全面发展的关键。通过讲解、示范、小组合作、案例分析、项目学习等多种教学方法的结合使用，教师可以调动学生的主动性和创造性，促进他们的批判性思维和问题解决能力的提升。这些方法还可以增加教学的灵活性和趣味性，提高学生的学习动机和满意度。

教学评估与反馈机制是教学质量提升的重要保障。通过定期和不定期的教学评估，教师可以及时了解学生的学习进度和需求，调整教学计划和方法。学生的反馈和参与，不仅可以促进教师的教学反思和自我提升，还可以增强学生的归属感和参与感。而与其他教师和专家的交流和合作，也可以促进教学方法的共享和创新。

注重教学方法与技术的创新，不是孤立和零散的教学改革，而是与教学目标、内容、环境和评估等多个方面紧密相连的系统工程。这需要教师具备教学理念的开放性和灵活性，愿意尝试和接受新的教学观念和技术。高校和社会也要为教学创新提供必要的支持和条件，如培训、资金、设备和政策等。

在经济全球化和信息化的时代背景下，高校英语教学的创新和发展不仅是教育自身的需求，也是社会经济和文化进步的需求。通过对教学方法与技术的创新，高校英语教学可以更好地培养学生的语言能力、跨文化交际能力和创新能力，为社会提供更具有适应性和有竞争力的人才，为人类文明的交流和发展做出积极贡献。

五、倡导终身学习与自主学习

在高校英语教学的复杂和多元化背景下，倡导终身学习与自主学习已成为教学理念和实践的重要方向。这一方向不仅反映了教育的人本关怀和发展导向，也体现了其作为适应知识经济和全球化挑战的现实需求。

培养学生的自主学习能力是这一方向的核心内容。自主学习不是孤立和随意的学习，而是在教师引导和同伴支持下，学生根据自身的兴趣、目标和节奏，选择和组织学习资源和活动，反思和评估学习过程和效果的有意识和有目的的学习。自主学习强调学生的主体性和责任感，注重学习策略和方法的培养，强调学习的深度和广度，目的是促进学生的全面发展和长远发展。

引导学生养成终身学习意识是这一方向的重要任务。终身学习不仅是学习时间和空间的扩展，更是学习观念和态度的转变。终身学习强调学习的持续性和自主性，注重学习的实用性和多样性，强调学习与工作、生活和社会的紧密联系。终身学习意识的培养需要教师具备前瞻性和全局性的教育视野，愿意和能够将学科教学与职业发展、公民素养和人生追求等多个层面有机结合。

促进学生学习策略与方法的掌握是这一方向的关键环节。学习策略与方法不仅是学生学习效果的重要保障，也是学生自主学习和终身学习的重要基础。通过系统和实践的教学活动，教师可以帮助学生了解和掌握有效的学习策略和方法，如目标设定、时间管理、资源选择、合作学习、反思评估等。这些策略和方法不仅可以提高学生的英语学习效果，还可以促进学生在其他学科和领域的学习和发展。

倡导终身学习与自主学习，是高校英语教学从教学中心向学习中心的转变，从学科教育向全人教育的拓展，从应试教育向素质教育的提升。这一转变和拓展不仅需要教师的专业素养和创新精神，而且需要学校和社会的支持与配合，如教学资源的丰富和开放，教学评估和激励的多元和灵活，教学研究和合作的自由和活跃等。

六、强调教学评估与质量保证

教学评估与质量保证在高校英语教学中占据了重要的地位。这一领域涵盖了从课堂教学的及时反馈到整体教学计划的长期评估，从学生个体的学习进展到整个教学体系的运行效能。

在教学评估体系的构建方面，构建一个全面、公正、灵活和透明的教学评估体系是实现教学目标、提高教学效果、保障教学质量的基础和关键。全面的教学评估体系要能够涵盖学生的知识理解、技能运用、态度发展、创新能力等多个层面；公正的教学评估体系要能够确保评估的客观性和公平性，消除评估的偏见和误差；灵活的教学评估体系要能够适应学生的多样性和个性化，促进评估的及时性和针对性；透明的教学评估体系要能够实现评估的开放和共享，促进评估的互动和反思。

在质量保证与控制机制方面，实现教学质量的持续提升和可持续保障是教学评估与质量保证的长远目标和综合任务。质量保证要能够确立教学质量的基本标准和基本保障，消除教学质量的风险和障碍；质量控制要能够实现教学质量的动态监测和实时干预，促进教学质量的稳定和升级。所以，质量保证与控制机制要能够与教学目标和教学过程有机结合，与教学资源和教学环境相互适应，与教学文化和教学政策相互促进。

在教学反馈与持续改进方面，实现教学的自我完善和自我超越是教学评估与质量保证的个体追求和共同价值。教学反馈要能够有效提升教师的觉察力，激发教师教学的动机和动力；持续改进要能够实现教学的创新和突破，促进教学的成长和贡献。教学反馈与持续改进要能够关注教学的短期效果和长期效能，关心教学的内部连接和外部影响，关联教学的理论探索和实践探究。

强调教学评估与质量保证是高校英语教学对学生的全面关怀和深刻负责，是对教师的专业尊重和有力支持，还是对学校和社会的有效回应和积极贡献。通过这一理念和实践，高校英语教学可以实现从教学效率到教学效能、从教学形式到教学实质、从教学规范到教学卓越的全面转变和持续提升。这一转变和提升不仅可以提高学生的英语学习效果和素质发展水平，而且可以提高教师的教学满足感和职业成就感，还可以提升学校的教育声誉和社会影响力。

第三节 高校英语教学的理论

一、行为主义学习理论

行为主义学习理论，以其严谨的科学态度和客观的观察方法，为心理学和教育学的研究开创了新的方向。在此理论体系下，试误学习理论所占据的位置尤为重要。其核心观点是通过不断地试错和反馈，最终找到解决问题的正确办法，这对教育研究和教学实践有着深远的影响。

（一）试误学习理论

美国心理学家桑戴克（Edward Lee Thorndike）是试误学习理论的重要开创者，他通过对动物的实验研究，发现动物并无推理演绎的思维能力，以及动物的学习过程更多的是依赖反复尝试错误以获取经验。对于此理论的适用范围，桑戴克并未局限于动物行为，而是直接将其用以解读人类的学习行为。他认为，人类学习的本质在于加强刺激与反应之间的联结，即通过不断试错来达成学习目标。[①]

然而，桑戴克的观点并非无懈可击，他将人类复杂的学习过程理解为类似动物的盲目、被动的学习过程，忽视了人类学习行为的主观能动性和认知特点。虽然桑戴克的理论在一定程度上忽视了人类的主观能动性，但其在特定的学习场景下，如在短时间内需要记忆大量英文单词的情境中，其所强调的重复试错与反馈机制仍具有显著效果。

桑戴克并未止步于原初的理论，他进一步指出，有效的学习应建立

---

① THORNDIKE E L. Animal Intelligence: an Experimental Study of the Associative Processes in Animals[J]. *American Psychologist*，1898，53（10）：1125-1127.

在学习者对学习内容有强烈兴趣和需要的基础上。[①] 教师在组织具有重复性、机械性特点的教学内容时，必须注重激发学习者的热情，调整教学节奏，合理设置教学内容的难易程度，防止学习者因厌倦而失去学习信心。这一观点为教学设计提供了重要指导，强调了学习动机、教学节奏以及任务难易度对学习效果的影响。

尽管试误学习理论在描述和解释学习过程中存在一定的局限，但其对教学实践的影响却不容忽视。学生不断试错并从错误中学习，以及从中认识到学习行为的这种基本模式，在各类学习场景中都有着广泛的应用。此外，桑戴克的研究还揭示了学习动机、学习环境等因素对学习效果的重要影响，这对教师在实际教学中如何激发学生的学习兴趣、如何调整教学节奏以及如何设置适合学生的任务难度也具有重要的启示意义。

（二）条件反射学习理论

苏联生理学家伊万·彼德罗维奇·巴甫洛夫（Иван Петрович Павлов）对条件反射的研究，对学习者理解学习过程，特别是语言学习过程，有着较深的启示作用。巴甫洛夫通过对狗的唾液反应实验，揭示了如何通过特定的条件刺激强化反应行为并形成习惯。这一过程，不仅在动物实验中得到了验证，而且在人类学习行为，特别是语言学习中也有重要的应用。

与桑戴克的试误学习理论不同的是，巴甫洛夫的条件反射学习理论强调的是引发反应的刺激，而非反应的结果。对于语言学习来说，这意味着外部的条件刺激是形成语言行为习惯的关键，学习过程就是要在外语与客观世界（事物、观念、概念等）之间建立条件反射关系。巴甫洛夫还特别提出，在外语学习过程中，需要尽量避免使用母语作为中介，

---

① 桑戴克.人类的学习[M].李月甫，译.杭州：浙江教育出版社，1998：54.

而应使用实物图片教具、课堂教学情境、目的语学习资源等作为诱发刺激。[①]

基于条件反射学习理论，教育工作者可以设计更有效的语言学习方法。例如，在教学过程中，教育工作者可以有计划地、间隔性地为学习者提供语言实践的机会，如句型操练、角色扮演等。通过不断的重复操练，学习者对教学内容的理解和掌握得以不断强化，并最终内化为他们自己的语言行为习惯。

（三）操作学习理论

美国心理学家斯金纳（Burrhus Frederic Skinner）提出的操作学习理论，为学习者理解语言学习过程提供了新的视角。他认为，语言学习的过程是一个不间断的"操作"过程，学习者首先主动发出操作行为，然后再给予刺激性的强化。这一观点突破了桑戴克和巴甫洛夫的学习理论，二者的研究结论只能用于解释基于应答性行为的学习过程，而斯金纳的研究结论则更多地用于解释基于操作性行为的学习过程，适用于日常生活中的大部分行为。

强化是操作学习理论的核心概念。根据斯金纳的理论，学习过程中的刺激性强化可以提高学习行为达到预期目的的概率。斯金纳将强化分为积极强化和消极强化两种，当学习者在学习过程中给予一个新的刺激，使学习行为达到预期目的的概率得到提高，这种刺激就称为积极强化；反之，若通过排除一个刺激，使学习行为达到预期目的的概率得到提高，这种刺激则称为消极强化。

斯金纳的操作学习理论，为教育工作者提供了如何鼓励和引导学习者形成正确的语言使用习惯的有效方法。例如，对于学习者在语言学习

[①] 巴甫洛夫.巴甫洛夫生理实验室业绩·第2卷[M].陈拱诒，译.北京：人民卫生出版社，1957：62.

过程中取得的每一次明显的进步，教育工作者都应及时给予积极强化，以保持他们的学习热情。而对于某些不良的学习行为，教育工作者则可以采取消极强化的方式进行纠正，直到学习者的行为转变为正确的行为。但需要注意的是，过度使用消极强化可能会产生一些负面效果，降低学习者的学习热情和自信心。因此，教育工作者应慎重选择使用此种方式。

斯金纳的操作学习理论认为，语言学习的过程，就像人类的其他习惯养成一样，需要经过不断的"条件反射"的过程。这个过程需要学习者进行大量的重复练习，尽管这可能会让学习者觉得枯燥乏味，但它在固定语言习惯、提高语言学习效果上起着不可替代的作用。

二、认知主义学习理论

在外语学习的初级阶段，行为主义学习理论起到了重要的作用，基于行为主义学习理论的教学方法在教学实践中也取得了一定的成功。然而，行为主义学习理论也存在一些缺陷，主要表现为忽视了对学习者的认知心理过程的研究，没有充分认识到学习者的思想、信念和情感等主观因素对教学过程的影响。

随着认知心理科学的不断发展，人们开始对行为主义学习理论在教学实践中暴露出来的问题进行批评和反思。20世纪60年代以后，认知主义学习理论逐渐发展成为一套完整的理论体系。这一新的理论强调学习者的认知过程，关注他们的思考、记忆、理解和解决问题的能力。认知主义学习理论认为学习是一种主动的、有意义的心理过程，在此过程中，学习者积极地构建知识结构，并将新知识与既有的认知结构相融合。

（一）认知主义学习理论的主要代表

1.格式塔理论

格式塔学派兴起于 20 世纪初的德国，由韦特海默（Max Wetheimer）、克勒（Wolfgang Köhler）和科夫卡（Kurt Koffka）创立，其理论重点在于看待人类行为作为一个有机整体，而非单纯部分的组合。该理论的主要内容包括顿悟说和完形说，前者认为学习是学习者利用自身的理解能力实现顿悟的过程，后者则认为学习是构建完形的过程。

顿语说提出了一种全新的对学习过程的看法，与行为主义学习理论的试误学说形成鲜明对比。在顿语说看来，尽管学习过程中确实可能出现大量的尝试和错误，但这并不意味着学习过程本身就是一种无目的、无意义的尝试和错误。相反，这种尝试错误的学习行为必须建立在学习者的深思熟虑之上，需要学习者在行动之前就对可能出现的结果有一个清晰的预期。

完形说则强调人的心理活动的内在规律性和先天性。完形说认为，客观世界是一个动态变化的完整组织结构，因此人们对客观世界的认识理解也应当是动态变化的。这种理论观点有助于人们更深刻地理解和把握客观世界。

格式塔学派的理论为人们提供了一个全新的视角去理解学习过程。它不再将学习视为单一的知识获取过程，而是认为学习是一种复杂的认知活动，涉及学习者、教学情境、目的语言等众多因素的相互作用和协调。这就需要教育工作者从整体上理解和把握学习过程，深入分析各种影响因素的相互关系，以实现更有效的教学。

在实际的语言教学中，教育工作者可以运用格式塔学派的理论思想，强调培养学习者的主观能动性，鼓励他们通过自身的努力实现对新知识的顿悟。这样，学习就不再是被动地接受知识，而是主动地思考和理解，学习者在这个过程中可以获得更深刻的理解，进而更好地掌握所学知识。

2.认知目的论

美国心理学家托尔曼（Edward Chace Tolman）在格式塔学派的理论基础上提出了认知目的论，并对学习过程进行了深入探索。托尔曼认为，学习是有目的的活动，是在学习目标引导下的认知过程。他倡导把联结学说的S-R（刺激—反应）公式改为S-O-R（刺激—组织—反应）公式，这揭示了在刺激和反应之间有目的与认知等中介变量的存在。

托尔曼的理论提出，学习并非只是对外部刺激的机械反应，而是内在认知的积极过程。在这一过程中，学习者会在目标的引导下，对学习的目标、获取目标的方式、实现目标的路径以及学习的情境和条件进行认知。因此，托尔曼的研究不仅关注了学习行为的外部表现，更深入研究了学习的内部活动。

托尔曼的认知目的论也得益于他对白鼠进行的一系列学习实验。在这些实验中，托尔曼发现，白鼠的学习行为并非无目的的随机反应，而是在特定目标的驱动下进行的认知活动，这些发现进一步证实了托尔曼的认知目的论，并为他的理论提供了坚实的实证基础。

托尔曼的认知目的论为教育工作者理解学习过程提供了全新的视角。他强调了学习的目的性和学习者的认知活动，指出学习不仅是对外部刺激的反应，还包括对学习目标的认知和对学习过程的主观参与。这一理论为教育工作者设计更为有效的教学方法提供了有力的理论支持，有利于教育工作者更好地理解和引导学习者的学习行为。

在实践中，托尔曼的认知目的论也为教育工作者提供了有效的指导。在教学过程中，教育工作者可以利用学习者的认知能力，引导学习者设定明确的学习目标，通过对学习目标和学习过程的认知，帮助他们更有效地实现学习目标。这不仅可以提高学习者学习的效率，也有利于激发学习者的学习兴趣和积极性。

3.认知—发现学习理论

布鲁纳（Jerome Seymour Bruner）作为一位杰出的教育学家和认知心理学家，以其深入探索学习的内部认知过程为人们所熟知。他强调学习者应从学习材料中抽象、概括和归类基本概念、基本原理和基本结构，并进一步提出了类别化处理概念。他的观点指向一个重要的事实，那就是人们的学习并非仅停留在对新概念和知识的获取上，更重要的是通过学习过程促进个人知识体系的成长和能力的提升。

布鲁纳的理论侧重于学习者已有认知结构的扩充、升级和重构。他提出，一个人的编码系统特性决定了他的认知结构，而编码系统则是一个动态的体系，随着学习的深入，新的知识会被加入原有的系统中，从而使编码系统得到进一步的重构和扩充。布鲁纳还强调，学科知识的学习应该从掌握其基本结构开始，这样的掌握有助于学习者更好地理解该学科，从而提高学习效率。当学习者掌握了学科的基本结构后，他们能够更自由地应用已经形成的编码系统到新的学习内容中，并将新的概念和知识点合并到已有的编码系统中。①

布鲁纳认为，学习者在教学过程中应该成为积极的探索者，主动参与到学习过程中，学会观察、分析和归纳，学会自己去探索和发现知识、原理和规律。②这样的学习方式不仅可以提高学习者的学习效率，也有助于提升他们的学习自信心。

布鲁纳的这一理论对于理解学习过程、提高学习效率、培养学习者的认知能力具有重要意义。在实践中，教育工作者可以应用布鲁纳的理论，将学习过程设计为一种积极的探究过程，引导学习者主动参与到学习中，使学习者学会观察、分析、归纳和探索，从而提高他们的学习能

---

① 布鲁纳.布鲁纳教育文化观[M].宋文里，黄小鹏，译.北京：首都师范大学出版社，2011：63.

② 布鲁纳.布鲁纳教育文化观[M].宋文里，黄小鹏，译.北京：首都师范大学出版社，2011：48.

力，激发他们的学习兴趣，并提升他们的学习效率。

4.学习条件论

加涅（Robert Mills Gagné）是一位在教育心理学和学习实验心理学领域有重要贡献的学者，他提出的学习条件论在教育实践中发挥了较大的作用。该理论借鉴了现代信息加工理论的研究成果，对学习过程进行了深入的剖析，提出学习活动受内部条件和外部条件的制约，并倡导教学应激发学习者的学习潜能和学习兴趣，培养学习者的认知能力。

根据信息加工理论，学习过程可以分为感觉记忆、短时记忆和长时记忆等不同阶段。这些阶段中的信息流转并不全是自动的，需要通过编码，即采取一定的方式和顺序把相关信息有规律地组织起来，才能有利于信息的长久存储。这个过程要求学习者不断强化记忆和深入理解，以将短时记忆信息编码后存储进长时记忆。

加涅提出的学习条件论强调了内部条件和外部条件对学习的影响。内部条件主要包括学习者已经习得的知识技能、学习动机、心理基础和学习能力等因素；而外部条件主要包括输入刺激的结构、类别、形式和强度等因素。这些内部和外部的条件需要相互适应，共同发挥作用，这样才能有效地将外部环境的刺激信息转化为学习者的能力素质。

在教学过程中，教育工作者应运用加涅的学习条件论，激发学习者的学习潜能和兴趣，引导学习者主动探究教学内容，并根据学习者的学习状态和能力水平制定适应性的教学任务和目标；教育工作者还应根据学习者的特点和需求创设教学情境和教学条件，以激发、维持和提高学习者的学习动机，进而更好地实现教学目标。

（二）基于认知理论的二语教学过程

二语学习可以视为习得一种认知技能的过程，其中认知技能包括使用语法规则、选择合适的词语、形成语用习惯等次要技能。为了能够流利地运用一种语言，学习者需要进行大量的练习，使这些次要技能相互融合，最终达到自动化的程度。在此过程中，这些技能也会逐渐融入语言的内部结构中，随着学习者语言能力的提高，这种内部结构会不断地重构和优化。

1.语言技能的自动化

有关学者对语言技能自动化的研究认为，二语学习的自动化过程可以解释为从受控处理到自动处理的转变。在受控处理阶段中，学习者的记忆被视为一系列相互关联的节点，学习者需要高度集中精力，因此在初、中级水平时，学习者用外语表达想法时可能需要更多时间来组织语言。然而，通过不断地反复练习，这种激活模式会成为熟练的习惯性反应，学习者能够形成自动反应，这标志着学习过程进入了不可逆转的自动处理阶段。

坦南鲍姆（Robert Tannenbaum）、施密特（Warren H. Schmidt）将受控处理和自动处理视为连续体的两端，认为练习在这两端之间的演化过程中发挥关键作用。[①]通过反复练习，学习者逐渐从受控处理阶段过渡到自动处理阶段，初学者需要集中注意力，而精通语言技能的学习者则能达到自动化的学习程度。

塔罗内（Tarone）对自动信息处理过程中的语言风格进行了研究，发现在受控处理过程中，学习者的自我监控意识较强，更注重语法使用的准确性和语言形式的恰当性，表现出较为谨慎的语言风格。而在自动处理过程中，学习者不太关注语言形式，更倾向于使用非正式的语言，语言风格接近于母语水平。

安德森（John Robert Anderson）将语言知识分为宣告性知识和程序性知识。宣告性知识是学习者能够清楚表达的知识，具有显性和有意识的外在表现；而程序性知识则是以间接方式表达的知识，其外在表现

---

① TANNENBAUM R, SCHMIDT W H. How to Choose a Leadership Pattern[J]. *Harvard Business Review*，1958，36（2）：95-101.

可以是显性、隐性、有意识或下意识。

安德森将从受控处理向自动处理的过程进一步划分为认知阶段、联想阶段和自主阶段三个阶段。在认知阶段，学习者需要运用宣告性知识使用语言，可能会出现表达错误、讲话速度较慢和中间停顿较多的情况。在联想阶段，学习者已具备丰富的综合性知识用于理解和产出语言，并且将宣告性知识开始转化为程序性知识。在自主阶段，学习者不再有意识地寻找语言表达所需的词语和结构，语言表达几乎不会出现错误，流利程度增强，对语言的理解成为自动化的过程。

2.语言认知结构的重建

语言认知结构的重建是学习复杂技能的关键过程。根据认知理论，学习者需要通过大量的次技能训练并将这些次技能融合，达到自动化的水平。然而，这仅是学习的起点。新学习的二语信息还必须不断地纳入学习者的语言认知结构中，并随着学习者语言能力的发展进行持续重建。

美国教育心理学家奥苏伯尔（David Paul Ausubel）提出了意义同化学习理论，强调有意义的学习过程就是新知识被同化进学习者已有认知结构的过程。同化是指学习者通过吸收新的认知观念和信息来改变已有的认知结构，形成更高层次、更高水平的新认知结构。在教学中，教师的任务是运用恰当的教学方法激发学习者的思考，培养他们从多角度、多层次思考问题的能力，以产生新的有意义的认知信息和观念。教师还应促进学习者的学习动机，调动学习者的积极性和兴趣，使学习者能主动发现、吸收和同化有意义的认知信息，从而实现有意义的学习。

奥苏伯尔认为学习者已有的知识结构对学习起着重要的作用，同化是新认知观念与已有认知观念相互作用、相互融合的过程。学习者已有的概念和知识储备决定了同化的程度，储备越丰富，同化的程度越高，学习效率也越高。① 因此，学习者可以通过预先了解学习材料的背景信息，加强对新知识的理解，缩小与学习目标之间的差距。

奥苏伯尔的同化概念同样适用于有意义的接受学习过程。有意义的接受学习是指教师以定论方式向学习者传授新知识，学习者不需要自行发现新知识，但需要对新知识进行理解、消化，并将其融入已有的认知结构中。在教学中，教师应注重语言教学的情境化和交际化，以促进学习者对新知识的内化过程。有意义的接受学习方式也强调学习者的积极主动，这样的学习方式可以更快、更有效地让学习者获得知识。

三、人本主义学习理论

20 世纪 50 年代，美国兴起了人本主义心理学，这一心理学流派是由一些具有相似观点的心理学家共同推动形成的。他们认为心理学应该研究完整的个体，尤其关注人的自我实现。以此观点为基础，人本主义学派提出了人本主义学习理论。与行为主义学习理论相比，人本主义学习理论并不是从验证性研究中得出推论，而主要是依据个人经验原则来提出观点。

（一）人本主义学习理论的主要内容

1. 马斯洛的学习理论

马斯洛（Abraham Harold Maslow）是美国心理学家，也是人本主义心理学的主要创立者，他提出了需求层次理论。该理论认为，人的需求可以分为不同层次，包括生理需求、安全需求、爱和归属需求、尊重需求和自我实现需求。② 这些需求按照从低级向高级逐级递增的方式排

---

① 奥苏伯尔. 教育心理学：认知观点 [M]. 佘星南，宋钧，译. 北京：人民教育出版社，1994：69.

② MASLOW A H. A Theory of Human Motivation[J]. *Psychological Review*，1943，50（4）：370-396.

列，人在满足了较低级的需求后，才会追求更高级的需求。

自我实现是马斯洛人格理论的核心概念。他认为，个体之所以存在，之所以有生命的意义，就在于追求和实现自我潜能的发展和成长。在教育领域，学习者首先是作为个体的人，然后才是学习者，因此解决学习问题的前提和关键是关注学习者个体的内在需求和发展。学习者应该被视为能够实现自我潜能和个体价值的主体，而教育应积极引导学习者，为他们创造有利于自我实现的学习环境，而不是简单地利用外在力量来迫使学习者学习。

基于人的自我实现需求，马斯洛提出了关于教育的五个原则：一是自我同一性原则，强调教育应该帮助学习者减少内心的矛盾和精神上的分裂，使他们认识到自我的统一性，即个体与社会和自然之间的统一。二是启发性原则，即教育应激发和培养学习者的创造性思维，不仅要培养他们的逻辑思维能力，更重要的是激发他们的非智力因素，如情感和创意。三是美育原则，即美学体验有助于个体价值的实现，因此，教育应重视音乐、舞蹈、美术等艺术教育对个体人格的塑造。四是超越性原则，强调个体对自我的超越和对文化的超越，目的是培养具有批判精神的人。五是价值原则，即通过激发学习者内在的价值观念，使他们获得生存的意义和目标。[①]

2. 罗杰斯的学习理论

罗杰斯（Carl Ransom Rogers）是人本主义心理学的创始人之一，他的学习理论强调以学习者为中心，将学习者视为独立、自主和创造性的个体，以及教育工作者应通过创建积极的学习环境和举办教学实践活动来促进学习者的自我学习、自我实现和自我发展。

在罗杰斯的学习理论中，教师的作用是帮助学习者增强对自我认知

---

① MASLOW A H. *Motivation and Personality*[M]. 3rd ed. New York: Harper and Row, 1987: 126.

的理解，建立轻松和谐的学习氛围和环境，激发学习者的学习潜能。教师应该尊重学习者的内心感受，建立有效的沟通交流渠道，帮助学习者积极调节和疏导心理问题，给予每个学习者展现自我的机会。此外，教材的选择应反映学习者的实际生活和目的语言的社会文化特征，切合学习者的能力水平，而不是简单灌输，并且学习者应在教学过程中自主决定教材的选择。

罗杰斯强调学习者的主动性和自主性。他认为学习者不应该被动地接受教师的灌输，而应积极主动地探索、建构知识。教师的任务是激励学习者积极探究新知识，培养他们的学习兴趣，使他们的学习过程充满乐趣。因此，学习者应培养自主学习能力，学会自我管理、自我评价和自我提高，这样他们才能在学习中取得更好的效果。

罗杰斯还强调学习者的社会参与。他认为学习者应该多参与社会活动，积极求知，并将学习与社会实践相结合。通过参与社会活动，学习者可以加深对知识的理解和应用，培养自我求知能力，从而更好地应对社会挑战。

3. 库姆斯的学习理论

库姆斯（Arthur W. Combs）是美国心理学家，他提出了人本主义学习理论中的认知导向观点。库姆斯强调了对学习者的认知过程和信念系统的重要性，并主张以学习者为中心来组织教学活动，培养学习者的认知能力和全面发展。

在库姆斯的学习理论中，他认为了解一个人的行为和想法需要深入了解这个人的感觉和知觉过程，这些感觉和知觉形成了这个人的信念系统，而信念系统直接影响着这个人的行为方式。因此，教师在面对学习者的行为时，不能仅关注具体的表面行为，还应探寻背后的动机和原因。例如，学习者表现出怪异的行为可能是为了引起教师的注意，这背后可能是学习者对被重视的需求。学习活动的目的在于培养学习者的认知能力，而不仅是传授特定学科的知识和技能。教师不应该简单地将教材提供给学习者，而应引导学习者主动从中发现问题、探索和解决问题。知识的真正含义往往不是直接呈现在教材表面，而是需要学习者积极思考和探索才能领悟。

库姆斯强调全面发展，认为教育应该满足学习者在多方面的需求，包括知识技能、情感表达和意志品质等方面。教育的目标是培养学习者全面均衡的能力和素质，使其拥有健康、健全的人格。因此，教师应该结合学习者的个体差异，创造积极自由、具有挑战性的学习环境，鼓励学习者合作互助，学会自我尊重和尊重他人，适应个人生活的需要，为学习者的全面发展奠定基础。

（二）人本主义学习理论的主要观点

人本主义学习理论强调个体的主观性和独特性，以自我实现和个体全面发展为教育目标。它旨在尊重每个学习者的个性化需求，理解其内心动机，并关注其情感体验，从而使每个学习者能够在自由、平等和民主的教学环境中发挥主观能动性，使潜能开发达到最大化。

人本主义学习理论强调人的自然人性，以人为中心，从人的主观意识出发，整体研究人的动机和人格。它关注学习者的内心世界，把个人的思想、意愿与情感等因素放在所有人发展的中心地位。这一观点挑战了传统的教育理念，为学习者提供了一个新的角度来理解学习的本质，强调人是学习的主体和中心。

在教学过程中，学习者是学习的主体，是教育的中心。因此，教育的任务应该是发掘和发展每个学习者的潜能。教育工作者应针对学习者的个性化需求，提供有针对性的、多层次的、可选择的、顺序递进的教学情境，从而实现因材施教的教育原则。

在教育实践中，一方面，人本主义学习理论强调利用现代信息技术来推动学习者的学习。现代教育技术、信息网络技术、大数据挖掘技术等的发展，为学习者提供了丰富多彩的学习资源和多样化的学习渠道，使学习者可以在任何时间和任何地点进行学习，这也使学习者能够根据自己的学习需求和节奏进行学习，有利于提高其学习效果和学习满意度。

另一方面，人本主义学习理论注重学习者群体学习能力的提升。通过建立沟通交流、合作互动、协作分享的学习方式，以及设计一系列丰富多彩、形式多样的学习活动，学习者的个体学习能够有效地融入群体学习中。这种学习方式有利于培养学习者的合作精神和团队协作能力，也有利于提高学习者的社交能力。

四、交际理论

（一）系统功能语言学

系统功能语言学是由英国语言学家韩礼德（Michael A. K. Halliday）创立的，其是20世纪较具影响的语言学理论之一。该理论不仅研究语言的本质问题，如语言的性质、语言发生的过程和语言的共同特点等抽象问题，还强调探讨语言学的实践应用，认为语言是社会化的符号，应该从社会视角来解释语言现象和探究语言意义。它强调注重语言的社会功能，认为语言与具体的社会环境有不可分割的关系，这对于20世纪80年代以后语言教学的发展产生了较大影响。

韩礼德的系统功能语言学可以理解为由系统语言学与功能语言学两部分组成。这个理论结合了系统语言学的分析方法和功能语言学的社会观点，使研究者可以更全面地理解语言的结构和功能，从而更好地应用于实际语言教学和社会语言交流中。

1. 系统语言学

语言是形式与功能的密切结合，其内在特性是统一的。语言教学的核心目标是提升学习者的语言应用能力。系统语言学特别关注语言在社会环境中的角色，着重研究语言变体如何根据说话者和交际环境的不同而变化，并深入探讨这些变体的形式和它们在社会功能上的实现方式之间的联系。

索绪尔（Saussure）代表的结构主义将语言视为一个封闭且抽象的符号系统，主要关注语法结构和语言规则。乔姆斯基（Chomsky）的转换生成语法则将语言习得与心理活动联系起来，认为语言使用本质上是一种心理现象，并从心理活动的角度研究语言的产生、感知和理解。而由韩礼德代表的系统功能语言学，强调语言的社会功能及实现方式。韩礼德认为语言从本质上讲是一种社会行为，其社会属性是其根本特征。他的儿童语言发展理论反映了这种观点。[①]

传统的儿童语言习得理论通常认为儿童最初的咿呀学语缺乏实际意义。然而，韩礼德的观点不同，他认为这些声音实际上是儿童创造的原始语言，用以表达他们的直接需求，如饥饿时的哭泣、快乐时的笑声或游戏时的独白。在儿童成长过程中，这种原始语言扮演着关键角色，帮助儿童与成人进行语言沟通和社交互动。[②] 随着年龄的增长，儿童逐渐学习成人的语言表达方式，融入成人的社会关系和社会结构，同时发展成为具有社会性的个体。

2. 功能语言学

功能语言学，特别是在布拉格学派的倡导下，它的核心理念是将语言视为一种具有社会环境和功能维度的交际工具，而非仅仅是一个封闭的符号系统。这种理论提供了一个不同于传统结构主义语言学的全新视角，使语言研究不再局限于对语言本身结构和规律的剖析，而是能够充分考虑语言在社会交际中的具体应用和功能实现。

布拉格学派对语言功能的解读可细分为三个主要方面：概念功能、

① 　韩礼德．功能语法导论 [M]．彭宜维，译．北京：外语教学与研究出版社，2010：58.

② 　韩礼德．功能语法导论 [M]．彭宜维，译．北京：外语教学与研究出版社，2010：84.

人际功能和语篇功能。概念功能主要关注语言如何反映和描述现实社会的各种事件及其相关情境，包括背景、时间、地点、人员等关键信息的传达。人际功能则强调语言在人与人交往中的关键作用，它涵盖了个体如何通过语言表达对事件的认识、态度、看法和推断，也涉及了个体如何运用语言进行社交活动以及建立和维护人际关系。语篇功能则聚焦于语言运用的整体性和连贯性，强调信息组织和信息关系的明确，而不仅仅是个别词汇和句子的解析。在这个意义上，语篇被视为语言研究的基本单位。

语篇分析功能的提出，尤其是在韩礼德的工作中，为语言研究开辟了新的领域。这种分析方法强调了语言的整体性和连贯性，不仅注重语言表达的具体内容，还重视语篇的结构和组织。这为学习者理解和研究如何有效地运用语言提供了新的工具和视角。它还强调了语篇在信息交流和理解中的重要性。因此，语篇分析不仅是研究语言功能的重要方法，而且是提高学习者语言运用能力和交际能力的重要手段。

在更广泛的语言研究和教学领域，功能语言学为教育工作者提供了一种全新的、以语言功能为中心的研究和教学视角。语言的学习和使用不仅仅是学习和运用一种符号系统，更是掌握和实现语言的各种功能，以实现有效的信息传递和交际。这种视角不仅有助于教育工作者更深入地理解和研究语言，而且有助于学习者更有效地学习和教授语言。

（二）克拉申的语言监控理论

20 世纪 70 年代初，二语习得研究在美国兴起，克拉申（Stephen D. Krashen）的二语习得理论对此起到了深远影响。他的理论解释了许多语言教学中的问题，为教师在课堂上处理问题提供了有益指导。然而，克拉申的理论主要基于实践经验，缺乏可验证的实验方法作为理论支撑。[1]他在 20 世纪 70 年代末提出了第二语言监控模式，区分了语言习得和语言学得，并阐述了语言输入和输出之间的关系。随后，他不断完善和修改监控理论，提出了可理解性语言输入的概念，并最终形成了系统完整的理论。这些贡献为第二语言教学奠定了基础。

1. 习得与学得假说

克拉申的习得与学得假说对语言学习理论的贡献是较为深远的。他区分了两种不同的语言学习途径，一种是"习得"，指的是学习者在真实自然的语言环境中，通过有意义的语言交际活动，自然而然地获得语言表达和运用的知识和技能。另一种则是"学得"，即学习者在教师的指导下通过明确的教学活动，系统地掌握语言规则和知识，这是一种主动的、有意识的过程。

克拉申的这种理论构想显著改变了人们对语言学习过程的认识。他认为习得是更为重要的过程，而学得只能起到辅助作用，学得获得的知识无法自动转化为习得的知识。这种观点在一定程度上挑战了传统的教学理念，将焦点转向了学习者在真实的语境中的自然习得过程。

还有学者认为，习得与学得两个过程在实际教学过程中是难以分割的。张延成指出，语言习得环境往往会伴随着学得过程，而学得发生的环境也会催生习得过程。[2]实际上，学习者在习得和学得之间往往会有所转换，这取决于他们所处的具体语境和任务。

尽管存在争议，但克拉申的习得与学得假说对语言教学和研究仍有着深远的影响。这种理论观点鼓励教育工作者和学习者寻找更有效的教学和学习方法，以便更好地提高语言习得能力。而且，这也引发了人们对如何平衡习得和学得两种方式的思考，目的是寻求更为优化和有效的

---

① 戴炜栋，周大军，张雪梅，等 . 中国外语教学环境下的二语习得研究：外语界二语习得研究 20 年论文选 [M]. 上海：上海科学技术出版社，2006：25.

② 张延成 . 第二语言习得与学习 [M]. 武汉：湖北教育出版社，2012：36.

语言教学模式。

2.自然顺序假说

克拉申的自然顺序假说强调，无论母语、文化背景的差异如何，学习者在习得英语作为第二语言时，对语素的掌握顺序大致相同，存在着一种固有的、自然的顺序。他进一步指出，某些语法结构在这个过程中的习得较早，而某些则较晚。虽然此观点挑战了传统的语言学习理论，但为第二语言教学提供了新的理论视角。

克拉申在1981年进一步列出了九项英语语素习得的自然顺序，并认为英语作为第二语言习得时，这九项的习得顺序不变，所以叫"自然顺序"。这九项分为四组，在习得过程中，学习者总是首先习得第一组中的语素，后习得第二组，然后才是第三组、第四组。需要指出的是，学习者在习得一条新规则的过程中，往往需要经历几个阶段的反复实践，才能真正掌握并运用这个规则。因此，学习者在使用某些已经学过的语法结构时，有时会出现错误，原因是他们对这些语法结构的习得过程还未完成，或者说对其掌握得还不够牢固。

虽然学习者习得语素存在一定的顺序，但这个顺序并非绝对固定的，其会受到许多因素的影响，如学习者的个体差异、学习环境、学习材料等，而且，不同的教学方法和策略也可能会影响学习者习得语素的顺序。

尽管如此，克拉申的自然顺序假说仍为教育工作者提供了一个新的视角来审视学习者在第二语言习得过程中的行为和进程。他强调了语言学习的自然性和规律性，这对语言教学和研究具有重要的启示意义。教育工作者和学者可以借鉴这一理论，对语言教学和学习策略进行有效的调整和优化，以更好地满足学习者的学习需求，提高他们的语言能力。这一理论也提示教育工作者要重视学习者的个体差异和学习环境的影响，以促进语言教学的个性化和环境化。

3. 监控假说

克拉申的监控假说认为，习得和学得在二语学习中扮演着不同的角色。习得是语言交际的主导力量，而学得的角色主要是监控者，负责利用语法知识检查目的语言运用的准确性。这种区分主要是基于克拉申的观察，他通过观察了解到，习得和学得过程在功能上有明显的不同，前者是一种无意识的语言习得，后者则是一种有意识的知识学习。因此，克拉申进一步将学习者按照监控使用的程度分为过度使用监控、使用监控不足和合理使用监控三种类型。过度使用监控的学习者经常用掌握的语法知识有意识地纠正每个输出的语句，以保证语言使用的准确性，但可能牺牲了语言表达的流畅性。使用监控不足的学习者更多地依赖习得的知识，而不是学得的规则，因此他们在口头表达上可能流利且富有观点，但可能存在较多的语法错误。而合理使用监控的学习者在不妨碍语言交际的前提下，适度地运用监控手段，他们对目的语言的各个方面都有全面的掌握，是二语学习的理想状态。

然而，对于不同程度的二语学习者，监控的使用可能呈现不同的模式，有时可能会比克拉申假设得更为复杂。此外，语言环境、文化背景、个体差异、教学方法等因素也可能影响学习者的监控使用。尽管如此，监控假说仍为教育工作者提供了一个新的视角，有利于其更好地理解习得和学得在二语学习中的作用，以及如何有效地利用这两种不同的过程来提高语言习得的效率和质量。

监控假说对语言教学有着重要的启示。教师需要充分理解习得和学得的不同，以及学习者在二语学习中可能采取的不同的监控使用模式。教师可以通过灵活地调整教学策略和方法，以满足不同学习者的需求，促进他们的语言习得，而不仅仅是语言学习。教师还需要鼓励学习者合理使用监控，以提高他们语言输出的质量和数量。

4. 情感过滤假说

情感过滤假说是二语习得理论中的一个重要组成部分，它认为学习者的情感状态对二语习得过程具有关键性的影响。情感因素在本书中被视为一种过滤机制，它可以影响学习者接受和处理语言输入的能力。换言之，如果学习者的情感状态正面，那么他们对语言输入的接受和吸收就会更为顺畅。反之，如果他们的情绪处于负面状态，就可能会阻碍他们有效地处理语言输入。

克拉申认为，一些情绪状态，如焦虑、厌烦和缺乏自信，可能会增加情感过滤器的层级，从而限制语言输入的吸收。相反，如果学习者对语言学习具有积极的动机，他们的情绪状态就可能更为积极，这将有利于他们吸收和处理语言输入。

情感过滤假说为语言教学提供了重要的指导方针。它强调教师不仅需要提供有效的、可理解的语言输入，而且还需要为学习者营造一个积极、充满鼓励的学习环境，以降低他们的情感过滤层级。而这也突出了激发学习者学习动机、提高他们的自信心以及降低他们的学习焦虑感的重要性。

本书认为，情感因素对二语习得的影响可能比克拉申假设的更为复杂。例如，个别的学习者在面临一定压力或焦虑时，反而可能表现出更高的学习效率和成效。尽管如此，情感过滤假说为教育工作者提供了一个有价值的视角，使其能更有效地理解学习者的情感状态对语言习得过程的影响。

（三）交际能力理论

1.海姆斯的交际能力理论

海姆斯（Dell Hathaway Hymes）的交际能力理论是对乔姆斯基（Avram Noam Chomsky）语言能力理论的重要补充和扩展。他在乔姆斯基的理论基础上，将语言的社会和文化因素纳入考虑范围，并强调语言使用在真实环境中的实际操作能力。乔姆斯基的语言能力理论主要集中在对语言结构的描述上，而海姆斯则更注重语言的实际运用。他提出的交际能力理论包含四个方面：语法形式的可能性、话语的可行性、话语的恰当性和实际操作性。其中，语法形式的可能性对应乔姆斯基的语言能力概念，强调语言结构的理解和生成。其他三个方面则是海姆斯理论的独特之处，它们突出了语言使用者在真实社会文化环境中使用语言的能力。语言的话语可行性指的是在特定社会文化环境下，语言使用者应具有根据环境制约合理运用语言的能力。话语的恰当性则强调语言使用者在特定场合，正确运用语言，遵循相应的社会文化规范。实际操作性则是指语言使用者应能在实际生活中灵活运用语言进行有效交际。①

海姆斯的交际能力理论对外语教学有着深远的影响。首先，它改变了语言教学的目标，不再仅局限于语言知识和语法规则的传授，而是更加注重培养学习者的语言交际能力。其次，它认识到语言学习是一种社会文化行为，因此，教育工作者在外语教学中需要将教学内容与目标语言的社会文化环境结合起来。最后，海姆斯的理论强调了教学内容的真实性和交际性，提倡通过模拟真实生活中的交际情境，使学习者有机会在真实或者近似真实的环境中使用目标语言。

2.卡纳尔和斯温的交际能力理论

卡纳尔（Michael Canale）和斯温（Merrill Swain）的交际能力理论是在海姆斯的基础上发展起来的，他们进一步揭示了语法规则与语言运用规则之间的相互关系和相互作用。他们的理论主张，这两者是互为存在的条件和依据，不能割裂开来单独考虑。

卡纳尔和斯温的理论将交际能力划分为四个层次：语法能力、社会语言能力、语篇能力和策略能力。语法能力关注学习者对基础词汇、语法结构、构词形式、句法结构和发音规则等语言知识的理解和运用。这种能力是理解和表达语言基本含义的关键。社会语言能力则强调在特定

---

① HYMES D H. *on Communicative Competence*[M]. England: PenguinBooks, 1972: 63-65.

的社会文化情境和语言应用环境中准确理解语言输入材料和进行恰当的语言表达。这一能力要求学习者对社会文化因素有足够的了解，能根据不同的环境调整语言的使用。语篇能力指的是学习者能够根据写作题材的要求，按照一定的范式和体例，将语言素材和语言形式有机结合形成体裁篇章。这一能力需要学习者具有较强的语言组织和构造能力，能够有效地整合语言素材，生成合乎题材要求的篇章。策略能力则是学习者为顺利完成交际任务或提高交际能力所使用的各种有效的技能和方法，强调学习者在实际交际过程中的解决问题和调整策略的能力。①

卡纳尔和斯温的交际能力理论不仅充实了人们对交际能力概念的理解，更为语言教学提供了新的思路。他们强调语法能力和语言运用规则的紧密关联，进一步确立了语言学习和教学中交际能力的重要性。他们的理论也为语言教师提供了具体的教学策略和方法，使教学活动更贴近实际，更具针对性。

3.威尔金斯的意念大纲

20 世纪 70 年代，语言学家威尔金斯（David Arthur Wilkins）提出了以培养交际能力为出发点的意念大纲。这一理论的提出是交际能力理论在语言教学大纲设计领域的深入发展和应用，为语言教学提供了全新的理论视角。

威尔金斯的意念大纲基于两个核心概念，即功能和意念。② 功能在此可以理解为语言行为，如请求、询问、邀请等具体的语言活动，或者用于描述具体事件和表达情绪状态，如赞扬、道歉、希望等。意念则是指在交际过程中根据实际需要和目标设定所要表达和传递的思想内容。

<hr>

① CANALE M, SWAIN M. Theoretical Bases of Communicative Approaches to Second Language Teaching and Testing[J]. *Applied Linguistics*, 1980, 1（1）: 1-47.

② WILKINS D A. I Notional Syllabuses Revisited[J]. *Applied Linguistics*, 1981, 2（1）: 83-89.

在交际中，功能和意念是密不可分的，共同构成交际的基本要素。

在威尔金斯的理论框架中，教学的核心不在于学习者掌握多少语法规则，而在于他们能否有效地运用语言进行交际。语言教学的内容和方式应根据实际的交际需求确定，即在特定的时间、地点和交际类型中选择最适合的语言表达方式。因此，意念大纲强调的是语言的实际使用，强调语言教学应符合交际的实际需要，并将语法运用和情境因素融入教学过程。

英国语言学家约翰·曼比（John Munby）进一步发展了威尔金斯的理论，他指出，教学大纲的设计应以学习者为中心，以学习者需要表达的意念和最常使用、最需要掌握的功能项目为主线进行设计。[①] 通过明确、具体的教学目标和步骤，他的理论进一步推动了以交际能力为中心的语言教学理念。

---

① MUNBY J. *Commnicative Syllabus Design*[M]. Cambridge: Cambridge University Press, 1978: 232.

第三章　高校英语教学模式创新——项目式教学模式

第一节　项目式教学的发展背景

一、全球化的影响

全球化是当今时代的一个显著特征，它在经济、文化、科技等多个领域产生了深远的影响，教育领域也不例外。全球化不仅促进了信息的自由流动和人才的国际交流，还提出了对人才跨文化沟通能力和创新思维的强烈需求。在高校英语教学环境下，这一趋势推动了项目式教学模式的发展。

全球化的高速发展对英语的作用和地位进行了重新定位。英语不再仅是一门学科，而是成为连接世界、促进跨文化交际的重要工具。在这样的背景下，高校英语教学不仅需要培养学生的语言能力，还需要培养其跨文化沟通的能力，使其具有全球视野。

项目式教学模式正是为了满足这一需求应运而生。该教学模式鼓励学生通过实际项目的执行，深入了解不同文化背景下的沟通方式和工作习惯，培养其在全球化背景下的实际操作能力。与传统的课堂教学相比，项目式教学更强调实践和实用，能够让学生在真实的语境中学习和运用英语，更符合全球化和时代化的需求。此外，全球化也推动了各国教育体系的相互借鉴和融合。许多先进的教育理念和方法被引入各国的高校英语教学中，其中项目式教学就是一个典型例子。它强调学生主体地位、教学实践和协作学习，与全球化时代的教育理念相一致，因此得到了越来越多的高校采纳。

二、现代教育理念的转变

现代教育理念的转变是项目式教学在高校英语教学中得以推广和发展的重要推动力之一。这一转变主要体现在以下几个方面。

（一）从以教师为中心到以学生为中心的转变

传统的教学模式多以教师为中心，强调教师的权威地位和知识的传授功能。现代教育理念则强调学生的主体地位，倡导学生主动参与和自主探究。项目式教学正符合这一理念，强调学生通过实际项目的参与和实施，自主发现问题、解决问题，培养自主学习和合作学习的能力。

（二）从知识传授到能力培养的转变

现代教育更注重培养学生的综合素质和实际能力，而不仅是知识的灌输。项目式教学通过真实的项目场景，可以使学生在实际操作中培养解决问题的能力、团队协作能力和跨文化沟通能力等，使其更好地适应现实工作和生活的需求。

（三）从单一教学方法到多元化教学方法的转变

现代教育理念强调教学方法的多元化，以适应不同学生的学习需求和特点。项目式教学模式提供了多样化的学习方式，如小组合作、案例分析、现场调查等，使教学过程更加生动有趣，更能激发学生的学习兴趣和创造力。

（四）从封闭教学到开放教学的转变

现代教育理念强调教学的开放性，鼓励学校与社会、学科与学科之间的交流与合作。项目式教学强调与真实社会环境的紧密结合，鼓励学生走出课堂，与社会实际相结合，这能够增强学生的社会责任感和实践能力。

（五）从应试教育到素质教育的转变

现代教育理念提倡素质教育，强调全面培养学生的德、智、体、美、劳。项目式教学通过实际项目的实施，不仅培养学生的专业技能，还培养其团队合作、沟通协调、批判思考等软实力，促进学生的全面发展。

三、技术进步对教育的推动

技术进步对教育的推动已成为当今时代的鲜明特点，尤其是在高校英语教学方面，这些进步为项目式教学的实施提供了强大支持和便利条件。

随着互联网的普及和数字化资源的丰富，大量的数字化教学资源得以充分利用。教师可以轻松地获取来自世界各地的教学资料和英语原版素材，使学习内容更真实、丰富。此外，现代技术使教学不再局限于传统的课堂讲解。通过虚拟现实技术、在线协作平台工具等，学生可以进行模拟实践、远程协作，使学习更加灵活和有效。现代技术还提供了更多自主学习的工具和平台，如智能推荐系统、在线学习社群等。这增强了学生在项目式教学中的个性化，提高了学生的自主学习能力。通过大数据分析和人工智能技术，教师能更精确地了解学生的学习进度和问题，并为其提供及时的个性化反馈和支持，确保项目的顺利进行。

跨文化交际的便捷化也是技术进步带来的重要优势。学生可以通过网络与世界各地的同伴和专家进行实时交流和合作，增进对英语使用场景和文化背景的理解。技术进步还促进了教育的公平和普及，使优质教育资源的共享和传播更加容易，这有利于缩小不同地区、不同学校之间的教育资源差距。

四、高校英语教学需求的变化

高校英语教学需求的变化是一个复杂而又深远的问题，其包含教育目的、学生需求、社会环境等多个方面的变革。

从教育目的角度来看，高校英语教学的核心目标已从单纯的语法和词汇知识传授转向了对学生综合素质和实际应用能力的培养。这不仅涉及英语听、说、读、写的基本能力，还包括批判性思维、跨文化交际能力、团队协作能力等。项目式教学作为一种以学生为中心、强调实践和协作的教学模式，得以逐渐推广和应用。

随着互联网和全球化的推进，当代大学生的视野更加开阔，对英语的需求也更加多元化和个性化。他们不再满足于传统的应试教育，而是追求真实、有趣以及与职业和生活紧密联系的学习体验。这样的需求促使教育工作者不断探索新的教学方法，以满足学生的实际需求。

在全球化和知识经济的背景下，英语已经成为国际交流和商务合作的重要工具，许多企业和组织也强调员工的英语沟通能力和国际视野。因此，高校英语教育也需与时俱进，培养学生的实际应用能力和国际化视野。

教育理念和教学方法的更新也反映了高校英语教学需求的变化。越来越多的教育工作者认识到，教育不仅是知识的传授，更是能力的培养、品格的塑造和个性的发展。因此，教学方法也从教师主导转向了学生参与，从单一方法转向了灵活多样化，从课堂教学转向了项目实践。

五、 传统教学模式的局限性

在高校英语教学历程中，传统教学模式曾扮演过不可或缺的角色。但随着时代的演变，它的缺陷和局限性日益明显。这种模式过于依赖以教师为中心的教学方式，使学生成为被动的学习者，从而削弱了他们的主体性和自主学习能力。而在内容和进度的设计上，这一模式往往采取"一刀切"的策略，导致教师在教学过程中难以顾及每位学生的个体差异、兴趣和学习风格。更重要的是，传统模式对英语教学过于强调词汇和语法，而对其在真实语境中的应用及跨文化交际能力的培养关注不足。这使学生在知识上可能对英语有了一定的掌握，但在实际应用中却经常感到力不从心。同时，评估方式的单一性，如过分依赖考试成绩，容易导致学生追求应试技巧而非真正的能力提升。这种方式很可能会扭曲他们的学习动机，使其难以全面展现自己的英语综合素质。

这种模式倾向于机械式的知识灌输，学生的创造力和批判性思维很容易被忽视。而没有足够的机会参与开放的讨论和实践，学生在处理复杂问题和独立思考时，其能力可能会受到限制。加之课程内容和现实生活之间的联系并不紧密，也会使学生感到学到的英语知识与他们的日常生活和未来发展关联不大，从而影响他们的学习热情。

第二节 项目式教学的理论支撑

一、建构主义学习理论

项目式教学作为一种新兴的教学模式，在其设计与实施过程中深受建构主义学习理论的影响。建构主义学习理论主张知识并非简单地从教师传递到学生的过程，而是学生通过与现实世界的互动，结合自身的经验，在不断地实践和反思中构建的。在这一理论视角下，知识不再是静态和确定的，而是动态和发展的。学生在学习过程中，不仅要吸收现有的知识体系，还要与之互动，通过实践、探索和合作，将知识内化为自己的能力和素质。这就要求教育工作者不再仅扮演教授者的角色，而要成为引导者和协助者，激发学生的学习兴趣，引导他们主动探求、分析和解决问题。

项目式教学符合建构主义的学习观念。通过实际项目的设计和执行，学生有机会投入真实的问题解决场景中，自主选择学习路径，与同伴协作探讨。在这一过程中，教师的作用是提供支持和指导，帮助学生将理论知识应用到实际问题中，这体现了学生的主体性。项目式教学还强调了对学生个体差异的尊重。每个学生的背景、兴趣和学习风格都可能不同，而项目式教学通过灵活的项目设计，使学生能够根据自己的情况选择最适合自己的学习策略，从而实现更有效的个性化学习。

二、合作学习理论

合作学习理论是当今教育界的热门话题之一，特别是在高校英语教学领域，这一理论正在逐渐展现出它的强大潜力。与传统的竞争和个人主义学习不同的是，合作学习强调学生之间的相互协作，共同追求学习目标。

在高校英语教学中，语言本身就是一种交流工具，需要在实际的社交场景中使用。合作学习提供了一种模拟真实语言环境的有效方法，通过小组活动、讨论和项目合作，学生可以在实际的语言环境中练习英语听、说、读、写的技能。与同伴的合作不仅可以增强学生的沟通能力，还可以提供更多的创意和观点，拓宽思维，开阔视野，激发学习兴趣和动力。合作学习还有助于培养学生的团队精神和社交技能，这对于现今高校毕业生进入职场具有重要意义。在合作学习的过程中，学生需要学会相互尊重、倾听和批判性思考，这些都是现代社会所必需的基本素质。

合作学习强调每个学生的个体价值，鼓励他们根据自己的兴趣和长处贡献自己的力量。在高校英语教学中，这意味着每个学生无论是在文学分析、商务英语、演讲技巧方面，还是在翻译实践等方面，都有机会展示自己的特长。在项目式教学中，合作学习理论更是发挥了核心作用。项目的成功执行需要学生之间的密切协作，共同分析问题、制定方案、实施计划并反思改进，教师则需要扮演协调和引导的角色。

三、自主学习理论

自主学习理论在高校英语教学中占据了重要地位，特别是在项目式教学模式中，其重要性更是不言而喻。自主学习强调学生的主动性、独立性和责任感，要求学生能够自我管理、自我评估和自我激励，从而实现对知识和技能的主动掌握。

高校英语教学作为一项复杂的认知活动，需要学生具备高度的自主学习能力。自主学习理论不仅鼓励学生在教师的指导下独立完成学习任务，还强调学生应该能够自我设定学习目标、计划学习过程、监控学习进展并进行自我反思和调整。在项目式教学中，自主学习理论具有重要的作用。学生需要在项目的整个过程中，包括选题研究、计划设计、执行实施以及最终评估和总结，都展现出自主学习的能力。这不仅要求学生能够独立分析问题、寻找解决方案，还要求他们能够有效地组织和管理自己的学习资源，如时间、资料和人际关系等。自主学习强调学生的内在动机，相信学生有能力并愿意为自己的学习负责。这一观点对高校英语教学具有重要意义，因为学生的内在动机是推动他们深入学习、探索新知识和不断进步的关键因素。教师的角色从传统的知识传授者转变为学生学习的引导者和协助者，帮助他们找到适合自己的学习路径和方法。自主学习理论还与现代教育的其他重要理念，如终身学习、信息素养和批判性思维等紧密相连。高校英语教学不仅是培养学生英语能力的过程，更是培养他们成为独立思考、终身学习的现代人的过程。

四、情境学习理论

情境学习理论是一种强调学习与使用环境紧密相连的学习理论。根据情境学习理论，知识不是与环境无关的抽象结构，而是在特定情境中构建和使用的。这种理论在高校英语教学中，尤其是在项目式教学中得到了广泛的应用。情境学习理论强调学习者在真实或模拟的真实情境中学习，这与项目式教学模式的核心理念高度一致。在与现实世界相关联的项目中，学生可以在真实或逼真的环境中探索、合作、交流和解决问题。这种情境化的学习环境促使学生将英语从课本和理论转化为实际应用，从而提高了学生的语言能力和跨文化交际能力。

在高校英语项目式教学中，教师可以设计与学生未来职业、社交环境或文化背景紧密相关的项目。例如，教师可以组织学生模拟商业谈判、文化交流、科技展示等场景，让学生在这些特定情境中使用英语。这样的教学方式有利于学生更好地理解和掌握语言在实际中的运用，增强他们的语言运用能力。情境学习强调学习者在学习过程中的主动性和参与性。在项目式教学中，学生需要与同伴合作，共同探索和解决问题，这一过程促使他们主动参与学习，不仅深化了学生对知识的理解，还锻炼了学生团队合作和沟通的能力。更重要的是，情境学习理论强调将知识与实际情境相结合，这有利于学生更好地转化和迁移知识。学生在项目中获得的经验和技能更容易转化为在其他情境下的实际应用能力。这对高校英语教学的长期目标具有重要意义，即培养学生能够在各种不同情境下灵活运用英语的能力。

五、多元智能理论

多元智能理论由心理学家加德纳（Howard Gardner）提出，强调人类具备多种不同类型的智能，这一理论在高校英语项目式教学中尤为重要。多元智能理论揭示了学生在不同智能方面的个体差异，使教师能更精确地识别学生的优势智能，并为学生设计合适的学习任务和项目角色，进而提高学生的学习积极性和效率。它强调采用多样化的教学手段，结合视觉、听觉、动觉等，使教学内容更加丰富和生动。多元智能理论还促进了跨学科学习。通过与其他学科，如艺术、科学、社会学等相结合，项目式英语教学可以更全面地培养学生的综合素质。例如，组织涉及艺术创作或科学研究的英语项目，不仅有利于学生在跨学科环境中使用英语，还能促进其综合素质的提升。多元智能理论的全面评估观点也在项目式教学中得到了体现。不仅仅局限于语言测试，教师还可以通过观察、访谈、项目成果展示等方式，全方位评估学生的英语应用能力、团队协作能力、创造力等，并给出更有针对性的反馈和指导。更重要的是，多元智能理论还鼓励学生的自主学习和探索，这有利于培养学生的终身学习能力。在项目式教学中，学生需要在真实或模拟的情境中自主探索和解决问题，这有利于培养学生主动学习的态度和能力。

第三节　项目式教学的主要内容

一、项目选择与定义

（一）高校英语课程目标与项目主题的匹配

项目选择与定义是项目式教学模式的第一步，是整个教学过程的基础。在高校英语教学中，项目选择与定义需细致地考虑高校英语课程目标与项目主题之间的匹配问题，确保所选项目能够切实推动学生英语能力的提升。高校英语课程的目标通常涵盖听、说、读、写等多方面的语言技能培养，以及文化素养、批判性思维、团队协作等综合素质的培养。因此，项目主题的选择应反映这些教学目标，确保项目的实施能够与课程目标紧密相连。例如，选择与国际化、跨文化交际或职业发展相关的项目主题，能够促进学生在实际语境中对英语的运用，并增强其跨文化交际能力和职业素质。

项目主题还需与高校英语教学的实际情况和学生需求相匹配。各高校英语课程的特色和方向可能存在差异，因此项目的选择需充分考虑学校的教育理念、专业方向、学生兴趣等因素，确保项目能够激发学生的学习兴趣，促进其主动参与。项目的选择与定义还涉及对项目难度的把握、时间安排的合理性、资源支持的可行性等方面的考量。项目的难度需适合学生的英语水平和认知能力，既不可过于简单使学生失去挑战感，也不可过于复杂使学生感到困难重重。合理的时间安排能确保项目的顺利进行，而充足的资源支持则是项目成功实施的保障。

（二）项目目标的设定与英语能力培养

项目目标的设定在高校英语项目式教学中占有核心地位，尤其是与英语能力培养的紧密结合。为了符合高校英语课程的总体目标，提高学生的英语语言能力，项目目标必须具体明确，突出实用性与实际性，还需以学生的实际需求和未来职业发展为导向，确保所培养的英语能力具有实用性和现实意义。例如，不同主题的项目可以设置不同的目标，如商务英语、文化交流等。

项目目标还应强调能力的全面培养，不仅仅限于某一方面的英语能力，还包括听、说、读、写的均衡发展，以及批判性思维、信息素养、团队协作等综合素质。在设定过程中，项目目标应具有可量化和可评估的特性，以便于教师和学生清楚地了解项目的进展情况，及时调整教学策略。项目目标的设定还需具有灵活性和适应性，应充分考虑学生的不同学习背景和需求，确保因材施教，充分发挥每个学生的潜力。

（三）项目要求与高校英语教学标准的结合

项目要求与高校英语教学标准的结合在项目式教学中发挥了重要作用，确保了教学过程的质量与效果。在高校英语教学中，教学标准常常被视为衡量学生英语水平的准则，涵盖了从基础知识、语言技能到跨文化交际等多方面的要求。项目式教学以学生为中心，强调实际操作与应用，因此，项目要求必须与高校英语教学标准紧密结合，确保教学内容的科学性与实用性。

在定义项目要求时，教师需充分理解高校英语教学标准中的每一个要素，如语言准确性、流利度、跨文化交际能力等，确保项目要求既符合学生的实际需求，又能反映教学标准的核心目标。例如，项目可能涉及商务报告的编写，此时，项目要求应侧重于商务英语词汇的准确运用、商务报告的标准格式、商务沟通的文化礼仪等，并体现高校英语教学标准中对学生商务英语交际能力的培养。此外，项目要求与高校英语教学标准的结合还体现在教学过程的透明性与公正性上。教师需向学生清楚地说明项目要求，确保学生理解并能够自主完成。教学标准作为评估项目成功的重要依据，需在项目开始阶段就与学生共享，防止教学过程中的模糊地带和不必要的误解。

（四）英语学习资源的准备与分配

英语学习资源的准备与分配在项目式教学的实施中是一个重要环节，涉及教学过程中资源的策划、组织、协调与优化。在高校英语教学中，各类资源的合理配置直接影响着教学效果的实现。在项目式教学中，英语学习资源不仅包括传统的教材、课堂讲解、教学录像等，还涵盖了网络资源、实际语境、社交媒体、学术文章等多元化的内容。合理准备与分配这些资源可以确保学生获得全面的英语输入，强化对学生英语应用能力的培养。

教师需要结合项目主题与目标，充分挖掘与分析可用资源。例如，在一个以英语演讲为主题的项目中，教师可以整理包括经典演讲视频、演讲稿样本、演讲技巧教程等在内的资源，确保内容的丰富性与实用性。在资源分配方面，教师需要与学生共同参与，以确保资源与学生的实际需求和学习目标相匹配。在分配资源时，教师需要考虑学生的英语水平差异、学习兴趣和职业方向等因素，并根据实际情况随时进行个性化的调整和优化。

在高校英语教学中，项目式教学强调的是学生的主动探究与合作学习，因此，资源分配还需要鼓励学生自主寻找与分享资源，形成开放、共享的学习氛围。教师可通过建立在线资源库、组织研讨会等方式，推动资源的交流与共享。

英语学习资源的准备与分配还需要与时俱进，充分利用现代高科技技术，如大数据分析、人工智能等，进行智能推荐和个性化调配。这种智能化的资源管理不仅能提高资源利用效率，还能更精准地满足学生的个别化学习需求。

二、项目组织与协作

（一）高校英语教学团队的组织与角色分配

高校英语教学团队的组织与角色分配在项目式教学中占据重要地位。有效的组织协调不仅能提升教学效率，而且能促进学生的学习体验和教学目标的实现。这一环节涉及多方面的因素，包括教学团队成员的招募与配置、角色定义与分配、协同工作机制的建立以及团队文化和价值观的塑造。

项目组织的核心是团队成员的招募与配置。在高校英语教学中，教学团队通常由教师、教学助理、学科专家、信息技术支持人员等组成，因此，组织者在组织团队时应充分考虑成员的教学经验、学科背景、技能特长等，确保团队具备完成项目教学任务的综合能力。

角色定义与分配是项目组织的另一关键环节。每个团队成员都需要明确自身在项目中的角色和职责。例如，主讲教师负责教学设计与实施，教学助理负责学生辅导与反馈，信息技术支持人员负责教学技术支撑等。角色的明确与分工有助于提高工作效率，避免职责重叠和冲突。

协同工作机制的建立涉及团队内外的协作与沟通。在内部，团队成员之间要建立有效的沟通渠道和协作平台，如定期的工作会议、在线协作工具等。在外部，团队需要与学生、行政部门、外部合作机构等建立协调机制，确保项目教学的顺利进行。

项目组织还涉及团队文化和价值观的塑造。一个成功的教学团队需要共同的目标、价值观和工作准则，以保持团队的凝聚力和执行力。例如，教学团队可以共同确立以学生为中心的教学理念，强调团队成员之间的互相尊重和协作精神等。

（二）学生间英语交流与协作机制的构建

在项目式英语教学中，学生间的英语交流与协作机制的构建作为一种教学策略，已成为现代高校英语教学的重要组成部分。通过合作学习，学生共同解决问题，完成任务，提高英语综合运用能力，增强团队合作精神。

首先，教师需让学生明确协作学习的目的与意义。学生不仅能通过合作学习增强英语实际运用能力，还能培养团队合作、批判性思维和问题解决等综合素质。在此基础上，教师再设计具有挑战性的英语学习任务，使学生明确合作的必要性和目标。其次，教师需引导学生构建合作学习小组，以形成互补优势，并与学生共同制定合作学习的规则，如分工合作、相互尊重、共同负责等。教师通过合理的评价机制，如自评、互评、小组评价等，可以促进学生的积极参与。教师通过提供适合学生合作学习的教学资源，并提供必要的学习指导与支持，可以帮助学生解决合作过程中的困难，提供反馈建议等。最后，教师需组织学生反思合作学习过程，总结经验与教训，这有利于学生今后的学习与成长。

通过上述方式，学生间的英语交流与协作机制在高校英语教学中得以有效构建。这一过程不仅能够丰富英语教学的方法，还有助于实现高校英语教学的深层次目标，促进学生的全面发展。这种机制还与现代教育理念的人本精神和协作精神相契合，有助于培养学生的社交能力、团队精神和创新意识，更好地满足现代社会对人才的需求。

（三）英语学习任务分工与协调

在高校英语项目式教学中，英语学习任务的分工与协调是一个关键环节，它涉及任务的合理规划、有效执行以及团队内部的协调合作。通过分工与协调的任务，可以实现团队成员的优势互补，促进学习深度和广度的拓展，增强学生之间的合作精神和协同效能。

英语学习任务分工首先要确立明确的目标和预期效果。教师需要结合教学目的和学生特点，合理安排任务，确保每一项任务都与整体学习目标和个人学习需求相匹配。其次，项目任务的分工要注重合作和个体差异。每个学生的英语学习兴趣、能力和需求都有所不同，合理的任务分工应充分考虑这些差异，既能让每个学生在合作中发挥自己的长处，又能通过合作促进个人能力的提升。分工之后的任务协调同样重要。在协调过程中，教师需要确保团队成员之间的有效沟通和协同工作。这可能涉及如何设置合适的沟通渠道、协调机制以及反馈和评估体系等。有效的协调可以确保团队成员之间的良好合作，促进项目的顺利推进。此外，学生间的自主协调也是必不可少的一环。教师可以提供必要的指导和支持，但学生应学会自主分析任务、协调资源、解决问题等。通过自主协调，学生可以培养解决问题、沟通协作、自主学习等多方面的能力。最后，学习任务分工与协调的过程也需要不断地反思和调整。教师和学生应根据任务执行的实际情况，不断评估和反思，及时调整任务分工和协调机制，以确保学习效果达到最大化。

（四）英语沟通渠道与协作平台的建立

在高校英语项目式教学中，英语沟通渠道与协作平台的建立构成了学习组织和实施的重要环节。这些渠道和平台不仅促进了信息的流通、知识的共享，还加强了学生与学生之间、教师与学生之间的互动与合作，进一步提高了教学的效率和效果。

英语沟通渠道的建立主要包括线上线下的融合，目的是适应不同的学习和教学需求。对于线上方面，教师可以运用各类信息技术工具，如微博、网络论坛、云端共享文档等，创建丰富多样的交流环境，为学生提供灵活、便捷的英语沟通渠道。对于线下方面，教师可以通过组织研讨会、小组合作等形式，促进学生面对面的交流与互动。

协作平台的建立则更侧重于提供支撑学生合作学习的环境和机制。协作平台应以学生为中心，注重学生的主动参与、互动合作，支持学生在项目过程中的共同探究和创新实践。这需要教师充分利用现有技术，如协作编辑文档、项目管理软件等，为学生提供合适的工具和资源。

三、项目执行与管理

（一）英语教学项目进度的规划与控制

英语教学项目进度的规划与控制在高校英语项目式教学中处于核心地位，涉及项目的整体布局、时间管理、任务协同以及资源调配，这一切共同促进了项目的有序推进和高效达成。

在开始阶段，教学项目进度的规划为整个项目提供了清晰的蓝图和方向。教师需与学生共同分析课程的核心内容和学习目标，合理划分教学任务和安排教学时间，还需考虑项目的可行性和可能存在的难点，调整教学计划以确保与学生需求的一致性。通过设立合适的目标，这一阶段可以为项目执行提供明确的指引。

执行阶段则更侧重于项目进度的实际控制，目的是确保项目按计划进行。这一阶段涉及动态监测与调整，教师需通过定期检查项目的状态和资源使用情况，及时了解项目进度，并在必要时做出调整。为了强化学生的责任感和参与感，教师还需将学生纳入进度管理的过程中，提高他们的自主参与。此外，项目可能出现的风险和问题也需纳入考虑范围内，教师需合理评估并制定应对策略以确保项目的正常推进。项目进度控制还需与教学的其他环节，如教学资源的有效利用、学生合作的促进等相协调，以确保项目的整体效益。借助项目管理软件、协作平台等现代教育技术工具，则可使进度规划和控制更为精确和便捷，提高教师和学生之间的沟通效率。

（二）英语教学资源的有效利用

在高校英语教学项目中，英语教学资源的有效利用不仅对提升教学质量起了关键作用，而且促进了学生英语能力的发展和自主学习能力的提升。英语教学资源不仅包括教科书、辅助教材、音视频材料等传统资源，还涵盖了诸如在线学习平台、社交媒体、虚拟现实技术等现代教育技术。在项目式教学中，教师和学生共同参与资源的选择、整合和使用，这种协同作用促进了教学资源与教学目标、内容和方法的紧密结合。

英语教学资源的有效利用要求教师明确教学项目的目标与内容，针对不同阶段的学习需求进行精心选择和配置。例如，教师可以通过网络资源提供丰富的真实语境，以培养学生的听说能力；还可以使用虚拟现实技术模拟商务场景，增强学生的交际能力等。这样的定制化资源配置确保了资源与教学需求的一致性，也增加了教学的趣味性和实效性。项目式教学还鼓励学生自主学习和合作学习。在这一背景下，教师可以指导学生自主发掘和利用资源，激发他们的学习兴趣和创造力，培养他们的信息素养和批判性思维能力。通过在线社交平台等方式促进学生间的合作与交流，还可以进一步强化学生的沟通能力和团队协作能力。

英语教学资源的有效利用还要求教师具备一定的技术素养和创新精神。教师不仅要能熟练使用各种教学工具，还要能灵活组合和改编资源以适应教学需求。教师还需时刻关注教学资源的使用效果，及时调整教学策略，确保资源利用的最优化。教学资源的使用还需要注重教育伦理和学生个性化需求。在选择和使用资源时，教师要注意保护知识产权，尊重学生的文化背景和学习兴趣，以促进公平、尊重和包容的教育环境的营造。

（三）高校英语教学项目风险管理

在高校英语教学项目中，风险管理是确保项目顺利推进的关键因素之一。在项目执行过程中，可能会遇到许多不可预见的风险，如教学目标与实际效果的偏差、学生参与度的下降、教学资源的不足等。而如何有效识别和控制这些风险，确保教学项目的顺利进行，是高校英语教学的一项重要任务。

风险管理可以从风险识别、风险评估、风险控制和风险反馈等方面展开。

风险识别是风险管理的基础，教师需要通过深入分析教学项目的性质、目标、学生特点、教学环境等因素，系统地识别可能影响项目执行的各类风险因素。例如，教师可以通过教学观察、学生调查等方式，了解可能影响学生学习兴趣和参与度的因素，从而为后续的风险评估和控制提供依据。

风险评估涉及对识别出的风险因素的可能性和影响进行量化分析，以确定其对教学项目的潜在威胁程度。这一过程可以借助专业的风险评估工具和方法，结合项目的具体情况，对风险进行等级划分，从而有针对性地制定风险应对策略。

风险控制则关注如何通过制定合理的策略以及采取有效的措施减轻或消除风险的负面影响。例如，对于可能出现的学生参与度下降的风险，可以通过灵活的教学设计、有趣的教学活动、有效的激励机制等方式进行干预。对于教学资源不足的风险，可以通过提前准备、合理分配、有效整合等方式进行控制。

风险反馈是风险管理的闭环，涉及对风险管理效果的持续监测和评估。通过定期的教学评估、学生反馈、教师自我反思等方式，教师及时了解风险控制措施的执行情况和效果，以便根据需要进行调整和完善。

（四）英语学习问题解决与决策制定

英语学习问题解决与决策制定在高校英语教学项目中占据重要地位，涉及课程设计、教学实施、学生评估等多个层面。教师需要充分了解学生的学习需求和困境，运用合适的策略和方法，有针对性地解决问题并做出合理的教学决策。

问题解决是教学过程中的一个动态和迭代过程。在英语学习中，学生可能会遇到语法、词汇、发音、文化理解等多方面的问题。教师需要及时发现和分析这些问题，并寻找合适的解决方案。例如，对于语法错误，教师可能需要提供更详细的解释和示例；对于发音问题，可能需要给予学生额外的练习和指导。问题解决不仅需要教师的专业知识和经验，还需要对学生个体差异的敏感和理解。

决策制定则是教学过程中一个更宏观和更具有战略性的层面，涉及教学目标的设定、教学方法的选择、评估方式的确定等。教师需要根据教学大纲、学生特点、教学环境等因素，综合考虑并做出一系列教学决策。例如，在选择教学方法时，教师可能需要权衡讲解式教学和讨论式教学的优劣，并结合具体情况做出选择；在评估方式上，教师可能需要综合运用笔试、口试、项目评估等多种方式，以全面反映学生的学习成效。

英语学习问题解决与决策制定之间存在内在联系。有效的问题解决方式有助于提升教学质量和学生满意度，从而支持教师做出更有针对性的教学决策；合理的决策制定则为问题解决提供了宏观指导和支持。两者相辅相成，共同促进教学项目的顺利进行。

高校英语教学项目的问题解决与决策制定是一项复杂的任务，需要教师具备扎实的专业知识、敏锐的观察力、灵活的思维能力、良好的沟通和协作能力。教师还需要与学生、同事和管理层保持密切沟通和合作，确保问题解决和决策制定的有效实施。全方位的问题解决方式与决策制定，能够使高校英语教学项目更加精准、有效、灵活，更好地适应学生的学习需求和期望，实现教学目标和效果。

四、项目评估与反馈

（一）英语能力评估标准的制定

英语能力评估标准不仅涵盖了语言的基本技能，如听、说、读、写，还包括跨文化交际能力、团队协作能力和批判性思维能力等。英语能力评估标准的制定是一项复杂而精细的任务，涉及教学目标、学生需求、教学资源等多方面的因素。

对学生英语能力的全面理解是制定评估标准的基础。高校英语教学涉及不同的学科背景和学习目的，因此需要对学生的英语能力有全面的理解和把握。例如，商务英语和医学英语对学生的语言技能和知识结构要求可能完全不同，其评估标准也会有所区别。因此，与教学目标和内容的紧密结合是制定评估标准的关键。英语能力评估标准需要与教学大纲和课程内容紧密相连，反映教学目标和重点。例如，如果某门课程强调口语交际能力，那么评估标准就应该更多地考查学生的听说能力和交际策略。

合理的难易度和判定准则是确保评估公正和有效的重要因素。过于严格或过于宽松的评估标准都可能导致评估效果的失真和偏差。因此，评估标准需要结合学生的实际英语水平和学习进度，确定合适的难易度和判定准则。与社会需求和实际应用的对接也是评估标准制定的重要方向。高校英语教学不仅服务于学校内部的教学目标，还与社会的人才需求和职业发展紧密相关。因此，评估标准需要与社会需求和实际应用场景相结合，培养学生具有实用价值的英语能力。注重过程和结果的平衡是评估标准制定的另一重要原则。除了考查学生的最终英语能力，还需要关注学生的学习过程和进展。形成性评估和终结性评估相结合，可以更全面地反映学生的学习情况和成长轨迹。

（二）英语教学过程评估与形成性评价

英语教学过程评估与形成性评价是教学评估体系中的重要组成部分，其关注的焦点不在于教学的最终结果，而在于学生的学习过程、学习策略和学习进度。与传统的终结性评价不同的是，形成性评价更加灵活、动态和细致，能够为教学提供及时、精准的反馈和指导。在高校英语教学项目中，英语教学过程评估与形成性评价有着广泛的应用和深远的影响。

评估的对象与内容的多样化是形成性评价的显著特点。除了学生的英语知识和技能，还可以评估学生的学习态度、学习习惯、团队协作能力、解决问题的能力等。这种多维度、全方位的评估可以更全面地了解学生的学习情况，更精确地找到学生学习的瓶颈和潜能。

教学过程的及时反馈与调整是形成性评价的核心功能。通过持续观察、记录和分析学生的学习过程，教师可以及时发现学生在学习中的优势和不足，并制定具有针对性的教学策略和教学活动。学生也可以根据评估反馈，调整自己的学习计划和学习方法。

学生参与和自主学习的促进也是形成性评价的重要价值。与教师主导的终结性评价不同的是，形成性评价鼓励学生参与评估过程，进行自我评估和互评，目的是培养学生的自主学习能力和批判性思维能力。

与教学设计和教学环境的融合使形成性评价成为教学过程的有机组成部分。形成性评价不是教学过程的附属，而是与教学目标、教学内容、教学方法和教学环境紧密结合的有机体系。通过与教学过程的融合，形成性评价可以更具有个性化和人性化地服务于教学。

评估工具和方法的创新与多样化是形成性评价的实施基础。传统的笔试、口试等评估方式在形成性评价中可能显得笨拙和生硬，因此，形成性评价需要借助现代教育技术，采用观察、访谈、案例分析、电子作品集等多样化的评估方法。

教学质量和效果的持续改进是形成性评价的长远目标。通过不断反馈和调整，形成性评价可以促进教学质量和效果的持续改进，推动教育教学的创新和发展。

（三）英语教学效果的终结性评价

英语教学效果的终结性评价在教育体系中占据了重要的地位。与形成性评价关注学习过程、进展和策略不同的是，终结性评价着眼于教学的最终成果，是对学生英语知识、技能和素养的全面、客观和精确的测量和评估。在高校英语教学项目中，终结性评价不仅是教学效果的权威检验，而且是教育质量和教育公平的重要保障。

英语教学效果的终结性评价具有以下几个特点。

目标明确与标准化。终结性评价的目标是对学生的英语能力进行准确、客观和公正的测量和评估，因此，它要求有明确的评估目标、严密的评估标准和规范的评估程序。通过目标明确与标准化，终结性评价可以确保评估的公正性和可信度，提高评估的效率和效力。

方法科学与工具专业。在英语教学效果的终结性评价中，除了采用科学、准确和可靠的评估方法如标准化测试和权威测评外，还应使用专业的评估工具。这些工具包括在线评估系统、电子化考试平台、互动式评估软件以及具有自动评分功能的应用程序。这些工具能够提供实时反馈，支持多种评估形式（如口语、写作），并能够追踪和分析学生的学习进度和成果。教师通过使用这些先进的工具，可以进一步提高评估的精确度和效率，减少人为误差，从而确保英语教学效果评估的全面性和客观性。

结果导向与决策支持。终结性评价的结果是对学生英语教学效果的最终判定，是学生升学、就业、获得证书、拿到奖励等决策的重要依据。因此，它不仅要求评估的精确和及时，而且要求评估的透明和公开，以便为教育管理和社会监督提供支持。

与教学改革和社会需求的结合。英语教学效果的终结性评价不仅是教学过程的结束，更是教学改革和社会发展的起点。通过与教学改革的对接，终结性评价可以促进教学内容、方法和标准的不断更新和优化；通过与社会需求的结合，它可以确保教育质量和人才培养与社会经济、文化和技术的同步发展。

英语教学效果的终结性评价在高校英语教学项目中具有复杂的功能和丰富的内涵。它不仅是对学生英语能力的测量和评价，更是对教学质量、教育公平和教育改革的推动和监督。通过科学、客观和全面的终结性评价，高校英语教学不仅可以提高教学质量和效益，还可以推动教育理念的创新、教育文化的建设和教育体系的完善。

（四）高校英语教学反馈的整合

高校英语教学反馈的整合是一个系统化、连续性的过程，涉及诸多方面的考量和应用，其核心在于收集、分析和运用教学反馈，使之成为教学改进、学生发展和教育创新的有力支撑。以下几个方面为该主题提供了更深入的解读。

反馈的多元化来源：在高校英语教学中，反馈的来源是多元化的，既包括学生对教学内容、教学方法、教学效果的反映和评价，也包括教师对学生学习进展、学习问题、学习需求的观察和分析。此外，教育管理者、社会合作伙伴、学术同行等也是反馈的重要来源。反馈的多元化来源要求反馈的收集和整合不仅要全面和深入，还要灵活和开放。

反馈的系统化分析：高校英语教学反馈的整合不仅是收集和记录反馈的过程，更是分析和解读反馈的过程。反馈的系统化分析要求采用科学的分析方法和专业的分析工具，如统计分析、内容分析、比较分析等。这些方法和工具不仅可以揭示反馈的内在规律和潜在意义，还可以提供反馈的准确解释和有效运用。

反馈的战略化运用：反馈的整合不是目的，而是手段，其最终目的是通过反馈的战略化运用促进教学改进、学生发展和教育创新。反馈的战略化运用要求反馈不仅应与教学目标、教学内容、教学方法、教学评价等紧密结合，而且应与教育理念、教育政策、教育资源等有机结合。

反馈的持续化改进：高校英语教学反馈的整合是一个持续化的改进过程，要求反馈的收集、分析和运用不仅应及时和准确，还应连续和稳定。反馈的持续化改进，可以确保反馈的时效性和针对性，提高反馈的质量和效益。

高校英语教学反馈的整合是一个复杂的系统工程，涉及反馈的定义、反馈的来源、反馈的方法、反馈的标准、反馈的过程、反馈的效果等多个层面。这一过程不仅需要深入的理论研究和广泛的实践探索，还需要多元的教育观念和创新的教育方法。通过对高校英语教学反馈进行科学整合，既可以推动教学的个性化发展、学生的全面成长、教育的持续创新，也可以促进教育的社会服务、社会影响、社会信任的不断提升。

第四节 项目式教学模式的设计与应用

一、设计原则

（一）学生中心

项目式教学模式的设计与应用在高校英语教学中占据了越来越重要的地位。其中，学生中心的设计原则作为核心理念，引领着教学的全过程，其强调将学生置于教学的核心地位，注重学生的主动性、创造性和协作性。这一原则不仅体现了教学的人本精神，还反映了教学的发展趋势。它鼓励学生主动参与、主动探索、主动实践，在项目式教学中将学生从被动接受信息的容器转变为主动寻求知识、解决问题、表达思想的主体。这种教学方式有助于培养学生的自主学习能力和批判思维能力，激发学生的学习热情和兴趣。

学生中心的教学模式设计原则强调学生的创造性思维和创造性实践，提倡学生在教师的引导下自由探索、自由组合、自由创造。通过这样的教学方式，教师能够挖掘学生的创造潜能，培养学生的创造才能，激发学生的创造欲望。此外，学生中心的教学模式设计原则提倡学生的协作精神和协作能力。通过项目式教学的小组合作、跨学科合作、校际合作等多种合作方式，教师可以教会学生倾听、沟通、协商、共享。这样的方式增强了学生的社交技能，开阔了学生的人际视野，丰富了学生的人际经验。学生中心的教学模式设计原则还关心每一个学生的个性化需求和发展。教师可以根据学生的兴趣爱好、学习特点、发展水平，为学生提供个性化的教学资源、指导和评价，从而实现教学的个性化服务，促进学生的全面发展，提升教学的人文品质。

（二）灵活性与开放性

灵活性与开放性在高校英语教学的项目式教学模式设计中占有重要地位，为教学过程注入了活力，拓展了空间。在复杂多变的教育环境下，这一原则的引入使教学不再僵化和封闭，反映了教育的时代性和前瞻性。

灵活性表现在教学目标、内容、方法、评价等多个层面。它要求教学不拘泥于固定的教材、固定的进度、固定的方法，而是根据学生的实际需要、学科的发展趋势、社会的实际需求进行灵活调整和改进。灵活性的教学让学生有更多的自主选择空间，让教师有更多的创造可能，让教学有更多的发展动力。这种灵活性的教学为学生提供了多元化的学习路径，为教师提供了多样化的教学策略，为教学提供了个性化的服务和评价。

开放性则体现在教学的开放性思维、开放性资源、开放性合作、开放性研究等方面。开放性思维要求教育工作者拥有包容和创新的精神，愿意接受新观念、新理念、新方法，愿意与他人合作、分享、交流，愿意反思和自主研究。开放性资源要求教育工作者善于利用现代信息技术，开发和整合海量的教育资源，满足学生的多元化和个性化需求。开放性合作则涉及学校与学校、学科与学科、国家与国家之间的合作交流，旨在促进学科交融、文化互鉴、智慧共享。开放性研究鼓励教育工作者积极投入教育改革和教育科研中，追求真理、探索未知、创新方法，推动教育的科学化和现代化。

灵活性与开放性的设计原则为高校英语教学的项目式教学模式注入了新的活力和可能。通过这一原则的引领，教育工作者可以打破传统教学的束缚，实现教学的多元化和人性化，还可以促进教育的国际化和社会化，推动教育的进步和创新，服务于社会的发展和文明。这一原则的实施，有助于构建一个更加包容、更加开放、更加有活力的教育生态，培养一批批具有国际视野、创新精神和人文素养的人才。

（三）评价多元化

评价多元化原则在高校英语教学的项目式教学模式设计中具有深刻的意义，为提升教学效果和培养学生的综合素质提供了有力的支持。评价不仅是教学的重要组成部分，更是推动教学改进和学生成长的关键环节。

在传统教学中，评价常常是单一的、量化的，以结果为导向的。但在项目式教学中，多元化评价的引入打破了这种局限性，为教学和学习提供了更加全面、灵活和深入的反馈。多元化评价涵盖了形式多样、内容丰富、层次不同、角度广泛的评价实践。

具体来说，多元化评价关注学生的知识、能力、态度、兴趣、价值观等多方面的发展，不仅考查学生对学科知识的掌握情况，还关注学生的思维能力、沟通能力、合作能力、创新能力等软实力的培养。这一方面有助于促进学生的全面发展，另一方面有助于构建更加完善、更加合理、更加人性化的教学评价体系。

多元化评价还体现在评价主体的多样性上。除了教师进行的传统评价外，还可以包括学生自我评价、同伴评价、社会评价等多种评价方式，这增加了评价的参与度和民主性，有助于提高评价的真实性和有效性。此外，多元化评价还强调过程与结果相结合、形式与内容相统一、定量与定性相融合、内部与外部相协调，提倡灵活运用各种评价方法和手段，如观察、测试、访谈、报告、展示、反思等，以达到全方位、多角度地观察和评价学生的学习情况。

通过多元化评价，教师可以更准确地了解学生的学习需求和学习特点，为学生提供更加个性化的教学指导和支持。学生也可以通过参与评价过程，培养自主学习、批判思维、反思能力等重要素质。

二、设计步骤

（一）需求分析

需求分析在高校英语项目式教学模式设计中具有显著的地位，它体现了一个系统、综合和多方面的考虑过程，能够确保教学设计的方向和目标与学生的实际需求相匹配。在高校英语项目式教学模式环境下，由于教学内容更接近实际生活和职业需求，因此，理解学生的个体需求、职业方向和兴趣爱好变得尤为重要。

需求分析涵盖了多个方面，包括学生需求的识别、教学目标的明确、教育背景的考查、资源条件的评估、教学环境的分析，以及社会和行业需求的探讨。

学生需求的识别侧重于了解学生的英语水平、学习兴趣、学习动机、学习风格和职业方向，并借此使教学内容、方法、资源的选择更符合学生的个体差异。教学目标的明确则与高校英语教学的总体目标和社会需求紧密结合，可以确保教学的方向和重点。教育背景的考查包括了解高校的教育理念、教学资源、教学管理和教学文化等，目的是使项目式教学模式设计与高校的教育背景相契合，其也体现了教育的复杂性和多样性。资源条件的评估则涉及教学所需的教材、工具、设备、场地、资金等，旨在确保资源的充分利用和合理分配。教学环境的分析则着眼于教学环境的硬件和软件条件，如教室布局、网络环境、学习氛围等，为创建符合项目式教学模式的环境提供依据。社会和行业需求的探讨更是体现了项目式教学模式与现实世界的紧密联系，与企业、社会组织、行业协会等进行沟通，了解社会和行业对人才的需求，从而使项目式教学模式与社会实际需求相结合。

（二）目标设定

目标设定作为高校英语项目式教学模式设计中的关键环节，其复杂性和重要性不言而喻，它直接影响着教学的方向和效果。高校英语项目式教学模式中的目标设定涉及许多层次和方面，不仅需要综合考虑学生的学习需求、教育背景、社会和行业需求以及资源条件等因素，还要确保教学目标的科学性、可实现性和可评估性。

项目式教学模式的核心理念是强调对学生主动参与、合作学习、问题解决和终身学习能力的培养，因此目标设定要反映这些理念，突出学生的主体地位，强调实际应用和创新能力的培养。同时，总体目标作为教学目标体系的核心，需要结合学校的教育目标和社会需求，明确培养目标和方法，与知识、能力、素质三个方面紧密相连。

在目标设定过程中，具体目标的分解成为一项关键任务，包括知识目标、能力目标、态度目标和过程目标等的细化。这些具体目标必须明确、可操作、可评估，并符合教学的实际情况。而与高校英语课程标准和专业标准的对齐，则确保了教学目标的合规性和权威性。教学资源和教学环境在目标设定中起到了制约和支撑作用。对教学资源和教学环境的考虑，确保了目标的可实现性，同时为实现目标提供了必要的条件和手段。多元化评价的强调则为教学评价提供了依据，包括形成性评价和终结性评价，以及自评、同伴评价和教师评价等多种评价方式，使教学评价更加全面和精确。

目标设定还要与学生进行充分沟通和反馈，确保目标与学生的实际需求和期望相匹配，这有助于提高学生对教学目标的认同感和参与度。与学生的沟通和反馈是目标设定的人文关怀，体现了教育的人本精神。此外，目标设定还要关注学生的终身学习和可持续发展，培养学生的自主学习能力和社会责任感，这体现了教育的长远目标和社会责任。

（三）内容规划

内容规划集教学内容的选择、组织、安排和展示等关键环节于一体，其科学性和先进性对教学过程的指导和推动起着决定性作用。高校英语项目式教学模式的内容规划不仅限于教学内容的浅层次组织，而是深入了内容的实用性和趣味性，以及与学生需求和兴趣的精准匹配。

项目式教学模式作为一种强调实际应用和问题解决的教学模式，对内容规划提出了特殊要求。内容的范围和深度的确定，不仅要基于学生的学习需求和社会及行业需求，还要与课程标准和教学资源紧密结合，这样才能确保内容的针对性和可操作性。教学内容的结构和逻辑关系的精心设计，涉及内容之间的先后关系、层次关系和内在联系，是确保内容连贯性和逻辑性的关键。

在内容规划中，真实情境和问题场景的创造成为促进学生主动参与和深入思考的有效途径。与传统教学方式相比，项目式教学模式更强调对学生的实际操作和问题解决能力的培养，因此情境和场景的设置要尽可能贴近实际，以激发学生的兴趣和参与欲望。跨学科和跨领域内容的整合也是内容规划的重要方面，它有助于培养学生的综合素质和创新能力，体现了现代教育的开放性和综合性。

学生的主体地位和合作学习在内容规划中的强调，彰显了以学生为中心的教学理念。合适的学习任务和合作项目的设计，可以促进学生之间的互动和交流，增强学习的动态性和互动性。而教学资源的有效利用，如教材、工具、场地、时间等资源的合理分配和协调，确保了教学过程的顺畅和效率。

评价体系与内容规划的紧密对接，保证了教学内容的可评估性和评价的一致性，使评价与教学目标、内容和过程有机统一起来。学生的个体差异和多元文化背景也是内容规划需要关注的方面，这有助于实现教学内容的个性化和多元化，反映了教育的人文关怀和社会责任。

（四）资源整合

资源整合在高校英语项目式教学模式中起到了重要的作用。在这一教学方法中，教师、学生、教学内容、教学技术和社区资源等都被视为有机的整体，其通过互相协作以达到更有效的教学效果。

教学资源的识别与挖掘是资源整合的第一步，它需要了解并识别可用于项目式教学模式的各类资源，包括教材、多媒体、实验设备、社区专家、产业合作等。这些资源的成功挖掘有利于丰富教学内容，增强学生的学习兴趣和实践能力。

教学资源的分类与组织是资源整合的第二步，它通过将识别的资源按照性质、功能、适用程度等进行分类和组织，有利于确保教学资源的有序使用和学生学习的逐步深入。

教学资源的优化与配合是资源整合的第三步，它要求分析并确定各资源之间的相互关系和相互作用，以确保教学资源的协同效应。例如，与产业界的合作，可以将真实的工作场景和专家经验整合到教学中。教师与学生的角色重新定义也是关键，因为在项目式教学模式中，教师与学生的角色有所变化。教师从知识的传授者转变为学生的指导者和协调者，学生从被动接受者转变为主动探究者，这一角色转变需要教学资源的相应调整和整合。

项目式教学模式还涉及跨学科与跨领域的协同整合，其需要教学资源在不同领域之间的协同整合，这样既可以促进学生的综合素质培养，也可以增加教学内容的丰富性和实用性。高校通过与当地社区和产业界的合作，也能使高校整合出更丰富、更实际的教学资源，增强教学的现实针对性，有利于对学生的职业素养培养。

教学资源的持续更新与改进是一个永不停歇的过程。资源整合不是一次性的过程，而是一个持续的、动态的过程。随着教学目标、内容和方法的不断更新和变化，教学资源的整合也需要不断地调整和完善，确保始终与时俱进，满足教学的多元化需求。

（五）实施与评估

在高校英语项目式教学模式中，实施与评估是一个复杂而关键的过程，它既涉及项目的具体执行与监控，也涉及项目的终结性评价与反馈。在项目的制定与实施环节，教师需要明确时间表、资源分配和任务分工，并确保所有参与者有清晰的认识和共同的目标。学生的主动参与和协作是项目实施的核心，教师必须建立明确的协作机制，促进学生间的沟通和合作，教师还需持续监控项目的执行情况，及时发现并解决问题。此外，教师还需要灵活运用各种教学技术和方法，以引导学生学习并激发他们的兴趣和创造力。

评估阶段则包括形成性评价和终结性评价，前者是项目实施过程中的持续性评估，教师可以通过观察、问卷、访谈等方式了解学生的非知识方面的素质；后者则是对学生的英语知识、技能和态度进行全面评价，包括报告、展示、反思等多元化方式。社区和产业界的参与评价则可以增加评价的客观性和实用性，以及促进教学与实际需求的紧密结合。

实施与评估阶段的成功管理关系到项目的成败，也关系到学生英语综合素质的提高和教学改革的深入推进。它要求教师在项目实施的每个环节都充分考虑学生的需求和特点，灵活运用教学资源，不断反思和改进教学过程。项目的有效实施与评估，既可以促使学生更好地参与学习，充分发挥他们的潜能，也能够推动教学质量和效果的不断提高。

第四章　高校英语教学模式创新
——多模态教学模式

第一节　多模态教学模式的定义、特点与作用

一、多模态英语教学模式的定义

多模态英语教学模式涉及运用多种符号，如语言、图像、色彩、音乐和技术进行系统集成，以促进语言学习的效率和深度。该模式从多模态话语的理论出发，进一步演化和应用到了英语教学领域。

在传统的教学模式中，语言作为主要的交流手段，可能限制了学生对复杂概念的理解和吸收。多模态英语教学模式则试图突破这一局限，通过整合声音、图像等多方面的符号模态，为学生提供更丰富和多元化的学习体验。这一模式的特点是利用多种感官渠道传递信息，从而增强学生的理解、记忆和创造力。

多模态教学不仅关注文字和口头交流，还积极借助视觉、听觉和触觉等多种感知方式。例如，教师可能会使用图像或视频辅助解释复杂的语法结构，或通过音乐增强学生对英语韵律和语调的理解。技术的运用也可以使学生通过交互式练习或在线合作，以更为动态和参与的方式掌握语言。

从理论角度来看，多模态英语教学模式与社会理论、认知科学和人际交往理论等相互关联。其中，社会理论强调了符号的社会性功能，而多模态教学正是将这一功能延伸到除语言外的其他符号。与此同时，多模态教学也符合人们的认知过程，允许学生通过多个感官通道同时接收信息，从而增强了信息的加工和保留。

二、多模态英语教学模式的特点

（一）以学生为中心

多模态英语教学模式强调学生的主体地位，目的是确保教学内容和方式与大学生的个性特点和真实需求相匹配。在大学期间，大学生的心理、情感和认知发展都在快速变化，因此，教学策略必须灵活适应这一变化。

通过多媒体手段，如声音、图像、音频和视频等的综合运用，教师能够以生动有趣的方式呈现英语学习内容，这不仅能够增强学习的趣味性，还有助于培养学生的发散性思维和创造力。例如，通过观看一段英文影片，学生可以在享受视觉和听觉盛宴的同时，提高自己的听说能力和文化理解能力。

多模态教学模式促进了学生对英语的显性输出能力的发展。通过观看视频等多媒体材料，学生可以更深刻地理解和记忆英语表达，可以更好地模仿和实践，实现听、说、读的综合提高。

通过在课堂上强调教师与学生的互动，以及在校园内增加英语的使用率，多模态教学模式致力于构建更真实的英语语言环境。这不仅可以培养学生的语感，还能使英语渗透到学生的日常生活和学习中，从而整体提高学生的英语水平。

（二）以教师为主导

教师在多模态英语教学中起着引领和推动的作用。这不仅体现在教学方法和技能的运用上，更体现在教学信念和自我定位的塑造上。教师需要深入了解多模态教学理论，并坚定自己的教学信念。只有对多模态教学有清晰和准确的认识，教师才能在实践中有效运用，才能确保教学效果。

多模态英语教学模式要求教师灵活运用各种手段进行教学。由于教材和学生实际需求之间可能存在一定的差距，因此教师需要通过使用直观的符号、声音、图像等来克服这些障碍。这样不仅能够增强学生的学习兴趣和动力，还能提高教学的生动性和实用性。

除了课堂教学，教师还需要在课外引导和支持学生的学习。多模态英语教学模式强调学生的自主学习，对此，教师应鼓励学生利用多媒体、图书馆等教学资源进行探索和实践。教师的引导和支持能够帮助学生将英语学习转变为一种持久的状态，不仅仅局限于课堂。

多模态英语教学模式还对教师自身提出了新的挑战和要求。教师不仅要掌握新的教学方法和技能，还要不断地学习和发展，以适应新的教学需求。这可能涉及参与专业培训、自主研究多模态教学理论和实践、与同行和学生反馈交流等。教师的不断学习和成长是多模态英语教学成功实施的关键因素。

以教师为主导强调了教师在教学过程中的核心地位和关键作用。教师不仅是知识的传授者和引导者，还是学生自主学习的支持者和推动者，更是自身不断学习和发展的实践者。这一特点要求教师具有坚定的教学信念、灵活的教学手段、全面的支持能力和持续的学习动力。

（三）充分利用科技优势和网络资源

多模态英语教学模式的另一个特点是其充分利用了科技优势和网络

资源，能够提供更加丰富、灵活和个性化的教学体验。这一特点在当今信息化社会背景下尤为重要，并受到教育工作者和学者的广泛关注和实践。

高校英语教育作为现代教育体系的重要组成部分，需要与时俱进地融入新技术、新方法。理解英语教育的重要性是第一步，将其与现代科技相结合则是提高效率和效果的关键途径。教育资源可以通过多媒体投影、网络接入等基础设施投入得到充分发挥，同时需对教师的培训和学生的参与进行鼓励。教师需要提高科技素养，运用多媒体等现代手段进行教学，学生则应使用网络资源进行自主学习。

网络资源的发展为英语教学打开了新的可能。教师可以灵活运用在线教育平台、虚拟课堂、网络图书馆等资源，将学生的学习体验变得更加多样化和个性化。在线课程能让学生接触到外国教授的讲课，虚拟现实技术能让学生体验身临其境的英语环境，网络图书馆为学生提供了丰富的学习资源。通过网络图书馆，学生可以远程访问大量的英语文献、原版书籍、学术论文和多媒体教学材料。这些资源不仅能够拓宽学生的视野，还可以提高学生的学习兴趣和积极性。

在多模态英语教学模式中，师生之间的互动也成为关键环节。科技的利用不会割裂人际交流，反而会促进更紧密的合作与互动。虽然面对面交流仍然是教学的核心，但网络和多媒体手段可以将其拓展和丰富。在线讨论、学生项目的网络展示等手段不仅可以激发学生的思辨和合作能力，还能使学生得到同伴和教师的实时反馈。

科技和网络资源的利用还能够促进教学内容的多样化和教学评估的多元化。在线测试、学生自评、同伴评价等评价方式可以对学生的学习进行全方位的评估和反馈，从而使教师更精确地掌握学生的需求。这一过程将教学和评估更紧密地结合在一起，使之成为一个统一的、相互促进的系统。

科技优势和网络资源的利用不仅是多模态英语教学模式的特点之

一，更是其成功实施的关键因素。通过融合现代科技，教育工作者可以为学生提供更加丰富、灵活和个性化的学习体验，培养他们的全面英语素养。这一过程需要教育工作者、学生、高校管理者以及社会的共同努力和参与。它既是对传统教学模式的挑战，也是现代教育理念和方法的体现。通过不断地探索和实践，人们将会发现更多充分利用科技优势和网络资源的方法，将英语教育推向一个新的高度。

三、多模态英语教学模式的作用

（一）转变了学生的学习思维和学习模式

多模态英语教学模式在高校英语教学中的运用，不仅转变了学生的学习思维和学习模式，更为学生提供了一种丰富、灵活和个性化的学习体验。

在传统的单一教学模式中，学生往往是被动的接受者，而在多模态英语教学模式下，学生则通过多种感官形式积极参与学习过程。多模态教学模式能够激活学生的感官，使信息输入更加丰富，有助于提高学生的记忆能力和记忆效果。通过视觉、听觉、触觉等多种感官渠道，学生可以更直接地吸收和消化知识点，这增强了学习的直观性和实用性。

多模态英语教学模式基于多模态表达形式的需求，在教学过程中采取多种不同的教学手段。这种教学方式的多样性使学生的积极性得到最大限度的调动，丰富了教学形式，避免了教学的单调乏味。学生在学习过程中从被动转为主动，养成了自主学习意识和主动学习习惯。通过满足学生对语言学习的实际需求，多模态英语教学还能使学生的听、说、读、写、译等综合能力得到扎实训练，从而缩小与标准语言的差距。

多模态英语教学模式有助于弥补传统单模态英语教学模式的短板。教师可以根据不同的教学目标和教学内容，综合运用多种教学方法，以最直观、最恰当的方式吸引学生的注意力。这种教学方式鼓励学生积极参与和踊跃发言，从而提高了学生使用语言的频率，规范了学生的语言表达，使学生综合运用语言的能力得到了真正的发展。

多模态英语教学模式的运用，阐述了一种新的教学理念和实践方式，它强调学生的主体性、教学的多样性和语言能力的综合性。与传统单一教学模式相比，多模态英语教学模式更符合现代教育的需求和特点，更能适应不断变化的教学环境和挑战。通过多模态英语教学，教师和学生可以共同探索和实践，共同成长和发展，共同推动英语教学进入一个更高效、更人性化的新阶段。这一模式不仅为英语教学提供了新的视角和方法，还为教育改革和创新提供了新的灵感和动力。

（二）培养学生多元文化交际能力和发散性思维

多模态英语教学的推广与运用，在现代英语教学领域中打开了全新的视野，特别是在培养学生多元文化交际能力和发散性思维方面具有显著效果。

多模态化的教学方式在教学过程中强调互动和体验，从而促进学生的感知能力和思维模式的转变。这种教学方法不仅使学生勇于尝试和实践，而且有助于将学生从课本的束缚中解脱出来，并将语言学习与生活实际紧密联系起来。这一过程中的探索和实践促进了学生语言综合应用能力和思考能力的提高。

多模态英语教学模式强调对异国文化的了解。在全球化背景下，跨文化交际能力成为现代人必备的素质之一。多模态英语教学通过不同的文化载体和表现形式，使学生能够更加直观地了解和体验不同的文化现象，从而增强了学生跨文化交际的能力和敏感性。这一教学模式不仅开阔了学生的视野，而且增强了学生对文化多样性的理解和尊重。

多模态英语教学注重学生的主体地位和教师与学生之间的互动。通过鼓励学生参与课堂活动，如朗读、对话等，学生可以逐渐形成英语思维，增加师生互动，从被动学习转变为主动探索。教师还可以布置课余学习任务，引导学生自主学习，鼓励学生对所学内容进行深入思考和反馈，进一步提高学习能力。

这一教学模式的实施，不仅需要教师灵活运用多媒体手段和多种教学资源，还需要教师与学生之间的密切协作和互动。教师需要充分发挥指导和引导作用，而学生则需要积极参与和主动探索。这种教学关系的转变，有助于培养学生的自主学习能力和创新思维能力。

（三）提升教学质量

多模态英语教学模式近年来作为一种创新的教学策略逐渐受到教育界的重视。与传统的英语教学方式相比，多模态英语教学模式通过整合各种多媒体手段和感官体验，不仅提高了教学效率，而且提升了教学质量。下面对多模态英语教学模式在提升教学质量方面的作用进行深入探讨。

多模态英语教学模式通过激活学生的多个感官，如视觉、听觉等，增强了学生的理解能力和记忆能力。这种多感官的交互方式使学生能够更加深入地理解和快速地掌握课本知识。由于信息的呈现形式更为丰富多样，学生的理解过程也变得更加活跃和深入。这一点不仅增强了学生对英语知识的掌握程度，而且提高了学生的学习效率和积极性。

多模态英语教学模式强调英语的显性输出能力，强化了学生的语言运用技能。在多器官共同感知的作用下，学生更容易将头脑中的知识进行组织并表达出来，尤其是在写作、翻译等方面，学生能够更得心应手地运用所学知识，从而增强了语言的实际运用能力。

多模态英语教学模式突破了传统教学模式的局限性，使学习过程更加生动有趣。通过多样化的教学手段，如多媒体、实际情境等，学生的学习动力和积极性得到了显著提升。这种教学方式使学生的学习注意力高度集中，被各种直观表现所吸引，从而提高了学习的效果和质量。

多模态英语教学模式还整合了新信息和实际生活情境，将课本内容与现实生活紧密联系在一起。这种结合不仅有助于提高学生的英语阅读能力，而且有助于在学生的头脑中留下深刻的印象，将学习内容与现实生活相连，使学生能够更好地将所学知识运用到实际生活中，从而提高教学质量。

多模态英语教学模式还对促进教育公平和教师的专业发展起到了积极的作用。其适应了不同学生的学习风格和需求，有助于缩小学生间的差异，促进教育公平；它还要求教师具备多元化的教学方法和技能，有助于教师的专业化成长。

第二节　多模态教学模式的基本原则

一、明确教学目标

（一）大学英语教学的总体目标设定

在当今全球化和信息化的背景下，英语已成为国际交流的重要工具之一。大学英语教学不仅包括语言技能的传授，而且涉及文化交流、思维训练和人才培养等方面。因此，大学英语教学总体目标设定成了一项多维、复杂而又重要的任务。

1.语言技能的掌握

大学英语教学的首要目标是培养学生的基本语言技能。其不仅包括传统的听、说、读、写技能，还扩展到了翻译等综合能力的培养。掌握这些基本技能有利于学生在日后的学术和职业生涯中顺利交流和合作。教师通过精心设计的教学内容和实践活动，以及不断的评估和反馈，能够确保学生在这一方面的稳步进展。

2.跨文化交际能力的培养

在全球化背景下，不同的文化、价值观和交流方式相互碰撞与融合。大学英语教学应着重培养学生的跨文化交际能力，使其能够在不同文化背景下灵活沟通和交流。通过探讨不同文化背景下的文学作品、电影、新闻等，学生可以更深入地理解全球多样性，并学会尊重和欣赏各种文化现象。

3.批判性思维的培养

批判性思维是 21 世纪人才的关键能力之一。它不仅有利于学生进行独立思考，还鼓励学生对信息进行分析、评估，并据此解决问题。通过英语教学，学生应学会如何分析论点，评估证据，以及构建和支持自己的观点。这一能力不仅在英语学习中至关重要，更是学生未来职业和社会生活中不可或缺的能力。

4.终身学习能力的发展

英语学习是一个持续的过程，不应止于课堂教学。鼓励学生培养自主学习习惯，养成终身学习英语的态度和能力，有助于他们适应不断变化的社会环境。教师可以通过提供多样化的学习资源，激发学生的学习兴趣，培养他们的自主学习能力。

5.职业素质的提高

大学英语教学与专业课程的有机结合，可以使学生更有效地将英语应用于专业学习和未来工作中。例如，学习业务英语，研究专业领域内的英文文献等，有助于增强学生的专业竞争力和就业优势。

6.社会责任感的培养

在教学过程中，通过探讨全球议题和社会问题，如环境保护、公平正义等，教师可以趁机教育学生树立正确的价值观，培养其国际视野和社会责任感，进而培养出具有全球公民意识的人才。

（二）分解教学目标到具体课堂

将大学英语教学的总体目标分解到具体课堂是一项细致而复杂的工作，它不仅涉及课程设计和教学策略，还涉及评估方法和学生的全面发展，因此，教师必须确保每一节课的目标与总体教学目标保持一致，这样才能既确保课程内容的连贯性，又能让学生更清楚地理解每一节课的重点和意义。通过模块化教学设计，教师可以根据学生的学习需求和兴趣，将教学内容和目标细分为若干个具体主题或模块，从而使学生能够更有针对性地学习和练习。

不同的教学目标可能需要不同的教学方法和资源，教师应根据每一节课的具体目标选择最合适的教学策略和资源。例如，培养听力技能可能需要频繁使用音频材料，而提高写作能力可能需要更多的写作练习和反馈。这样的灵活教学策略也有助于培养学生的终身学习能力和职业素质。

具体课堂的教学目标应具有可评估性，这样教师和学生可以更容易地追踪学习进展，并及时调整教学策略。这不仅有助于教师及时发现和解决学生的学习困难，还能让学生更清楚地了解自己的学习效果。教师还可以通过问卷调查、讨论等方式了解学生的学习需求和兴趣，并据此调整教学目标和内容。这种以学生为中心的教学方法也有利于培养学生的跨文化交际能力和社会责任感。

大学英语教学不应与学生的专业学习孤立。通过与专业课程教师的协同工作，大学英语教学与专业内容的结合可以增强教学的针对性和实用性。此外，大学英语教学应以培养实际语言技能为导向，这意味着具体课堂的教学目标不仅应包括理论知识的传授，还应关注学生的实际语言运用能力。

（三）学生实践与教学目标的检验

学生实践与教学目标的检验在大学英语教学中扮演着关键角色，它们共同构成了教学效果评估的基础并促进了教学方法的改进。这一过程不仅关注学生对英语基本技能的掌握，而且强调了对学生跨文化交际能力、批判性思维能力、终身学习能力、职业素质和社会责任感的培养。

在学生实践方面，通过各种实际活动和项目的参与，学生可以将所学知识应用到实际情境中，从而加深对教学目标的理解和掌握。例如，通过小组讨论、案例分析、角色扮演等互动式教学方法，学生能够在真实或模拟的交际环境中实际运用英语，从而提高自己的跨文化交际能力和批判性思维能力。同时，这些方法还可以促进学生之间的合作与交流，增强其团队协作能力和社会责任感。学生实践还可以通过与专业课程的结合，使英语学习与学生的专业发展更紧密地联系在一起。例如，教师可以安排学生用英语做学术报告，或者利用英语资源进行专业研究。这样的实践活动不仅有利于学生将英语运用于实际工作场景中，还有利于提高学生的职业素质和终身学习能力。

至于教学目标的检验，它要求教师通过多种评估方法来确保教学目标的实现，并及时调整教学策略以满足学生的学习需求。这种检验过程不应局限于传统的笔试和口试，还应包括课堂参与、小组合作、项目完成等各方面的评估。教学目标的检验还应关注学生的长期发展，通过追踪研究，了解学生毕业后的工作表现和职业发展，从而评估教学目标在长期发展中的实现情况。这种对学生长期发展的关注有助于教师更好地理解教学目标与实际工作和社会需求之间的关系，并据此调整教学内容和方法。教学目标的检验还需要教师与学生的密切合作。通过与学生的沟通和反馈，教师可以更好地了解学生的学习需求和兴趣，从而更精确地调整教学目标和内容。这种教师与学生之间的合作也有助于培养学生主动学习的态度和自主学习的能力。教学目标的检验还应与教师的专业发展相结合。通过与同行和专家的交流，教师可以不断提高自己的教学能力，从而更有效地实现教学目标。这种专业发展有利于教师更好地理解和应对教育领域的新挑战和趋势，从而更好地为学生的未来做好准备。

二、精心组织教学内容

（一）与学生专业学习的结合

精心组织教学内容并与学生的专业学习相结合是当代大学英语教学的必要策略之一。这种结合，可以促进学生英语水平的提高，同时增强他们在专业领域内的实际应用能力。因此，大学英语教学需要调整教学策略以便更好地服务于学生的学术和职业发展。

与学生专业学习的结合涉及了教学内容、教学方法和教学评估等多个方面的协同工作。

在教学内容方面，教师应结合学生的专业背景，选择与其专业相关的阅读材料、案例分析和项目主题。这些内容应反映专业领域的实际问题和挑战，以促使学生将英语学习与专业知识结合起来。

在教学方法方面，教师应鼓励学生利用英语参与专业讨论，表达自己的观点和理解。这可能涉及对学生在小组讨论、演讲、报告等方面的引导和支持。教师还可以利用多媒体资源，如相关领域的英语演讲视频、行业报告等，增强学生的学习兴趣和实际操作能力。

在教学评估方面，与专业学习的结合意味着评估标准应更加聚焦于学生的实际应用能力，而非局限于传统的语言测试。这可能涉及对学生在真实或模拟的专业场景中使用英语的能力进行评估，如利用英语进行学术报告、商业谈判或技术说明等。

（二）与学生日常生活的结合

与学生日常生活的结合是英语教学中一项重要的教学策略，它有助于增加学生的学习动机，提高学习效率，并促进学生对英语的实际运用能力的发展。将英语教学与学生日常生活结合起来，实际上是一种以学生为中心的教学模式，其主要目的是提高学生对英语学习的兴趣和积极性。

在教学内容的选择上，与学生日常生活的结合意味着教材和课程内容应更贴近学生的实际生活经历和兴趣。这可能涉及对日常生活中的话题、活动等进行探讨，如家庭、朋友、兴趣爱好、旅行等。这些内容的选择不仅可以提高学生的学习兴趣，而且可以提供真实的语言环境，让学生在理解和使用英语方面有更实际的体验。在教学方法的选择上，与学生日常生活的结合需要教师采取更灵活和更具有创造性的教学策略。这可能涉及更多的学生参与和合作学习，如小组讨论、角色扮演、情景模拟等。通过这些方法，学生可以在更轻松、自然的环境中练习英语，增强自身的口语和听力技能。教师还可以通过引入学生日常生活中的真实素材，如歌曲、电影、广告等，使教学更生动有趣。

与学生日常生活的结合还对教学评估提出了新的要求。传统的笔试和口试已不足以全面评估学生的实际语言能力。因此，教师需要采取更多样化的评估方法，如项目评估、同伴评估、自我评估等。这些评估方法更注重学生的实际表现和参与度，可以提供更全面、准确的反馈信息。

（三）与社会时事热点的结合

与社会时事热点的结合在大学英语教学中占据了重要的地位，它作为一种有效的教学策略，体现了教育的时代性和前瞻性。将社会时事热点纳入英语教学内容不仅能够促进学生的语言技能发展，更能激发学生的批判性思维和社会责任感。社会时事热点通常涉及一系列复杂的社会、政治、经济、文化和科技议题，通过将这些议题纳入教学，教师可以为学生提供一个广泛、多维的语言学习环境。这种环境能够促使学生从不同角度审视问题，理解复杂的社会现象，并培养他们分析和评价信息的能力。

在教学内容的选择方面，与社会时事热点的结合意味着教师需要根据学生的兴趣和背景，以及课程的目标和要求，选择合适的时事主题。例如，全球气候变化、社会公平正义、科技创新等都是与学生生活密切相关的重要议题，这些议题不仅反映了当今社会的主要趋势和挑战，而且与学生的未来职业和生活息息相关。

在教学方法的运用方面，与社会时事热点的结合要求教师采用更开放和互动的教学方式。这可能涉及更多的讨论、辩论、研究项目等。教师的角色从传统的知识传授者转变为学生学习的引导者和协助者。学生被鼓励参与深入的分析和讨论，从而促进他们的批判性思维和解决问题的能力的发展。

在评估方法方面，与社会时事热点的结合需要教师采取更灵活和全面的评估方式。除了传统的笔试和口试外，还可以包括报告、演讲、小组项目等。这些评估方式更注重学生的分析、合作和沟通能力，与教学内容和方法的改变相一致。

三、灵活选择模态和模态组合

（一）多模态理论在教学设计中的运用

多模态理论在教学设计中的运用体现了教育的复杂性和多样性，它突破了传统的单一文本教学模式，提供了更为丰富和灵活的学习体验。通过视觉、听觉、手势等不同的表现形式和交流方式的有机结合，多模态教学不仅增强了学习的生动性和直观性，而且有助于学生对知识的深层次理解。

在多模态教学中，意义的构建和传递不再仅限于文字，而是涵盖了图像、声音、动作等多种模态。教学内容的展示因此变得更为多样化，视频、音频、动画等媒介的融入使学习材料更加直观和生动。这种多维度的内容展示方式不仅丰富了教学手段，还促使学生通过观看、听说、操作等多种方式参与学习。这种参与的多样性不仅满足了不同学生的学习需求和兴趣，还培养了他们在多个层面上的积极参与精神。

多模态教学还推动了教学评估方式的革新。传统的笔试和口试评估方式被项目、演示、创造等更具创新性的评估方式所补充。这种多元化的评估方式不仅更符合多模态教学的特点，而且能更准确地反映学生的学习效果和各方面能力。

在教学资源方面，多模态理论促使教师开发和利用更丰富和多样化的资源。在线和离线资源的广泛应用为学生提供了更广泛、更个性化的学习选择，也使教学过程更加生动和有趣。教学策略的灵活性也是多模态教学的一大特点。教师需要具备较高的灵活性和创造性，以便根据学生的不同需求和教学目标，灵活选择和组合不同的教学模态。

实施多模态教学设计需要教师具备一定的专业素养和技能。这不仅包括教师对多模态理论的理解和掌握，还包括教师对不同模态的运用和整合能力。教师还需要熟悉相关的技术工具，如多媒体编辑、在线平台等，以便更有效地实现多模态教学的设计和实施。

多模态理论在教学设计中的运用是一项复杂的任务，涉及许多层面，而通过有效的设计和实施，多模态教学能够提供更丰富、更有深度的学习体验。这不仅有助于促进学生的认知和情感发展，还有助于培养他们在现实世界中处理复杂信息和有效沟通的能力。多模态教学设计不仅反映了教育的现代性和多元性，更体现了教育的实用性和未来导向，为教师和学生提供了更广阔的学习和发展空间。

（二）特定教学内容的模态选择

特定教学内容的模态选择是一种复杂且富有深度的教学策略，其远超过了单一或通用的教学方法。由于不同的教学内容需要不同的教学方式和沟通模式，因此，在教学设计中，模态的选择和整合尤为重要。在特定教学内容的模态选择中，充分考虑学科特性、学生需求、教学目标以及教学环境等多方面因素是非常重要的。例如，视觉、听觉或动态表现形式可能在不同学科和主题中有不同的需求，历史课程可能更依赖于文本和图像来展示历史事件，而科学课程则可能借助动画和实验来揭示科学原理。不同年级和学生群体对不同的模态可能也有不同的反应和需求。通过深入分析教学内容的本质和特性，教师可以确定哪些模态能够最有效地传达这些内容。对于需要观察和分析的内容，视觉模态可能更为合适；对于需要感受和体验的内容，听觉和动态模态可能更有利于学生的理解和参与。而了解学生的兴趣、背景和学习风格，则可以使教师选择更符合学生需求的模态。视觉学习者可能更倾向于图像和视频，而听觉学习者可能更倾向于讲解和音频。

教学目标的匹配也是模态选择的重要考虑因素。理解和记忆型的目标可能更倾向于使用文本和图表，而分析和评估型的目标可能更需要讨论和实践。教学环境，如教室设置、技术支持等，也会影响模态的选择和组合。灵活利用现有资源，并考虑如何适应不同环境，有利于实现更有效的模态整合。评估和反馈的整合同样是模态选择的关键组成部分。教师可以通过与教学目标和内容紧密结合的评估和反馈，及时了解模态选择的效果，并根据需要进行调整和优化。

（三）不同模态的协调统一

不同模态的协调统一作为现代教学设计中的一项核心任务，代表着教育领域对全面发展、多元智能和综合素质培养的追求。通过视觉、听觉、动态等不同模态的有机结合与相互促进，教育不再局限于单一的知识传授和技能训练，而是成为一种多维、交互且富有创造力的学习过程。

在教学内容的多维展示方面，协调统一不同模态的作用突出。借助文本、图像、声音、动画等多种表现形式，知识的呈现变得更加生动和立体，这使学生能够从多个角度、多个层面去理解和探究知识。这样的展示方式不仅拓宽了知识的维度，还有助于激发学生的兴趣和好奇心。不同模态的协调统一还为学生参与的深化与拓展提供了有效途径。通过灵活运用和组合不同模态，教师可以顾及学生的不同感官和思维方式，从而激发他们的积极参与和深入思考。这不仅有助于培养学生的多元智能，还有助于推动他们的主动探究和创造性发展。

在丰富和创新教学互动方面，协调统一不同模态显示了其独特的价值。通过多模态的设计，教师可以引导学生进行更丰富多样的学习活动，构建一个更加开放、灵活、互动的学习社区。这样的教学设计不仅有助于提高教学的活泼性和参与性，还有助于增进学生之间的合作和交流。

不同模态的协调统一是一项综合性和创造性的教学任务，涉及多方面的知识、技能的整合和表达。这不仅要求教师具备跨学科的专业素养和多元化的教学能力，还要求教师具备开放的心态和创新的精神，敢于尝试和探索，善于观察和反思，乐于合作和分享。通过不同模态的协调统一，教育可以超越传统的界限和框架，拓展出一片更广阔、更丰富、更有活力的学习领域，为学生提供更多元、更深入、更有意义的学习机会和体验，进而为社会提供更全面、更卓越、更有责任的人才。

四、参与课堂互动

（一）教师与学生的互动

教师与学生的互动是课堂教学的核心环节，它决定了教学的活跃度和效果，体现了教育的人文精神和民主气质。教师与学生的互动不仅是信息的交流和传递，更是意义的共建和价值的共享。下面是教师与学生互动在课堂教学中的几个重要方面。

知识探索与共享：教师与学生的互动可以促进学生对知识的探索与共享。教师不仅是知识的传授者，还是学生学习的引导者和协助者。通过提问、解释、示范、讨论等方式，教师可以引导学生积极参与知识的构建和运用，激发他们的好奇心和探索欲，培养他们的批判性思维和创造性思考能力。

能力培养与激励：教师与学生的互动可以促进对学生的能力培养与激励。教师通过观察、反馈、评价、鼓励等方式，可以了解学生的学习进度，支持学生的个性成长，激发他们的学习兴趣和自信心，促进他们的主动学习和协作学习。

价值引导与塑造：教师与学生的互动可以实现对学生的价值引导与塑造。教师通过言传身教、情感交流、道德引领等方式，可以传递和弘扬社会主义核心价值观，培养和激发学生的社会责任感和公民意识，促进他们的道德情感和人格完善。

教学反思与改进：教师与学生的互动可以促进教师对教学的反思与改进。教师通过倾听、观察、反馈、协商等方式，可以了解学生的学习需求和学习困惑，反思教学的目的和方法，调整教学的策略和步骤，实现教学的个性化和优化。

教师与学生的互动是一种复杂而微妙的人际过程，涉及认知、情感、意志、文化等多个层面的交织和互动。这不仅要求教师具备扎实的学科素养和专业技能，还要求教师具备敏感的观察力和同理心、灵活的交流能力和创造力以及开放的态度和协调力。通过教师与学生的互动，教育可以实现知识与人性的和谐统一，理性与情感的有机结合，个体与社会的平衡发展。这不仅有助于提高教学的有效性和质量，还有助于促进教育的公平和人性化，培育新时代的创新人才和有责任的公民。在全球化和信息化的新时代背景下，教师与学生的互动不仅是教学的艺术和智慧，更是教育的使命和未来。

（二）学生与学生的互动

学生与学生的互动作为教育过程中不可或缺的一环，深化了学生的学习体验，扩展了教育的边界，并赋予了课堂教学新的动态，使课堂教学更加多元化。这种互动在教育中的意义和功能如下。

学生与学生的互动可以促进知识的共建和共享。通过合作学习、小组讨论、项目合作等方式，学生可以从不同的视角和经验出发，共同探索和解释知识的内涵和外延。这种互动有助于增强学生对知识的理解和掌握，激发学生的创造性思维和批判性思维，提高学生的学习兴趣和学习效率。

学生与学生的互动有助于对其技能的培养。通过角色扮演、同伴教学、竞赛挑战等方式，学生可以互相观察和反馈，互相支持和激励。这种互动有助于提高学生的沟通能力和协作能力，培养学生解决问题的能力和批判性思维能力，促进学生的自主学习和终身学习。

学生与学生的互动有助于对其社交能力的培养和对其价值观的塑造。通过团队合作、社区服务、情感交流等方式，学生可以互相理解和尊重，互相包容和信任。这种互动有助于培养学生的同理心和责任感，塑造学生的公民意识和全球视野，弘扬社会的和谐和公正。

学生与学生的互动有助于教育的个性化和民主化。通过同伴评价、学生主导、教育协商等方式，学生可以参与彼此的学习过程，进而互相评估并进行反思。这种互动有助于实现教育的多样化和平等化，促进教育的适应性和可持续性发展。

（三）多媒体资源与学生的互动

多媒体资源与学生的互动在现代教学中占据了关键地位，它改变了传统的教学模式，使教学过程更加丰富和灵活。多媒体资源，如视频、音频、图表、动画等不仅提高了信息的传递效率，还提高了学生的参与度和兴趣，进一步促进了教学效果的提高。在多媒体环境下，信息的呈现更加直观和形象，这也更有利于学生对抽象概念的理解和掌握。通过图像、声音和文字的结合，学生能够从不同的角度和层面探究知识，促进了自身思维能力和理解能力的发展。

多媒体资源还支持学生个性化学习的发展。每个学生的学习需求和兴趣都有所不同，多媒体资源可以提供个性化的学习路径和学习速度，使每个学生都能在适合自己的节奏下进行学习。通过互动的练习和评估，学生可以实时了解自己的学习进度，并根据自己的需要选择合适的学习资源。

多媒体资源还促进了学生之间的协作和互动。学生可以共同参与项目，分享资源，相互评估。这种协作不仅增强了学生的团队协作能力和社交能力，还培养了学生的创造力和创新精神。

多媒体资源与学生的互动还有助于实现教育的公平性和可达性。通过网络，远程地区的学生也可以访问高质量的教育资源，这使更多的人受益于现代教育的便利。而对于有特殊学习需要的学生，多媒体资源也可以提供更加合适的学习支持和辅助。

第三节 多模态教学模式的设计与应用

一、明确设计目标

（一）以教学效果为导向

在当今的教育环境中，多模态教学模式的实现需要明确、科学的设计目标，而将教学效果作为教学设计的主要导向是其中重要的一环。以教学效果为导向不仅是一种教学理念，更是一种实践策略，其强调教学的实用性、针对性和有效性。想要提高教与学的效果，教学设计可以充分考虑和适应学生的学习需求和兴趣。这一目标不仅能寻求和学生内在动机的契合因素，并通过多元化、有趣味的教学内容和活动，刺激学生的学习欲望，激发他们的学习兴趣和积极性，还能在英语教学中，通过整合听、说、读、写等不同技能，设计情境化、实用化的教学活动，帮助学生在实际语境中灵活运用英语，从而提升他们的英语应用能力。从整体而言，以教学效果为导向的多模态教学设计强调教学活动与学生的真实需求和兴趣相匹配，倡导以学生为中心、以效果为本的教学观念，这有助于提高教学质量和效率，促进学生的主动参与和深入学习，使教与学真正达到和谐、有效的统一。

（二）与《大学英语教学指南》的关联

在多模态教学模式的设计与应用中，与《大学英语教学指南》（以下简称《指南》）的关联体现了现代化教学手段与教学目标的紧密联系。《指南》作为普通高等学校英语教学的重要参考文献和指导方针，强调了教与学效果的提升，这与多模态教学的核心理念相一致。《指南》推动了大学英语教学手段的现代化发展，强调将提高教与学的效果作为首要任务。其中涵盖的现代教学理念和方法，为多模态教学提供了理论和实践的支持。通过强调学生的主体地位，《指南》倡导了以学生为中心的教学模式，鼓励教师根据学生的需求和兴趣采用多样化的教学手段。

多模态教学模式作为一种现代化教学手段，正是在这一理论基础上发展起来的。多模态教学追求听、说、读、写等不同技能的有机结合，注重教学内容的实用性和情境化，倡导以学生为中心的教学方式，这些理念与《指南》中的教学思想高度一致。《指南》也强调了教学内容与学生的日常生活经验和社会实际相结合的重要性。多模态教学通过运用图像、声音、文字等多种表现手段，能够更加生动形象地展现教学内容，让学生更好地理解和掌握，从而与学生的实际生活经验相结合，增强了教学的实效性。《指南》对培养学生的语言运用能力、批判性思维能力、跨文化交际能力等方面的要求，也为多模态教学的目标定位提供了方向。通过多模态教学，学生能够在多样化的学习环境中锻炼和提高这些能力，实现教学目标与《指南》要求的一致。

二、重视设计风格的一致性

（一）多元块状结构的连贯性

在多模态教学模式的设计与应用中，重视设计风格的一致性具有关键意义，其中多元块状结构的连贯性成为一个显著的特点。多元块状结构的连贯性不仅是多模态教学设计的要求，更是多模态教学有效实施的保障。多模态教学依赖于视觉、听觉、触觉等多种感官的综合运用，因而涉及的信息表达方式也相对复杂和多样化。在这一背景下，多元块状结构成为多模态教学的常见表现形式。然而，这种结构的存在可能使教学内容的呈现变得零散和不连续。因此，如何确保多元块状结构的连贯性，成为多模态教学设计中的一项重要任务。

首先，多元块状结构的连贯性体现在信息组织和呈现的逻辑性上。与传统教学模式相比，多模态教学更加强调教学内容的层次分明和逻辑清晰。每一个教学块作为教学的基本单位，既要保持相对的独立性，也要与其他教学块形成有机的整体。对教学块进行合理的划分和组织，可以让学生更容易捕捉教学的重点，进而使其理解和掌握教学内容。

其次，多元块状结构的连贯性体现在不同教学块之间的衔接上。这里的衔接不仅涉及教学内容的内在逻辑关系，更涉及教学方法和手段的选择。例如，声音、图像、文字等不同模态的有机结合，可以使教学内容更加生动形象，提高教学的吸引力；各种教学手段的灵活运用，可以使教学过程更加丰富多彩，进而激发学生的学习兴趣和积极性。

最后，多元块状结构的连贯性要求教学设计者对学生的学习过程和效果进行细致的把握和引导。这一方面要求教师根据学生的学习特点和需求，合理安排教学内容和教学进度；另一方面要求教师对学生的学习效果进行及时的反馈和调整，以确保教学目标的有效实现。

（二）适应高等教育环境的风格

适应高等教育环境的风格在多模态教学模式的设计与应用中起到了重要的作用。高等教育环境有别于其他教育阶段，它强调严谨的学术态度、深入的思考分析以及独立的学习探索。因此，适应这一特殊环境的多模态教学设计必须体现出一种简约、严谨的基本风格，同时需要兼顾特定的学术氛围。

简约和严谨是高等教育环境的基本特质。在多模态教学设计中，这一特质要求教学内容的选取和组织遵循严密的逻辑关系，避免无关内容的干扰和冗余信息的堆砌，即每一个教学环节都应有明确的目的和意义，每一个教学内容都应与课程目标和学生需求紧密相连。这样的设计，不仅可以使教学过程清晰有序，而且有助于提高教学效率，也有助于培养学生的严谨思维和批判性思考能力。

特定的学术氛围是高等教育环境的另一个特征。在多模态教学设计中，这一特征要求教学内容和方式与学术领域的最新动态和主流趋势相一致，同时兼顾学科的传统和特点。例如，教学内容的选取应充分反映学科的前沿问题和热点议题，教学方式的选择应尊重学科的研究方法和学术传统。这样的设计既可以增强教学的针对性和实效性，也可以塑造良好的学术氛围，促进学生的专业素养和学术素质的发展。

三、把握教学节奏

（一）充分考虑学生注意力集中时间的问题

把握教学节奏在多模态教学模式中占据重要地位，特别是注意力集中时间的问题，其涉及教学过程的流畅性、效率和学生的学习体验。探讨这一问题，必须将把握教学节奏置于教学活动的整体范畴中，因为对教学节奏的把握并不是孤立的，而是与教学内容、方法、目的和学生的认知特点紧密相连的。

人们在学习过程中的注意力是有限的，一般来说，在连续集中注意力的学习过程中，注意力会在一段时间后逐渐下降。这样的心理现象不仅影响学生对新知识的学习和消化，还可能影响他们对已学知识的巩固和运用。因此，在多模态教学设计中，教师必须充分考虑学生的注意力集中时间，合理安排教学内容和活动，以确保教学过程的流畅性和效率。

一个有效的策略是将教学内容分解为合理的学习单元，并以适当的方式组织和呈现。这一策略不仅有利于学生对复杂和抽象的知识进行分步骤的理解和掌握，而且还可以通过合理的节奏调控，为学生提供必要的思考、反馈和休息时间，从而维持学生的学习兴趣和注意力集中时间。

此外，教师还可以灵活运用多种教学方法和媒体，增强教学的生动性和趣味性，如通过图文并茂的展示、实际操作演示或与学生的实时互动等方式，使教学内容更加生动形象，更有利于学生的理解和记忆。这种多模态的教学方式，不仅可以丰富教学手段，提高教学效果，而且可以通过变换教学方式和节奏，减轻学生的心理负担，延长学生的注意力集中时间。

（二）保证教师与学生的话语时间平衡

教师与学生的互动并非仅是一种沟通交流，而且是一种复杂的教学生态的体现。这个生态涵盖了知识传递、思维碰撞、能力培养以及价值引导等多个方面，构成了教学过程的丰富内涵。教师的话语时间关乎教学内容的有效传达，是教学过程的指导和推动力量；学生的话语时间则涉及学生的主体地位、思考深度和创造力的培养。二者的平衡关系是一种内外因素交织的复杂现象，涉及教学内容、教学方法、学生特点、课堂氛围等多个维度。在教学实践中，如果教师过分强调自己的话语主导地位，可能会导致学生的被动接受、思维惰性以及对学习兴趣的丧失。反之，如果过分强调学生的话语权，可能会导致教学内容的支离破碎、教学目的的模糊不清以及教学过程的失控。因此，合理的教师与学生的话语时间平衡对于实现有效的多模态教学具有关键作用。

多模态教学模式的特点在于教学内容的丰富性和形式的多样性，这就要求教师在设计教学过程时能够合理运用不同的教学媒体和方法，既充分展示教学内容，又能激发学生的学习兴趣和思维活力。通过合理的教学设计，教师可以在传授知识的同时引导学生思考和探索，激发学生的创造力和批判性思维。

教师还需要关注学生的学习状态和需求，并通过灵活的教学互动，促进学生的话语参与。这种参与不仅是学生对知识的消化和理解，还是学生能力培养和人格发展的重要途径。通过教师与学生的对话和交流，教师不仅可以更好地了解学生的学习状况，及时调整教学策略，还可以借助学生的反馈，丰富教学内容，提高教学效果。

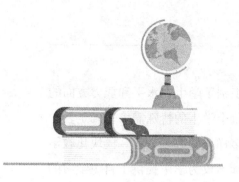

第五章　高校英语教学模式创新
——模块化教学模式

第一节　模块化教学模式基本认知

一、基本概念

模块化教学模式是一种独特的教学方法，其基本概念源于"模块"这一术语的核心含义。当应用到教育场景，模块化的含义演化为一门课程中可供独立学习的单元或部分。模块化教学的思想便是在此基础上形成的，具体来说，其指的是通过吸纳模块化的原则和方法，把课程内容分解为许多可操作的知识点。人们将这些知识点按照其内部的逻辑关系组合成相对独立的单元，再进一步将这些相关的单元组合成教学模块。这种模式的独到之处在于，通过对单元的增删和组合方式的调整，教学内容能够灵活地更新和调整。

二、教学理念

模块化教学理念强调为学生构建第二语言学习环境，旨在提升学生语言学习的实用性和应用性。这一理念识别了学生在水平和能力方面的多样性，并因此推动了教育工作者根据每个学生的特殊需求来确定教学目标，选择适当的教学材料，进而采用多样化的教学方法。模块化教学理念还特别关注学生的个性化特点。教师不仅为学生提供了自主学习的机会，更为他们打造了一个能够充分展现自我的舞台。这种方法旨在最大限度地激发学生的学习兴趣和积极性，从而培养出能够自主探索和主动学习的学生。通过创造积极、支持并与个人需求相匹配的学习环境，模块化教学理念有助于营造出有益于英语学习的氛围。在这样的环境中，每个学生都可以在适合自身发展的条件下进行学习，从而有望达到理想的教学效果。

三、教学目标

模块化教学目标的核心理念强调学生是学习的主体，对其的能力培养应作为教学活动的基本出发点。这一方向的实施必须考虑学生各自不同的成长环境、教育背景、性格、能力和学习期望等，因为这些因素使学生对未来职业发展产生了不同设想和需求。

教师在构建大学英语课程模块时，首先需要深入理解学生的特别需求，并据此进行详细的需求分类和分析。进行这一过程的目的是确保教学措施能够精确匹配学生的个性化学习要求，从而有针对性地发展他们的特殊技能。这样，每个学生都可以在一个支持自我提高和发展的环境中找到属于自己的位置，同时塑造健康的价值观和学习观，从而全面实现高等教育的目标。

教师还需要根据不同的课堂环境和教学目的，有针对性地对学生进行听、说、读、写、译等方面的能力训练。这种多元化的训练方法强调提高学生的综合水平，并注重培养学生实际运用语言的能力。这样的教学目标不仅与学生的个性化需求紧密相连，还与我国经济发展和国际交流的实际需求相一致，从而确保了模块化教学的广泛适应性和实际效益。

四、操作程序

模块化教学在现代教育中逐渐获得重视，其核心思想是通过灵活多样的教学组织形式，满足学生多样化的学习需求。大学英语教学作为一种被人们广泛接受的语言培训方式，如果采用模块化教学将能有效提高教学效率和质量。

在实施模块化教学时，明确教学内容与培养目标是基础工作。一旦教学目标得以确立，便可将课程内容分解为若干模块，以实现不同模块的教学目的。在这一过程中，教师需精选教材，确保其既具备活动性与语言性，又能为课堂教学提供优质的语言样本和完整的系统结构。这样的教材选择不仅有助于培养学生的语言应用能力，而且可以提升学生的人文素养。

模块化教学还需注意教材内容的多样性。例如，教师可以根据学生的学习阶段和专业方向选择不同的大学英语教材。在前两个学期，教师可能重点教授英语基础知识，以稳固学生的基础英语技能；进入第三学期，教师可着手对学生的听、说、读、写、译等方面进行专项技能训练；在第四学期，教师则可以开始进行特殊用途英语的模块化教学，以培养学生掌握行业英语的能力。

每个模块的设计还应围绕特定的培养目标，并与相关的专业知识相结合，形成具有一定内在联系的"学习链"或"学习园"，为学生步入社会做好充分的准备。在这一过程中，教材应具备思想性、科学性和趣味性，并妥善处理知识性与可思性、系统性与灵活性、可接受性与前瞻性、语言典范与时代气息之间的关系。

五、模块化教学模式的优势

（一）各个模块相对独立又密切联系

大学英语模块化教学模式的特点体现在其组织结构中，其中各个模块既相对独立，又紧密相连。该教学模式依据具体的课程要求，针对不同层次的英语能力要求进行设计，遵循以学生为中心的教学理念，强调对学生英语综合应用能力的培养。

在模块化教学模式下，听、说、读、写、译等不同的技能领域被划分为不同的教学模块。其中，每个模块都被视为一个完整独立的个体，具有自己的教学目标和内容。同时，各个课程模块之间又存在紧密的联系，前一个模块的教学内容和技能培养往往成为后一个模块的基础。

这样的教学设计旨在通过有机的结构整合，构建一个系统性的教学体系。与传统教学模式相比，模块化教学在强调主导思想的独立性的同时，突出了其整合性。这种教学方式不仅有助于提高教学的灵活性，还能增强教学内容的针对性和实用性。

模块化教学还有助于实现个性化教学。由于各个模块都是相对独立的，因此，教师可以根据学生的具体需求和能力，灵活选择和组合不同的教学模块，以满足不同学生的学习目标和兴趣。

通过将课程内容分解为不同的模块，模块化教学还有助于更精确地评估学生的学习进度。教师可以更容易地识别学生在各个方面的优势和不足，从而为学生提供更有针对性的指导和支持。

（二）为教师和学生提供了可选择性和发展空间

在模块化教学中，教师可以根据教学目标和学生接受教育的能力，适当地调整教学内容模块，同时鼓励学生根据自身学习条件适当增加一些内容模块，以突出学生的个性发展。学生则可以根据个人的兴趣和需要，自由、自愿地选择某一个模块或几个模块的组合。教师还可以根据自身的教学科研情况以及自己的兴趣，集中精力进行某级别中某一模块的教学工作，从而形成不同研究方向的教学科研团队。总之，模块化教学适应了不同程度、不同需要、不同兴趣的学生和教师的要求，增加了教与学的空间和自由度，满足了个性化教学的需要。

第二节　英语课程设置中的模块因素

一、语言技能模块

英语课程通常需要覆盖多个关键的语言技能领域，包括阅读、写作、听力和口语。每个领域都可能需要一个单独的模块，以确保学生可以全面地学习和练习英语。

（一）大学英语听说

语言学家海姆斯提出了交际能力的观点，并强调了它在语言学习和教学中的重要性。雅各布森（Roman Jakobson）也指出语言首要的功能就是交流。[①]在大学英语教学中，培养学生使用英语进行有效沟通，无疑是教学的核心目标。以往的英语听力教材常常过分关注听力部分，却忽略了口语训练的重要性，从而导致了学生听说能力的不平衡发展。大学英语教学的目标不仅是培养学生的阅读能力，更重要的是培养其听、说、写、译等方面的综合能力，使他们能够以英语为工具进行有效沟通。作为高等教育的基础课程，大学英语听说课程的成功与否在一定程度上反映了大学英语教学质量的好坏。

---

① JAKOBSON R. Closing Statement: Linguistics and Poetics[J]. *Style in Language*, 1960, 1（2）：53-56.

大学英语听说课程是当今高等教育体系中的关键组成部分，致力于培养学生的英语听力和口语交际能力。课程的主要目标，一是提高学生的听力理解能力，使学生能有效理解各类英语讲座、讨论、报告等；二是增强学生的口语表达能力，使学生能在不同场合用英语进行流利、准确、得体的交流；三是培养学生的跨文化沟通意识，拓宽学生的国际视野，增强学生的跨文化交际能力。

大学英语听说课程内容丰富多样，包括基础听说训练，如听力理解的新闻、讲座、对话，以及口语练习的日常对话、小组讨论、情景模拟等；学术听说训练，如学术讲座、学术报告与学术演讲的准备与演绎；专业听说训练，如针对不同学科专业的听说内容和练习；跨文化交际训练，如了解不同文化背景下的交际习俗和表达方式。在教学方法方面，大学英语听说课程强调以学生为中心，鼓励学生主动参与、探索和合作。大学英语听说课程会利用真实场景模拟如角色扮演等方式，让学生更好地体验和练习。多媒体辅助，如音频、视频等材料也被用来丰富大学英语听说课程教学内容，使之更具活力和吸引力。

（二）大学英语口语

海姆斯认为，培养交际能力是语言教学的最终目的，学习者只有获得交际能力才能同时具备这门语言的基础知识和使用能力，仅掌握词汇和语法不一定等于掌握了这门语言。目前，随着社会和时代的进步发展，英语口语教学已经越来越受到大学英语教学的重视并成为其重要的组成部分。《大学英语课程教学要求》中指出："培养学生的英语综合应用能力，特别是听说能力，使他们在今后学习、工作和社会交往中能用英语有效地进行交际。"可是长期以来，英语教学面临的主要难题就是口语教学，因此，如何改善英语口语教学从而提高学生英语的口语表达能力，成为大学英语课程研究的一个重要课题。

社会语言学认为，语言是一种交际工具，交际功能是语言的本质功能。交际能力不仅包括对一种语言的语言形式的理解和掌握，还包括对在何时何地、以什么方式、对谁使用恰当语言形式进行交际的知识体系的理解和掌握。交际能力是一个复杂的概念，涉及语言、修辞、社会、文化、心理等多种因素，包括一个人运用语言手段（口头语或书面语）和副语言手段（身势语）来达到某一特定交际目的的能力。

语言学家李特尔伍德（William Littlewood）将交际能力概括为四点：掌握语言知识，并能运用语言清楚地表达思想；不仅掌握语言知识，还了解这些语言知识在交际中的作用；学习者在使用语言时应考虑自己的社会地位及社会语境，并能从听者的反应中判断出所用语言是否恰当；学习者必须了解语言的社会含义，能使用本族人普遍接受的语言。

语言教学应该以教学生如何使用这种交际工具为主。语言知识的学习是为了更好地使用语言工具，发挥其交际功能服务的。英语口语教学应该围绕交际能力包含的内容，着重培养学生运用英语进行口头交际的能力。

二、语言文化模块

《大学英语课程教学要求》中强调了课程应具备个性化的特质。要考虑到学生的不同起点，既要关心基础薄弱的学生，也要为基础较好的学生提供进一步发展的机会。此外，课程设计应确保学生在整个大学期间英语水平的稳定提高，同时促进学生的个性化学习，以满足他们各自专业发展的特定需求。

为了改善大学英语必修课，推进大学英语教学的改革，各高校开设了多样化的大学英语选修课。其中，语言文化类选修课的引入打破了以往语言教学与文化教学相脱节的传统模式。它让学生在学习语言的过程中感受到文化的魅力，并在文化学习中实际运用所学语言。然而，这一领域仍处于探索阶段，存在需要改进和完善的地方，教育工作者仍需在此方面付出更多努力。

（一）跨文化交际

跨文化交际学始于20世纪50年代末的美国，如今仍然是美国相关学科的研究焦点。在这一领域，语言教学与文化教学同为一体，相辅相成、密不可分。仅有语言交流而不了解对方的文化背景，往往可能导致误解和冲突，从而使交际失败。

自20世纪80年代以来，对语言与文化二者关系的研究一直在推动我国英语教学的发展。陈薇、汪学立曾指出，语言是文化的载体，缺乏文化知识的语言交际往往是不成功的。对于中国而言，《高等学校英语专业英语教学大纲》不仅着重于学生的素质教育，包括思想道德素质、文化素质和心理素质，还特别强调了对学生跨文化交际能力的培养。对文化差异的敏感性、宽容性以及灵活处理文化差异的能力的培养，成为当前中国英语教学的终极目标。[①]

跨文化交际教学也涉及许多实际教学问题，如文化教学的内容选择、教学方法，以及是否在教学中强调文化对比和文化移情等。中国多位在跨文化交际教学方面卓有成就的知名学者的研究对于解决这些问题提供了宝贵的见解和方向。例如，许国璋的《论语言和语言学》，胡文仲、高一虹的《外语教学与文化》，左焕琪的《外语教育展望》等。

文化的概念本身就非常广泛，几乎无所不包，涵盖了人类在社会实践中所获得、创造的一切精神、物质的能力和财富。文化在不同的场合有着不同的定义和内涵，如"大C文化"（culture with a big C）通常指代人类文明的各个方面，涉及文学、艺术、音乐、建筑、哲学、科学技术等；而"小C文化"（culture with a small C）则涉及人们的风俗习惯、

---

① 陈薇，汪学立. 建构主义理论视阈下的英语跨文化交际教学模式构建：南京邮电大学英语跨文化交际课程建设例析[J]. 西南农业大学学报（社会科学版），2013，11（6）：152-156.

生活方式、行为准则、社会组织、相互关系等。这一学科的广泛性使其在英语跨文化交际教学中的实际意义变得模糊，因此将其限定在不同语言的两个民族或国家的人民之间的文化交际更具有针对性。

1.当前大学英语跨文化交际教学实行的原因

当前我国大学英语跨文化交际教学的实行反映了教育的全球化趋势和中国的国际化战略。该教学实践的原因包括社会、经济和教育等多个层面。

从社会层面看，随着中国对外开放的持续深化和加入世界贸易组织，现代社会对现代化人才的跨文化和跨语言交际能力素质的要求大大提高。现代社会对大学人才的培养提出了更高的要求，其中之一就是全面提高现代公民的跨文化和跨语言的交际能力和素质。随着国际化的推进，跨文化交际能力已成为现代大学人才必备的素质之一。

从经济层面看，全球化趋势使国际经贸交流日益频繁，这对人才的跨文化交际能力提出了更高的要求。原因在于，与国际经济体的互动需要具备良好的跨文化交际能力，以确保信息的准确传递和商务活动的顺利进行。

教育层面则与当前大学英语教学的现状有关。一些大学英语教学仍然集中在应付大学英语四、六级考试上，过分侧重于语言理论和知识的教授，忽略了跨文化交际的实际应用。这种偏重导致部分学生虽然具备了一定的英语理论知识，但在实际跨文化交际中却处于一种听力、口语和理解不足的状态。

更为本质的原因在于英语语言与文化的相互关系。英语既是国际化的通用语言，也是各种文化的载体，特别是英语国家的文化载体。[①]学习英语必然涉及对其承载的文化信息的理解和掌握。这一点强调了跨文

---

① 戴正莉.基于跨文化交际能力培养的大学英语教学模式改革探索[J].现代英语，2023（11）：5-8.

化交际教学的重要性和必要性，因为没有对英语国家相关文化的理解，英语学习就难以达到真正的交际目的。

因此，大学英语跨文化交际教学的实施并非孤立的教育现象，而是与我国的社会、经济发展和国际化战略紧密相连的综合性问题。它反映了教育理念的变革，强调了语言学习与文化理解的结合，符合现代化人才培养的全球趋势。强调跨文化交际教学，不仅可以提高学生的语言应用能力，还可以增进学生对世界各地文化的理解和欣赏，为促进国际的理解和友谊做出积极的贡献。

2.大学英语跨文化交际教学的途径与举措

针对大学英语跨文化交际教学的现实需求，我国的教学体系和教育方针呈现了必须转型的迫切性。通过转型并构建新型的交际型教学理念、教学模式，以及对课程进行设置和对教材进行编写采用，从而形成合力来推动大学英语跨文化交际教学的正常运行和发展。

在教学理念方面，当前大学英语跨文化交际教学需要摒弃传统的语言中心观，而树立一种语言教学与文化教学并重的新理念。这样的理念强调，语言并不仅是沟通的工具，而是与文化紧密相连的载体。因此，教师在教学过程中必须积极建构跨文化与跨语言交际的教学理念，将这种理念融入大学英语的整个教学过程中。将文化素养与语言技能的培养结合在一起，不仅可以增强学生的语言能力，还可以提高他们的文化敏感性和适应性。

在教学模式方面，大学英语跨文化交际教学需要考虑如何告别传统的纯语言教学模式，转而构建一种将跨文化与跨语言教学相互整合的当代大学英语教学模式，这需要教师在教学过程中引入跨文化的素材和情境，使学生能够在真实的语境中体验和理解不同文化背景下的交际方式和习俗。此外，教师还可以通过组织国际交流、模拟跨文化交际场景等方式，促使学生在实际应用中获得跨文化交际能力。

至于课程设置与教材编写选用，是确保跨文化交际教学有效实施的基础。在课程设置上，教师应注重跨学科的整合，如将语言学、社会学、人类学等学科的知识融入教学，使课程更加全面和丰富。教材的编写采用也要与时俱进，既要反映英语国家的文化特色，也要涵盖国际多元文化的内容，以便为学生提供更广阔的跨文化视野。

（二）英文报刊选读

英文报刊阅读课是针对高校英语专业高年级学生开设的一门课程。英文报刊内容新颖、广泛、贴近生活，能激发学生的阅读兴趣，帮助学生扩大知识面，提高学生收集、组织信息的能力和分析思考问题的能力。英文报刊的文章体裁灵活多样，语言丰富、新颖、简洁、生动，能帮助学生扩大词汇量，提高构句和谋篇的能力。

英文报刊作为一个多元化和即时化的信息传播媒介，其特点复杂而独特。这些特点不仅反映了现代社会快速变化的特性，而且揭示了语言和文化的深层内涵。英文报刊具有强烈的即时性，因此常常出现人造新词来描述社会上正在发生的现象或时代潮流。例如，一些来自不同文化背景的词语，如中国式英语（Chinglish）、瑜伽（yoga）等。这些新词往往源自生活中的事物，因此学生通过积极的思考和联想，就能推断出这些词的含义。这一特点也强调了英文报刊在教学过程中的独特价值，它鼓励学生积极参与，从而促进其创造性思维和解决问题的能力的发展。

英文报刊通常采用一般现在时的语法形式描述正在发生的事件和现象。这一特点与其即时性密切相关，通过一般现在时的使用，增强了文本的紧迫感和现实感，使读者能够更直接地感受到新闻事件的重要性和紧迫性。

英文报刊也常使用被动语态，特别是在标题中。通过被动语态，作者能够将焦点集中在动作本身，而非执行动作的主体上，从而使文章更具吸引力。值得注意的是，这种被动语态的表现形式往往不使用

by 或 be，而是直接用过去分词来表示，如"Old Woman Murdered at Home"。这样的写作方式在增加文章的紧凑性的同时，使读者更容易聚焦于新闻事件的核心内容。

英文报刊中常常引用名人名言，以增加文章的可读性以及引起读者的共鸣。例如，在一篇文章中作者就引用了莎士比亚（William Shakespeare）的名句："Do not for one repulse, forego the purpose that you resolved to effort."（不要只因一次挫败，就抛却你本来决心达到的目的）。这些名言或警句往往包含了深刻的智慧和人生经验，能够强化文章的主题，使读者更深入地思考文章所涉及的问题。

（三）英语文学作品选读

英语文学作品的选读对学生的多方面能力培养具有积极影响。它不仅有利于学生深入了解和欣赏文学原著，还可促进学生对英国文学基础知识的掌握。这一过程不仅强化了学生的语言技能，而且提高了他们的人文素质，增强了他们对西方文学和文化的理解。教师在引导学生学习英国文学时，应确保学生对英国文学的历史演变和主要流派有基本的认识，并对小说、戏剧、诗歌等类型的代表作品有初步的感性理解。这一过程不仅有利于学生熟悉文学批评的基础理论和方法，而且有利于其开阔知识视野和积累文学与文化知识。通过对英国文学作品的细致阅读和分析，学生可以有效地锻炼自身对文本的感受、分析、思辨和语言表达能力。这不仅提升了学生的英语水平，而且培养了他们的批判性思维和独立思考能力。

1.开设英语文学作品选读课程的契机及理念

开设英语文学作品选读课程的推动力及理念源自对个性化需求的关注，并对学习效率的优化进行新的探索。此类课程旨在为学习者在英语语言的精进方面展示一条新的道路，帮助他们提升英语学习的效果。近年来，大学新生的英语水平明显提高，这引发了大学英语课程教学目标的相应转变。高校的教学重点已从过去单一的阅读理解能力培养转向了学生英语综合运用能力的提升。原先注重理解输入信息的英语精读课程已转型为注重输入与输出并重的综合英语课程，其中还增添了英语听说等教学环节。然而，现有的大学英语课程仍难以满足全体学生的多样化需求，英语文学作品选读课程的设立正是为了迎合那些热爱文学的学生的兴趣，他们可以将个人兴趣与英语学习融合，从而在学习中获得乐趣。通过这种创新的课程设计，学生可以在追求学术目标的同时，实现个人成长与专业发展的有机结合。

优秀的英语能力往往是通过阅读培养的。文学作品是一种独特的艺术形式，通过语言作为媒介，作者与读者之间建立沟通，展示了不同作者从各自独特的角度、体裁、风格和主题所阐述的见解。文学的语言结构往往超越了日常语言的结构。换句话说，文学中的语言结构赋予了它一种超常的美感。这一特点在英语文学作品选读这门课程中得到了充分体现。

设立英语文学作品选读课程的初衷是为了提升大学生的英语能力。对文学作品的精致用词和精湛结构敏感的大学生将会对这些作品中体现出的超常美感产生强烈的认同感。这不仅能够激发他们的文学欣赏兴趣，还有助于提高他们的英语语言运用能力。通过深入阅读和理解，学生可以从文学的世界中获取灵感，丰富自己的语言表达，从而达到提升自身英语水平的目的。

2.教学实践中的重点关注方面

（1）教材文本的选择。目前，针对非英语专业学生的文学作品研读课程开设仍处于探索阶段，因此，在实际教学实践中，教材文本的选择显得尤为关键。选择合适的教材需要综合考虑多方面的因素，包括作品的词汇、篇幅、主题演绎和创作技巧等。

作品的适当长度是教材选择的一个重要标准，即在满足学生阅读兴趣和学习动机的同时，还需要兼顾课堂教学活动的实际需要和时间限制。选择过长或过短的作品都可能影响学生的学习效果和教学效率，因此，教师需要在教学实践中灵活掌握和精心选择。文学体裁的多样化也是教材选择的一个重要方面。英语文学体裁虽然主要集中在短篇小说方面，但通过穿插散文和诗歌的阅读，不仅可以丰富教学内容，还能拓宽学生的阅读视野，丰富学生的阅读体验。这样的设计有助于激发学生的学习兴趣，增强他们的文学素养和审美情感。

在选择文学作品时，教师还需要特别关注作品的时代背景和文化内涵。以现代和当代文学作品为主要阅读对象，更有助于学生与作品之间产生情感共鸣和理解。这样的选择有助于拉近学生与文学作品之间的距离，使学生能够更深入地体验和感受文学作品所反映的人生哲学和社会现实。教材的选择还需着重介绍文学作品的基本构成要素，并适当解释当代小说的各种写作技巧、流派和代表性作家。这样的教学内容设计，既可以提升学生的文学欣赏能力，又能促进他们对文学创作的更深入的了解和认识。

（2）课堂教学的重点。在教学实践中，特别是针对非英语专业学生的文学作品阅读课程中，课堂教学的重点与传统的精读课程存在显著差异。尽管两者都以英语为媒介，但精读课程着重于词汇和句型结构的掌握，只浅显地涉及文本的总体结构和内容。相反，文学作品的阅读课程则更强调对作品深层意义的理解、创作手法的探究以及作者的写作技巧与主题之间的内在联系的领悟。所以，在文学作品的阅读课程教学中，文学作品的意境更为深远。

英语文学作品通常承载着丰富的隐喻和象征，海明威（Ernest Hemingway）的"冰山理论"就是一个典型例证，他的作品只展现出冰山的一角，读者必须深入思考才能领悟作者的真意。因此，教师在课程教学过程中应该帮助学生理解文学作品中的美学之处，这既包括作品本身的语言美感，也涉及对作品的正确解读。阅读文学作品可以成为一种反思自己人生经验的途径，读者通过联想和反思，能在作品的看似微不足道的细节之中洞察出作者的意图。

英语文学作品的教学不仅要求教师传达自己的审美感受，而且要求教师帮助学生将基于感性的体验上升到理性层面的理解。在这一过程中，教师需要敏锐地捕捉作品中蕴藏的社会风俗和文化心理，特别是英语文学作品中所反映的西方特有的历史文化因素。由于东西方历史文化的演变进程各异，中国学生在阅读过程中可能会遇到文化碰撞，这一点对非英语专业的学生来说尤为突出。所以，教师的角色就在于开掘作品主题，解析作者的写作技巧，阐述写作主题与写作手法之间的微妙联系，并根据作品难度和学生反馈灵活调整教学进程。在课堂讨论中，教师需要激发学生参与的热情，培养其从多角度分析问题的思维。教师还应善于提供及时的帮助，避免学生因词汇量不足或语言结构能力有限而陷入沟通困境，确保讨论的流畅和高效。

（3）文学作品研读的反馈。文学作品的研读不仅是一项知识的传递活动，更是一种对学生的审美与思辨能力进行培养的过程。虽然课堂讨论在学生思维活跃化、观点交流方面起着不可或缺的作用，但是，以写读书笔记和作品评论的方式对文学作品进行独立的反思和评价，具有同样重要的教育意义。这一教学策略的实施，不仅能够促进学生的文学素养的提升，而且能够培养学生的书面表达能力，激发其创意思维。

读书笔记和作品评论的写作，是一种深入的反思与自我表达过程。通过自主阅读和写作，学生能够更全面地理解文本，掌握人物关系，领悟情境与人物心理，甚至能够重新评估作品，并从不同的角度出发对其进行解读。这一过程不仅锻炼了学生的阅读理解能力和批判性思维能力，还促进了其英语书面表达能力的提高。学生围绕作品进行独立思考的过程，也是他们从文学批评的角度初次接触英语文学作品的过程。他们的笔记和评论是他们独立思考、深入分析的结晶，反映了他们的认真态度和独特视角。这一过程不仅有利于学生形成自己的文学审美标准和批评观点，还有助于培养他们的创意思维和独立人格。学生的读书笔记和作品评论的写作，还体现了一种从量变到质变的成长过程。随着学期的推进，学生的评论从最初的粗浅、稚嫩逐渐走向成熟、深刻。这一过程不仅反映了学生文学素养的提升，还揭示了他们英语书面语言能力的增强。深刻的思想需要规范的语言来表达，通过不断的实践，学生在追求内容深度的同时，也在不断提高自身语言表达的规范性和准确性。

（四）英语影视欣赏

语言和文化是紧密相连的，而影视作品作为一种包罗万象的文化载体，成为文化传播的有力工具。英语影视欣赏课程在大学教学中的普及，不仅体现了时代对影视的热情，更是教育创新的缩影。许多高校开设了英语影视欣赏这门课程，以期通过生动的影视作品，提高学生的英语水平，并使学生深入理解外国文化。英语影视作品以其真实的语境和引人入胜的故事情节，吸引了学生的注意力，激发了他们的学习兴趣。与传统的语言教学方法相比，影视教学方法更具吸引力，更能促进学生的积极参与。英语影视教材的逐年增多，也反映了这一教学方法的受欢迎程度和有效性。影评人罗杰·埃伯特（Roger Ebert）曾将电影比作时间和空间盒子上的窗口，它允许观众深入他人的世界，感受别人的经历，用另一双眼睛看待这个世界。一部好的电影不仅能让观众沉浸在角色中，更能让人们因此而成为更好的自己。这种深刻的感受或许是影视教学受到欢迎的重要原因之一。英语影视欣赏课程的设立，不仅是为了提高学生的语言能力，更是一种文化教育的尝试。通过精选的影视作品，学生可以接触不同文化背景下的人物故事和社会现象，从而培养自身跨文化的理解和包容能力，促进自己全球视野的拓展。

1.英语影视欣赏课程的重要性

英语影视欣赏课程在大学英语教学体系中占据了重要地位，成为许多高校迎合当代大学生综合素质提升需求的重要手段。这门课程的重要性不仅在于其能够满足学生的精神文化需求，更在于其实用的教学功能，能够促进学生英语水平的提升。英语影视欣赏课程并不仅是观看和欣赏电影的过程，而是一门结合了影视艺术与语言学习的综合课程。英语影视欣赏课程所呈现的影视作品不但具有艺术魅力，能够引领学生进入不同文化背景下的世界，而且能提供丰富地道的语言素材，帮助学生提升听、说、读、写的能力。这门课程还通过现实的语境和引人入胜的故事情节，增强了学生的学习兴趣，使英语学习不再是枯燥的词汇和语法记忆，而是一种生动有趣的文化体验。这种教学方式与传统的精读、泛读、听力等课程相辅相成，共同构建了一种全方位、多角度的英语学习体系。

2.英语影视欣赏课程在教学中的优势

英语影视欣赏课程在语言教学领域的优势体现在其独特的教学方法和内容，以及其在培养学生语言技能、文化意识和审美价值方面的多维作用上。自20世纪五六十年代国外开始在语言教学中引入影视手段以来，这一教学方式已逐渐成为一种被广泛认可和采用的有效教学途径。

影视欣赏课程之所以在英语教学中占据优势地位，首先得益于其真实生动的教学内容。影视作品通过图像、文字和声音的结合，创造了富有感染力的语境化教学环境。这种全感官体验不仅能够增强学生的记忆，还能有效激发学生的学习热情，从而使其提高学习效率。其次，影视教学所展示的纯正、地道的语言环境使学生能够置身于西方文化之中，捕捉到英语的时代脉搏，更好地掌握英语的表达方法。最后，影视作品本身作为一种综合艺术形式，具有浓厚的艺术感染力和审美价值，有助于培养学生的艺术修养和审美情感。

不容忽视的是，影视欣赏课程的教学内容丰富多样，远远超越了传统语言教学的范畴。除了语言听说技能的培训，其还涵盖了文化背景知识、英美文学知识和非言语语言知识等多个方面。这一特点使影视教学成为英语教学中渗透文化意识的重要渠道，使英语学习不再局限于语法和词汇的层面，而是扩展到了文化和人文素养的培养层面。

3.英语影视欣赏的特点

（1）英语影视资料中的语言地道、权威。英语影视欣赏在教学中展示了其独特的特点，其中较为显著的就是其所呈现的语言比较地道以及具有权威性。在影视资料中，台词的选择经过严谨的检查和审核，确保其语言的准确性和权威性。而且，这些台词还能反映出不同年龄、性别和职业人群的语言特征，使语言内容更加丰富多彩。更值得注意的是，影视资料中的语言并非僵化的、固定的文字，而是充满了活力和灵动性。这是因为语言本身在不断地发展和更新，影视作品敏锐地捕捉了这一变化，从而使学生能够接触更为现实和生动的语言材料。这种真实和鲜活的语言表达不仅有助于提高学生对语言细微差别的敏感性和理解力，而且能够激发学生的学习兴趣，提高他们的学习积极性。

（2）英语影视是动感的媒体。英语影视欣赏作为一种动感的媒体，以其独特的视听体验为英语教学注入了新的活力。在声像资料中，不仅包括语言文字的信息，还包括超语言因素，如神态表情、动作手势等。这些非言语元素能够增加信息的丰富度，使学生更容易理解语言，从而提高学生的学习信心和效率。相较于单纯的文字和声音，英文影视资料中所展示的真实的语言交际场景和生动的画面，能够给人留下更深刻的印象。这与"过目不忘"中体现的认知心理学原理有关，即人们对所看到的事物往往印象更深，理解也更快。通过影视欣赏，学生可以更直观地看到语言是如何在特定的文化和社交背景中使用，如何与非言语因素相结合，以及如何根据场合和人际关系进行调整的。此外，影视资料中的真人表演和情感交流也为学生提供了一种情感共鸣的学习体验。学生在观看影视作品时，常常会被其中的人物和故事所打动，从而投入更多的注意力和情感。这一过程不仅增强了学生的学习动机，还有助于他们对人际交往和文化习俗的感性理解。

（3）英语影视资料是文化教学的重要手段。英语影视资料作为文化教学的重要手段，显现了教育的多维功能，对增强学生的跨文化意识和促进东西方文化交流具有非凡的价值。语言和文化之间的关系是密不可分的。语言不仅是交流的工具，而且是文化的载体和反映。根据语言，人们可以窥见一个国家的历史、文化、价值观和社交习俗。而影视作品作为一种生动的艺术形式，更能让观众深入了解并感受目标语言的文化氛围。

通过观看英语影视资料，学生不仅可以聆听地道的语音语调，更可以观察到人物的言行举止、社交礼仪、生活习惯等多种文化现象。这些视觉和听觉的信息，使学生能够更直观、更全面地理解英语国家的文化背景。例如，通过观看历史影片，学生可以深入了解西方国家的历史事件和社会变迁；通过欣赏现实主义电影，学生可以洞察现代社会的风俗人情和社交规则。影视资料还为学生提供了反思和比较的契机。学生在观看过程中，可以不断对比和反思中西文化及思维方式上的差异，从而增强自己的跨文化意识和批判思维能力。这一过程有利于学生形成一种文化敏感性和包容性，使他们在参与跨文化交际时能够更加敏锐、灵活和富有同理心。

英语影视欣赏教学的价值还体现在其对学生人文素养的培养上。良好的人文素养不仅是语言学习的基础，而且是当今全球化时代的必备素质。通过影视欣赏，学生不仅可以学习语言，还可以学习人类共同的情感和价值。这一教学手段，有利于学生跳出语言的形式层面，深入人类共同的文化和精神世界中。

三、语言功能模块

（一）专门用途英语模块

专门用途英语（English for specific purpose, ESP）已经成为英语语言教学（English language teaching, ELT）的重要分支和应用语言学的热门研究领域。早在1996年，北京外国语大学语言研究所的刘润清便提出了将英语学习与其他学科相结合的前瞻性观点。他预见了未来的英语学习不再是孤立的学科实践，而将与特定专业领域或其他学科知识相融合。他进一步强调了未来几年大学英语教师的职业发展方向将朝着专门用途英语的方向迈进。2004 年，复旦大学外国语言文学学院的蔡基刚亦对这一趋势提出了观察，他认为随着中国在国际交流中的影响力逐渐扩大，以及经济全球化、科学技术一体化、文化多元化时代的来临，专门用途英语教学将成为我国大学英语教学的重要发展方向。[①]赵雪爱、应惠兰、瞿云华、秦秀白、莫再树等专家学者对 ESP 的教学实践进行了研究，并取得了可喜的成果。

现在，人们对专门用途英语的需求和认识在不断增长，社会对具备专业英语能力的人才的渴求也在逐渐加强。因此，教育界的关注焦点已经从过去是否需要区分普通英语与专门用途英语转向了如何优化专门用途英语的教学质量和培育合格的专门用途英语师资。这一变化意味着，通过提升专门用途英语的软硬件质量，教育界正努力使具备一定普通英语技能的学生能在更短的时间内提升自身的专业英语能力，以便更快、更有效地适应工作需求，特别是在国际沟通和交流方面的需求。

在专门用途英语的教学过程中，有两个主要方面成为人们关注的焦点：教学内容与教学手段。关于教学内容方面，人们的普遍观点是，专业学科的知识和技能为语言教学提供了实际语境。在这一环境中，语言不再是学生学习的唯一焦点，而是与专业知识和技能的掌握相结合。奥马利（O'Malley）、查莫特（Chamot）认为，理想的教学方法应该是将专业知识或技能与语言技能融合在一起，在同一课程中共同教授。[②]关于教学手段方面，重点关注的是教材的编写和评估。专门用途英语的特

① 蔡基刚. 学术英语课程大纲与评估测试 [M]. 上海：上海交通大学出版社，2018：15.

② O' MALLY J, CHAMOT A. *Learning Strategies in Second Language Acquisition*[M]. Cambridge: Cambridge University Press, 1990: 180.

殊性要求语言不应孤立教授，这一观点由莫汉（Mohan）提出。因此，专门用途英语的教学不能简单地沿用普通英语教学的教材，而必须探寻一条将语言与专业知识同等重视的新道路。在教学过程中，英语教材的重要性是显而易见的，尤其是在专门用途英语教学中更为突出。原因在于，从普通英语转向专门用途英语，涉及教师知识结构的重要调整。

1.商务英语

商务英语作为高等院校人才培养的重要方向，其教学目的是向社会输送能够适应时代需求的复合型商务人才。然而，目前的教学模式多停留在传统教学方法上，教师对自身职责的认识不足，学生的专业知识和实际交流能力方面未得到充分关注。学生在学习过程中表现被动，忽视实践环节，从而限制了其全面发展。因此，引入模块化教学模式成为推动高等商务英语教学改革、提高教学质量的有效途径。

模块化教学强调现场教学和技能培训，这一教学模式的理论内涵在于根据教学目标，将教学内容划分为多个相互独立但又相互关联的子模块，每个子模块有对应的教学子目标。所有子目标共同组织，最终实现整体效能大于各部分之和，即实现商务英语的总体教学目标。与商务英语教学的培养要求相符，模块化教学提供了一种创新方法，其还强调在教与学之间建立动态教学体系，寻找理论学习与操作训练之间的最佳平衡点。

2.新闻英语

新闻英语是一种专门用于传播新闻信息的英语应用方式。新闻英语的教学内容涵盖了慢速英语节目、英语广播或电视节目、英语国家的广播电视节目、国内英文报刊、英语国家大众性报纸杂志等方面，显示了新闻英语在培养大学生英语技能方面的重要作用。

新闻英语的教学现状显示，针对英语专业学生的教学研究相对丰富，而对非英语专业大学生的新闻英语教学研究较少。这可能与大学英语课程规划、课堂设置、教材选用等方面有关。非英语专业的学生在学习基础、背景知识、综合能力等方面与英语专业学生存在差异，因此，新闻英语教学需要有针对性地进行。

3.法律英语

法律英语作为英语和法学交叉领域的学科，专门关注在立法、司法等法律环境中使用的具有法律特性的语言，其被称为法律语言或法律之语，是专门用途英语的一种表现形式，与特定职业——法律职业有关。

在教学方法方面，法律英语的教学方法与传统英语教学、纯粹法学教学相结合，融合了法学和语言学的基本原理和方法。在英语教学中，从词汇、句型、语法到文章的学习是主流方法，而法律英语的教学方法是从文章入手，通过对篇章整体意义的分析，并结合实际案例使学生的英语综合运用能力得到提高。法律英语的教学方法结合了英语学习的结构化过程和法律教育的案例分析，强调了语言内容的正确理解和准确表达，以及法律语言形式的掌握，其教学目的是通过深入剖析和分析法律英语的特点和结构，使学生能够在法律环境中灵活运用英语。

在教学内容方面，法律英语的教学涵盖了广泛的主题，包括英美法律制度和法院系统；各部门法的介绍，如宪法、刑法、诉讼法、合同法等；法律条文、法庭审理与辩护、司法文书写作以及个案分析等；对英美法系与大陆法系的比较、英美主要部门法以及程序法等内容。这些教学内容不仅增强了学生的法律英语词汇和语法知识，而且通过案例教学和整体阅读法，还提高了学生对法律科学和法律实践中英语语言特点的认识。

在教学目标方面，法律英语的教学目标是使学生对基本法律英语专业词汇和有关法律制度有所了解，提高英语听、说、读、写能力，并使其初步具备使用英语阅读法律原著的能力。更广泛的目标是增强学生在世界范围内与其他法律专业人员的交流能力，增强学生了解和参与涉外法律事务的能力。

4. 医学英语

随着我国高等医学院校英语教育的不断改革和发展，医学英语作为专门用途英语的一种变体，逐渐受到了学界和教育部门的广泛关注。它旨在培养学生获取医学领域前沿信息的能力，增强学术交流技能，从而达到了解国际医学科学动态和进行国际交流的目的。

医学英语的特点在于其词汇体系的复杂性和特殊性。词汇的来源主要为古希腊语和拉丁语，构词方式与现代英语有很大差异，因此，其学习常常显得艰难。通过对医学英语名词的构词特点进行分析和研究，教师可将构词特点与新词学习结合起来，以提高学生的学习效率。此外，医学英语的句法和文章写作也有独特之处，常见的特点包括大量使用名词化结构、非人称主语、被动语态、长复合句等。这些特点在科学描述、论述实验过程和强调信息准确性方面起到了关键作用。教师可以通过对学生进行医学文章写作和演讲能力的综合训练，进而锻炼他们在这些方面的能力。

在教学实践中，教师可结合不同的教学方法提高学生的医学英语听说和理解能力。例如，课堂朗读和即时翻译方法的结合，可以锻炼学生的口语、听力和理解能力；观看与医学相关的影视作品，有助于增强学生的医学英语听说和理解能力。

（二）学术英语模块

哈钦森（Hutchinson）和沃特斯（Waters）进一步将专门用途英语分为了学术英语（English for academic purposes, EAP）和职业英语（English for occupational purposes, EOP）。其中，EAP 专注于与某个特定职业或学科有关的英语教学，其目标是培养学习者所需的学术英语语言知识和技能。英国 EAP 学派学者乔丹（R. R. Jordan）则将 EAP 细分为两类：一般学术英语（English for general academic purposes, EGAP）和特定学科学术英语（English for specific academic purposes, ESAP）。

EGAP 最初为英美大学的国际留学生设计，作为一种英语强化预科课程，旨在培养学生的语言技能。其目的是协助学生用英语学习专业课程或进行研究活动，为专业学习提供语言支持。与此不同的是，ESAP 以某个特定学科领域（如软件英语、工程英语、医学英语等）为教学内容，强调该学科的词汇、结构、体裁等特点，以及工作交流技能，更偏重于知识方面。在教学方面，EGAP 主要关注跨学科语言的共性部分，语言教师可以完全承担，其教学重点在于培养学生的学术口头和书面交流能力，如听学术讲座、做笔记、参与学术讨论，以及如何进行学术陈述、阅读和写作。这种教学方法致力于培养学生对学术语言的认知能力，被视为"适合所有专业学生的共性学术能力教学"。

第三节　英语模块化学习环境的构建

一、现代教育技术与大学英语模块化教学

（一）现代教育技术在大学英语模块化教学模式中的运用

在大学英语模块化教学模式中，现代教育技术的运用已成为改革的重要组成部分，其对整体教学效果的提升具有决定性的作用。探索现代教育技术的角色和影响，以及如何有效地进行改革和创新，已成为审视和反思传统教育技术在此教学模式中作用的关键因素。

传统教育技术环境下的大学英语教学，以使用黑板、教科书和录音机等教学辅助工具为主，强调语言知识的传递，却忽视了对学生实际交际能力的培养。这一环境下的教学方式，使教师成为课堂的主导者，学生的口头表达机会减少，语言输出和交际能力得不到有效培养。而且，传统技术手段下的英语课堂也难以及时适应社会的快速发展，面临前所

未有的挑战。这种现象凸显了当前英语教学改革中现代教育技术运用的紧迫性和必要性。现代教育技术为英语教学带来了新的可能性和机遇。以信息技术为代表的现代教育技术能够提供丰富、多样和真实的语言学习资源，帮助学生突破传统教学局限，进一步培养和提高他们的英语综合应用能力。

通过网络资源和多媒体手段，教师可以为学生创造丰富多彩的学习情境，使学生有机会通过互动和合作学习，培养自身的实际交际能力。这种教学方式强调学生的课堂参与，平衡了语言输入和输出，注重了语言知识和能力的结合，学生也不再是被动的知识接受者，而是主动的信息构建者和知识创造者。此外，现代教育技术还有助于个性化教学的实施，满足学生不同的学习需求和兴趣。教师可以利用现代教育技术为学生提供个性化的学习路径和支持，实现教学的差异化和灵活化。这不仅有助于激发学生的学习兴趣和积极性，还能培养学生的自主学习能力和创新精神。从宏观层面来看，现代教育技术的运用还与社会、经济和文化发展紧密相连，反映了时代发展的需求和趋势。它不仅是教学手段的改变，更是教育观念和教学模式的创新，体现了教育现代化和国际化的方向。

（二）现代教育技术在大学英语模块化教学模式中运用的优势

现代教育技术在大学英语模块化教学模式中的运用显示了明显的优势，尤其是多媒体技术，为教学原则的实现和学生交际能力的提升提供了新的途径。

传统教育技术下的英语教学缺乏真实的交际语境和生动的练习效果，而现代教育技术通过创造动态交际场景和模拟真实语言环境，有效提高了学生的交际欲望。现代教育技术提供了丰富的练习机会，引导学生了解自身所需解决的问题和语言解决方案，培养了他们在完成任务中表达自己想法的能力。这一转变不仅让学生主动进入交际活动的状态，而且促进了他们主动型的口头表达能力的提高。

现代教育技术的形象化、立体化和生动化特点，通过声音、图像、文字、动画等多媒体手段增强学生的感官刺激，这进一步增强了学生的学习兴趣和学习效率。这种环境不仅促使学生主动参与，而且加强了他们用英语交际的意识和愿望，最终有效提高了他们的英语交际能力。

现代教育技术在大学英语模块化教学模式中的另一个优势在于对教师的支持。不同年龄、不同背景和不同经验的教师可以通过多媒体课件的共同制作和利用，实现先进的教学理论知识和优秀教学经验的交流与共享。这种资源的优化和共享弥补了教师之间的差异，从而保证了大学英语模块化教学模式中教学资源和方法的最优化。

现代教育技术的广泛运用还提升了学生对英语口语学习的兴趣、自信、主动性和创造性。在这样的课堂中，教师通过多媒体等手段辅助学生完成交际任务，创造了生动、有趣和具有实际意义的任务，从而增强了学生运用英语口语的自信心。这些现代教育技术资源的主要目的是促进学生的英语口语学习，从而充分挖掘学生口语学习的潜能。

二、大学英语模块化动态学习环境的构建与应用

（一）定制个性化学习方案

在构建大学英语模块化动态学习环境的过程中，定制个性化学习方案的步骤至关重要。

首先，教育工作者向参与者展示并解释大学英语 Moodle[①] 平台的各项功能和使用技巧，并在此基础上引导参与者运用大学英语 Moodle 平台上的问卷调查模块进行单项分析，进一步将所得数据绘制成图形报告。教育工作者可以采用特定的师生名录记录每个学习者的问卷调查

---

① Moodle（modular object-oriented dynamic learning environment）是一个用于制作网络课程或网站的软件包。

结果，并通过对这些结果的分析，了解学生的学习能力和倾向类型。其次，教育工作者可以根据学生的个性特点和需求，建立详细的学习者档案。这些档案不仅能够反映学生的学习状况，更能为教育工作者基于Moodle平台设计学习任务和自主学习方案提供有力支持。最后，教育工作者可以通过对学习者档案的精细管理，持续追踪学生的任务完成情况。这一步骤确保了学习方案的个性化和灵活性，有助于更好地满足学生的不同学习需求，并为他们提供更精准的支持和引导。①

（二）学习内容和进程管理

在大学英语模块化动态学习环境中，学习内容和进程的精细化和灵活化管理是教育效果提升的关键因素。在Moodle平台上，教师能够采用课程模块提供教学材料，上传教学视频，规划学习进程，设计题型，定制学习路径，甚至限制问题回答的尝试次数，实现了对学习内容和进程的精准掌控。

教学内容的多样化和个性化体现在按照特定考试要求，如英语四级考试，进行题型设计和限时训练。例如，通过设置快速阅读板块，并要求学生在有限的时间内完成一定数量的阅读和选择题，可以实现学生的模拟考试训练，达到高强度、高效的学习效果。这种方法不仅可以锻炼学生的应试能力，还能促进他们的阅读理解能力和分析能力的提高。讨论区模块则打破了传统课堂的沉闷局限，为教学增添了交互和互动的新维度。学生和教师可以通过电子邮件及时收到各类课程通知，如强化讲座、专项训练、学习进程、教学重点等。类似聊天室的交流模式方便了学生与学生之间以及师生之间的沟通交流，让学习过程更生动有趣。这些在线交流和互动也有助于营造积极的学习氛围，激发学生的学习兴

---

① 欧阳建平,李气纠. 基于Moodle平台的大学英语自主学习活动的设计研究[J]. 西安外国语大学学报,2009（3）：101-104.

趣。平台上所有的电子记录均可供日后查阅，这有利于教师及时掌握学生的学习进程，发现学生的学习问题，进而灵活调整教学计划。

Moodle 平台的学习内容和进程管理功能还为教师提供了丰富的评估工具。教师可以根据学生的实际表现，灵活选择合适的评估方法，确保评估的公正性和准确性，从而有针对性地指导学生的学习，提升教学质量。

（三）作业上传与反馈

作业上传与反馈在现代教育系统中扮演了关键的角色，特别是在大学英语模块化动态学习环境中，这一过程的精细化、个性化和实时化特征更加突出。借助作业模块，教师与学生之间的沟通和互动实现了数字化，这进一步推动了教育的现代化进程。

作业模块不仅为教师提供了布置各种任务的便捷手段，而且为学生的作业提交和教师的作业反馈提供了有效的平台。学生可以将自己的作业以各种文件格式上传到服务器，而教师可以对作业设置截止日期和最高分数，这样的灵活性和定制化使教学过程更具针对性和效率化。其中，作业上传时间的记录功能对学生的学习纪律和教师的教学管理起到了促进作用。教师可以清楚地了解每个学生的作业提交状况，及时发现学生的学习问题，适时进行干预和指导。通过在各个页面内为整个班级的作业进行打分和评价，教师不仅实现了作业评估的透明化和标准化，而且增强了与学生之间的沟通和反馈。反馈结果的及时通知和作业重新提交的功能也是作业模块的重要组成部分。学生不仅可以在作业页面上实时查看自己的作业反馈结果，还可以通过电子邮件获得通知。这种及时的反馈机制有利于学生及时了解自己的学习情况，并及时调整学习策略。而作业重新提交的功能则进一步激发了学生的学习积极性，使学生有机会改进自己的学习成果，体验成长和提高的过程。

（四）资源共享与共建

资源共享与共建在现代教育体系中起着关键作用，尤其是在大学英语的 Moodle 平台的环境中，其中的 Wiki 模块推动了协作、互动和探究式学习的实现。通过这一模块，教育参与者不仅能够相互分享和利用资源，还能共同构建和完善知识体系。Moodle 平台的 Wiki 模块的特点在于其开放和共享的特性，它允许学生共同创建、扩充和修改页面内容。这种集体创作的方式不仅有利于激发学生的创造力和主动性，而且还可以促进学生与学生之间的协作和交流。学生可以成为话题的发起者和创建者，分享学习经验和资料，共同探讨和解决问题。这种过程不仅促进了学生的人际交流能力、语言表达能力、信息搜集能力和问题解决能力的发展，还增强了学生的集体归属感和团队合作精神。

作为一个学生自主学习平台，Moodle 平台还支持各类文件的上传，如 Word 文档、PPT、Flash 等。这种多样化的资源共享方式进一步丰富了学生的学习资源和学习方式，使学生能够更灵活、更自主地进行学习。教师则可以利用平台的功能制作丰富的教学资源，为每节课设置课件和教学资源，形成可重复利用和共享的课程资源包。

资源共享与共建的实现不仅可以促进学生与学生之间的互动和协作，还可以推动教师与教师间的资源共享和教学经验交流。这种教育模式的实施不仅有助于实现教育资源的优化配置，提高教学效率和质量，而且有助于减少教育的不平等现象，使更多的学生能够共享优质教育资源。

（五）网络试题库搭建与网上测试管理

网络试题库的搭建与网上测试管理在现代教育中扮演了关键角色，尤其是在大学英语教学中。Moodle 平台的测验模块为教师提供了一个集成的系统，这使教师可以以灵活的方式管理听力、阅读、完型、翻译和写作题目，从而提高了教育的效率和效果。

通过此模块，教师可以将各种题型分门别类地存储在题库中，这不仅实现了题目的重复使用，还可以随机组合生成新的试卷，用于模拟测验。而自动评分和反馈选项以及随机显示的问题和答案，都有助于保证测验的公平性和有效性，从而减少作弊的机会。Moodle 平台的这一特性也支持在任何符合国际标准的学习管理系统中的导入导出，从而方便了教师与教师间的共享，进一步节省了资源。

借助现代技术，Moodle 平台的大学英语信息化学习环境不仅可以激发学生的学习热情，还可以促进资源和经验的共享，实现学习者的个性化学习。这一环境强调学生的自我探究能力，不仅有利于学生掌握学科知识，而且还培养了学生获取知识的能力。新型学习模式的实施有利于学生形成综合素质，并使其形成乐观、互助、好学的人格特质。

Moodle 平台还广泛应用于大学英语的不同级别课程试题库的建设和在线模拟测试平台的开发。逐渐增多的基于 Moodle 平台的应用型研究使更多的教师认识到了该平台在教学辅助方面的强大功能，从而激励教师更新知识结构，提高网络课程设计和任务型教学法研究的能力。

总体而言，依托现代信息技术，大学英语信息化教学环境的构建确实实现了师生主体地位的平等，并推动了英语教学朝个性化学习、协作学习、探究式学习、无时空限制学习和主动学习的方向发展。这一进程不仅促进了教师的成长，也提高了教师的教学科研水平，标志着现代教育进入了一个新的、更为先进和协作的阶段。

第四节　英语模块化教学模式的综合变革

一、教学内容呈现方式的变革

模块化教学模式的设计与应用在现代教育中占据了重要地位，尤其是在大学英语教学中。其主要目的是以学生为中心，通过整合和重组教学内容来实现教学目标，从而激发学生的兴趣，提高学生的英语素养和生活体验。

在实施模块化教学时，教师需要重视教材内容与学生实际的整合。教学内容必须能够唤起学生对已有知识的再现和运用，并与学生的生活体验相结合，从而使学生进入模块化情境并进行有效探究。教师还需要确保教材内容的难易程度适合学生的实际水平，以保持挑战性和避免重复劳动。

教材内部内容之间的整合也是模块化教学的重要方面。教师可以将教材内部的内容进行重组，形成新的模块，并根据不同班级和学习起点设计有一定梯度的模块。这种方式能够突出模块化教学的综合性优势，促进学生在英语素养和情感素质方面的发展。

模块化教学还涉及教材与教材之外信息材料的整合。这一整合可以通过三种方式实现：一是在教材原有教学单元的基础上进行保留和删减，增补现实生活中的鲜活材料；二是以某一篇课文为基本内容，增补教材以外的信息材料，形成具有整体性和独立性的模块；三是依据新课程标准，自编内容，自创新模块。

教学内容的模块化编排需要注意系统性、连贯性、综合性和整体性的优化。教师可以根据教学目标和学生的接受能力调整教学内容模块，并鼓励学生根据自身条件增加一些内容模块，以突出个性发展。模块化教学要体现整体优化的特点，实现教学内容的交叉、渗透和衔接，避免重复，从而以较少的学时使学生获取大量的知识信息。

　　教学内容结构模块化要求教师在深入理解选定教材的基础上，把教材的内容按知识模块重新编排。编排原则包括切合学生的认知过程、保证知识的连贯性和系统性、形成特定的知识体系。同时，教师还应教会学生独立发展知识结构，使学生按自己的兴趣和需求加工组织学习材料。

二、教师教学方式的变革

　　自主与合作探究的学习方式在现代教育中被视为塑造全面素质、培养独立思考能力的关键手段。教育理念的不断变革已使教师的角色从单纯的知识传递者转变为学生学习的促进者和引导者，从而有助于实现从应试教育向素质教育的转轨。在此背景下，自主学习的理念得到强调，学生的学习主体性得到重视。教师努力引导学生展示主动性、积极性和创造性，促使他们掌握学习方法，养成良好的学习习惯，成为学习的主人。自主学习的实施还涉及教师与学生之间的权力关系重构，强调对学生个性、特长、兴趣和爱好的充分尊重，鼓励他们独立思考和探究。同样，合作学习的推广也体现了新时代教育的特征，特别是信息时代对学习方式的要求。通过教师与教师、教师与学生、学生与学生之间的合作学习，自主与合作探究的学习方式强调了知识和信息的共享，反映了教育的民主化和平等化趋势。合作学习不仅有助于提高学生的交流能力，还鼓励教师与学生之间的共同探究，从而使其更好地适应知识爆炸的时代。这一理念进一步推动了模块化教学的实施，并要求教师充分考虑学生能力水平的差异和兴趣爱好的多样性，灵活运用各种教学方法进行教学。英语教学中的自主与合作探究教学模式的推广，更是对学生的全面发展和终身学习的要求的反映。英语作为现代社会的通用语言，在全球化时代的地位日益突出。在这样的背景下，英语教学的真正出路在于培养学生的自主学习能力和合作精神，从而为他们未来的工作和生活做好充分准备。

　　探究学习着重于创设情境，把学习带到日常生活之中，强调学生的主动参与和教师的引导作用。在面对文本时，教师可以借助多媒体展示、设疑、激趣等方式引领学生进入情境，逐渐培养学生自主探索问题的能力。一个精心设计的问题不仅可以激发学生的兴趣，还可以成为教学的重要环节。学生通过各种方式，如调查、访问、查阅、讨论、推理等共同解决问题，能够培养自己的创新精神和实践能力。传统教学方式的变革不可或缺地依赖自主、合作、探究的学习方式。这样的教学方式促使学生从校内到校外、从课堂到课下、从教材到校本课程，不断拓宽视野，更好地熟悉生活环境。模块化教学是这一改革的重要实践形式，它从根本上打破了教师主导课堂的局面，促使学生和教师共同参与教学过程。教师的角色从知识的传授者转变为咨询者或指导者，这一变化虽然使教师的角色更加灵活，但也对教师提出了更高的要求。教师在模块化教学中的任务不再是单一的知识传授，而是更加复杂的教学情境准备、学习氛围构筑、教学过程组织和引导。这要求教师在任务实施过程中精选教学任务，将新课程标准的三维目标，即知识与技能、过程与方法、情感态度与价值观融合到具体任务中，以促进学生的个性创新思维能力发展。教师还需对任务内容进行深入研究，讲究艺术性地介绍任务，吸引学生的注意力，激发学生学习的积极性和讨论的热情。在任务内容讨论和评估时，教师应尊重学生的成果，不以对错论人，而应以整个过程的进行情况评估学生。教师还应耐心倾听学生的交流，避免任何不尊重学生的行为，以免学生失去信心，导致任务实施失败。

三、学生学习方式的变革

　　在传统教学模式下，学生多是知识的被动接受者，学习方式相对封闭。随着模块化教学的推进，学习方式的探索与创新变得尤为重要。这些新的学习方式反映了对传统学习方式的反思和批判，强调学生对知识的主动构建、积极发现和协作学习。

新学习方式的主要组成部分包括自主学习、合作学习和探究学习，这三者相互联系、相辅相成，共同构成了全新的学习范式。自主学习强调学生学习的内在品质，是一种高品质的学习方式，与被动、机械、他主学习形成鲜明对比。在教学条件下，自主学习能有效促进学生的个人发展，因为任何有助于学生成长的学习都必然具有自主性。合作学习则侧重于教学条件下的学习组织形式，与个体学习不同的是，合作学习要求学生在小组或团队中共同完成任务，并且有明确的责任分工。这种互助性学习不仅能够培养学生的领导意识、社会技能，还能促进学生民主价值观的形成。探究学习作为一种学习过程和方式，与传统的接受学习形成对比。它要求学生从自主和合作的学习探索活动中发现问题、分析问题并解决问题，以此来促进学生的知识、技能、情感与态度的综合发展，并提高学生的探索精神和创新能力。

在英语教学中，为了真正实现学生的自主学习能力的培养，教师需要特别注意学生身心发展和英语学习的特点，关注学生的个体差异和不同的学习要求，尊重并激发学生的好奇心和求知欲。自主学习还要求确保学生有充分的自主学习时间，并给予学生自主思考的空间。教师应鼓励学生课前预习，培养学生主动使用工具书或其他信息资料解决问题的能力，同时养成边读书边思考的良好习惯。在课堂教学中，教师应讲究实效，不能将学生视为单纯接受知识的容器。教师应鼓励学生通过自主学习来寻找答案，同时注意控制讲解的程度，避免烦琐地分析和机械地训练。自主学习不仅能促进学生的积极参与，使其获得成功感，还能构建合作的英语学习方式。当学生的观点受到教师和同学的重视时，他们对学习内容会更感兴趣，进而更投入学习。一旦完成学习任务并得到反馈，他们会感到自己正在从事有意义的活动，并从中获得积极的情感体验。因此，在教师的引导下，学生不仅可以通过自主学习来理解课文，还能自信地表达自己的观点。

英语学科的学习也依赖于学习者之间的合作。由于英语是一种交际工具，因此，学生必须通过实践来学习和掌握。合作学习的方式可以增加小组成员的实践机会，提高学生掌握英语的可能性和有效性。合作学习也是自主学习的更高层次，改变了信息传递的单一性。它强调课堂上学生的多向交流以及教师与学生的合作，而非单向交流。现代教学论认为，教学过程应是师生交往、积极互动、共同发展的过程。没有交往和互动就不存在真正的教学。过去的英语教学过分强调对学生个体学习和独立思考能力的培养，忽视了教师与学生、学生与学生之间的合作和交流。新的课程标准倡导合作的学习方式，这不仅能够培养学生的团队精神和竞争能力，还能促进学生与学生之间的横向交流和教师与学生间的纵向交流。在合作式的和谐氛围中，学生的思维始终保持积极、活跃的状态。综合信息交流取代了单项信息交流，使课堂教学成为学生主体活动的展开与整合过程。通过合作学习，不同水平和不同思维方式的学生可以实现互补，丰富和完善彼此的见解。

探究学习强调主动学习和深度学习，与传统的被动接受知识形成鲜明对比。这种学习方式鼓励学生主动寻找、分析和解决问题，非常适合英语学习。例如，当学生在阅读英文文章时遇到不懂的单词或句子，他们可以主动去查找资料，与同学讨论，甚至尝试自己用英语去表达，从而更深入地理解和掌握英语。探究学习也注重实践和应用。在英语学习中，语言是用来交流的工具，而不仅仅是一种知识。通过这种学习方式，学生可以有更多的机会去实际使用英语，如进行角色扮演、模拟对话，甚至是真实的交流。这不仅可以提高学生的口语能力，还可以增强他们的文化意识和跨文化交际能力。探究学习的另一个特点是它强调学习过程而不仅仅是结果。在传统的英语学习中，学生往往过于关注分数和成绩，而忽视了学习的过程。而探究学习方式鼓励学生享受学习的过程，关注自己的进步和成长。这样，学生在学习英语时，不再是为了应付考试，而是真正地为了自己的兴趣和需求。探究学习与英语教育的融合，为学生提供了一个全新的学习环境和方式。其不仅可以帮助学生更有效地学习英语，还可以培养他们的综合素质和能力。在未来的英语学习中，这种融合将会发挥越来越重要的作用，为学生开启一个全新的学习篇章。

学生学习方式的变革体现在摒弃过度依赖死记硬背和机械训练的学习方式上。教师应引导学生主动参与，培养其信息搜集、处理、创新思考和解决问题的能力。综合探究能力的培育也是其重要的一环，包括培养学生的观察、提问、创新和综合实践能力。因此，要实现学生学习方式的根本变革，保证其自主和探索式的学习得以实现，课程改革应从调整课程结构开始，给予学生在课程中的活动时间和空间的合理地位。改变学习内容的展示方式也是关键，目的是确保学生的主体地位，并激励学生积极主动地学习。改变学生的学习方式要求教师不仅关注自主学习、合作学习和探究能力的培养，还关注学生的学习过程和方法，关心学生是通过死记硬背、大量练习，还是通过自主探究和解决问题来获得知识。总的来说，教学改革应鼓励学生的探究精神，进而使其学习过程更加丰富和个性化。

四、师生互动方式的变革

在教育先驱赫尔巴特的启发下，教师中心的教学模式一直占据主导地位。在这一模式下，教师的意志主导着一切，成为教学过程中的绝对权威。然而，模块化教学试图打破这一传统模式，力求使学生从被动接受转向主动参与，突出师生间的互动交流。这不仅要求教师和学生共同参与，更强调这一互动是在思想、感情和知识层面上完成的。模块化教学更关注学生的主体性，并引导学生的情感和态度正向发展。

为了实现这一目标，教师应更积极地引导与激发学生对阅读文本的兴趣，并且引导他们通过独立阅读与文本互动。在此过程中，学生可以自由发挥自己的想象力和创新力，与作者实现心灵的交流。由于个人差异，因此每个学生对文本的理解和感受都是独特的。对此，教师可以组织学生开展对话，使课堂教学内容更加丰富、生动、全面、准确和深刻。教师和学生的对话不应局限于简单的问答形式，而应是一种真正的相互交流、沟通、启发和补充。教师与学生共享思考、见解，交流感受、体验和观点，共同发现和共同成长。这样的教学互动不仅提高了教学的价值，还强调了学生与文本、教师与学生之间的互动效应，激发了学生的认知、行为和情感发展。总体而言，模块化教学注重师生双方的积极参与和互动，旨在实现教学内容的丰富化和学生主体性的提升，从而促进教学相长和共同发展。

教师应多引导学生思考，将学生塑造成课堂学习的主导者。师生互动的关键在于分配适当的时间，互动性课堂需要时间作为保障，时间也是衡量师生互动的首要因素。在传统的教学模式中，大部分时间被教师占据，结果常常是教师辛劳付出，而学生却难以掌握要领，综合能力提高缓慢。而在某些教学活动中，学生只是被动地参与，参与动机不明确，主动性欠缺，这使他们的语言和思维能力难以提高。有效的学生参与应该基于明确的学习动机，具有交际性，并能通过活动获得明显的学习效果。教师所要做的就是在课堂上充分激发学生的主观能动性，引导他们积极思考，激活已有知识，并准确表达自己的见解。课后，教师应引导学生大量阅读，以增强他们的知识储备和文化底蕴。现代多媒体网络设备为师生提供了互动平台，是解决时间不足问题的有效途径。教师可以利用信息化平台审视和调整自己的教学设计，使之更适合学生的需求，引导学生主动参与。教师通过网络与学生对话交流，可以让学生有更多的时间进行深入的思考，体现师生互动性。

教师与学生的互动方式的变革突破了时空限制，将课堂教学延伸到课堂之外，创造了教与学互动的新空间。教学不再受限，也不再神秘，学习变得更加富有内涵。这也使分层教学、分层作业成为可能。虽然课堂教学中的师生互动并不是新话题，但在实践中能够真正实现"三引"（引导思考、引向课外、引用信息化平台）的方式，师生互动就会变得更加真实和富有成效。

第六章　高校英语教学模式创新
——慕课与微课教学模式

第一节　慕课教学模式的定义与特点

一、慕课教学模式的定义

慕课，即大型开放在线课程（massive open online courses, MOOC），作为一种前沿的教学模式，已经在全球范围内引起了广泛关注和积极响应，特别是在高等教育领域，慕课以其开放性、灵活性和多样性，为教育改革和创新提供了新的思路和实践途径。[①]

从定义上看，慕课强调的是大规模、开放和在线学习，这是其最基本也是最核心的特征。大规模不仅是指参与学习的人数多，还意味着慕课能够覆盖更广泛的地域、文化和学科领域。开放则体现在慕课的获取容易、参与自由、资源共享上，它打破了传统教育的时空限制，为更多

---

① 张君. 高校英语的慕课教学模式研究 [M]. 西安：西安交通大学出版社，2019：14.

的人提供了平等的学习机会。① 在线学习则是慕课的运行载体和主要方式，它依托现代信息技术和网络平台，使学习可以随时随地地进行，为学习者提供了便利。

从组织形式上看，慕课通常由高校、教育机构或个人学者组织和推动，涵盖了从基础教育到继续教育的各个层次和领域。课程内容既可以是学术性的基础理论，也可以是实用性的技能培训；既可以是形式严谨的讲座和实验，也可以是轻松活泼的讨论和体验。此外，慕课还常常结合社交媒体、游戏化设计等现代教学方法，这增强了学习的互动性和趣味性。

从教学效果上看，慕课能够提供个性化和自主化的学习路径，这既有助于激发学习者的内在动机和兴趣，也有助于培养学习者的自主学习和终身学习能力。慕课的开放性和多样性也促进了教学资源的优化配置和全球化交流，为教育的公平和质量提供了新的可能。

二、慕课教学模式的特点

（一）课程设置多样化

课程设置多样化是高校英语教学模式创新的关键环节，特别是在慕课这一开放、灵活的教学模式下，课程设置的多样化不仅是可能的，更是必要的，这一变革从多个层面促进了高校英语教学的发展。

在传统高校英语教学中，课程设置往往受师资力量、教学资源和学科体系的约束，呈现出一种趋同化、标准化的特点。教师资源有限、课程针对性不明确、教学材料选择固化等，这些因素都限制了课程内容和教学方法的多样化，也难以满足学生的个性化需求和兴趣追求。相对而言，慕课模式通过开放的网络平台，打破了地域、机构和学科的界限，

---

① 许元娜. MOOC 资源在我国大学英语教学中的应用研究 [D]. 大庆：东北石油大学，2016.

使课程设置可以更加灵活、多元和精细。慕课不再局限于传统的教材和教案，其可以根据学生的兴趣和需要，精选国内外的优质课程资源，形成丰富多彩的课程体系。[①]

就当前的高校英语教学来说，慕课模式改变了传统教学模式的单一状况。就师资力量来说，传统的高校英语教师资源非常有限，所讲授的课程针对性也不明确。就教学材料来说，当前大多数高等院校使用上海外语教育出版社出版的《高校英语》《新世纪高校英语》、高等教育出版社出版的《大学体验英语》以及外语教学与研究出版社出版的《新视野高校英语》等，并没有采用与学生相适应的专门教材。就课程设置来说，虽然各高校都设置选修课，但是这些选修课大多是为英语四、六级考试设置的。对此，慕课教学模式根据学生的兴趣和需要来选择课程，有效提高了学生的学习兴趣，从而提升了学生学习英语的质量和效率。

（二）上课方式多样化

上课方式多样化在慕课教学模式中的实现是一项复杂且富有创新性的变革。在网络多媒体不断发展的背景下，慕课模式以其开放与丰富的教学内容，为学生提供了广阔的学习视野和丰富的知识体验。与传统的以教师讲授为中心的上课方式相比，慕课教学不再拘泥于固定教材和标准课程，而是涵盖多学科、多领域和多文化的资源。这种多样化的教学方法借助项目、案例、讨论、模拟等手段，与视频、音频、动画等多媒体技术相结合，形成了互动、协作、探究的学习过程。学生通过手机、平板电脑等设备可以随时在校园、家庭、社区等地进行学习，实现了时间和空间的无缝衔接。

[①] 张君. 高校英语的慕课教学模式研究[M]. 西安：西安交通大学出版社，2019：18.

在慕课模式下，学生不再是被动的知识接受者，而是成为主动的知识构建者和价值参与者。他们可以根据兴趣和需求自主选择课程、调整进度、展示成果，亦可以通过评论、问答、博客等方式进行交流和反思。教学评估也实现了精准化和个性化，其不仅可以及时反馈学生的学习状态和成长需求，也促进了教学评价体系和教学质量的提升。慕课打破了学校和教师的界限，实现了课程资源和教学服务的跨校共享和国际合作，促进了教育资源的均衡分配和教学质量的全球竞争。这一变革不仅为教学提供了新选择，为学生提供了学习的新机会，更为教育的现代化和国际化提供了新路径和新动力。它既是技术和媒介的创新，也是教学和学习的变革，更是人才培养和社会发展的反思。

通过多样化的上课方式，慕课教学模式重新定义和构建了 21 世纪的教育理念和学习文化，为培育适应未来社会的创新人才和终身学习者开辟了新的途径。慕课的上课方式多样化不仅是一项教育技术的革新，它更是一种深刻的教育哲学思考，反映了人们对现代教育目标和学生需求的深入理解和回应。

（三）考核方式多样化

考核方式的多样化是高校英语慕课教学模式中的重要创新之一，它体现了对教育质量、学生个性和社会需求的深切回应。与传统的笔试相比，慕课模式下的考核方式更加开放、灵活和精准，不仅能够更真实、更全面地反映学生的实际水平，而且能够更好地激发学生的学习积极性和学习兴趣。

在高校英语慕课模式下，个性化考核方式的实现是一项教学与科技相结合的复杂任务。根据不同层次的考生，教师和教学机构可以设计不同的测试题目，调整不同的评分标准，提供不同的反馈建议，从而实现考核的合理性、公正性和有效性。[①]这种个性化的考核不仅减轻了学生之间的竞争压力，而且增强了学生之间的合作精神和创造热情。

开放性的考试方式是高校英语慕课模式下的另一项重要创新。通过项目、报告、展示、辩论等方式，学生可以自主选择课题，自由组织内容，自由表达观点，自由展示成果。教师不再是唯一的评价者，而是成为评价的组织者、引导者和参与者。同学、社区居民、企业员工等也可参与评价过程，使评价成为一种社交、文化和职业的综合实践。

通过多样化的考核方式，高校英语慕课模式不仅重新构建了教学的评价体系和价值观念，而且重新塑造了教师与学生、学校与社会、知识与能力、过程与结果的关系与边界。这一变革不仅促使教育更加关注学生的全面发展和终身学习，而且使教育更加适应社会的多元化和国际化。

慕课教学模式的考核方式多样化是一项教育哲学的创新和实践。它体现了对人的尊重、对学习的理解、对社会的服务、对未来的责任。在高校英语教育中，这一创新不仅是一项教学技术和管理手段的革新，更是一种教育目的和价值取向的反思。它既是对教育的重新思考，也是对教育的重新定义，更是对教育的重新实践。它不仅涉及对学生的能力培养，更涉及对学生的人格塑造和精神启迪。在这一过程中，教师、学生、学校、社会等都将重新审视自己的角色和使命，共同开创教育的新时代和新未来。

（四）传统课堂与慕课结合

高校英语慕课教学模式作为一种兼具现代化教学技术和教育理念的创新模式，正在深刻地改变着传统的教育模式。然而，在慕课教学模式

---

① 张君. 高校英语的慕课教学模式研究[M]. 西安: 西安交通大学出版社, 2019: 14.

的推广和实施过程中，如何充分发挥其优势，同时解决与之相关的问题，尤其是如何有效地将传统课堂与慕课结合起来，是当前教育实践和研究的重要课题。

慕课教学模式在高校英语教育中的推广和实施，需要对教师进行专门的培训和指导。教师不仅要学会使用新的教学工具和技术，而且还要学会新的教学理念和方法。他们不仅要掌握如何设计和制作能够激发学生主动性和积极性的慕课课件，还要掌握如何了解和评估学生的基本情况和自主学习能力，更要掌握如何培养和锻炼学生的心理素质和学习习惯。教学硬件设备的准备和配套也是一个复杂而精细的工程。从硬件的选择和配置，到软件的开发和维护，再到网络的布建和管理等，都需要专业的技术支持和服务。

对于大学生来说，慕课教学模式的接受和适应是一个渐进和漫长的过程。因为他们自身水平存在差异，有的大学生可能比较容易掌握和应用新的教学方式，而有的大学生则可能需要更多的时间和帮助。因此，如何在慕课与传统课堂之间寻找合适的平衡点和连接点，如何在新旧交替的过渡期内确保教学的连贯性和稳定性，是教师和学校必须深思和解决的问题。

当前，许多高校正在积极探索和尝试将传统课堂与慕课有机结合的新模式。通过将线上线下的教学资源和环境相整合，通过将教师的引导和监督与学生的自主和合作相融合，通过将课程的知识和技能与项目的实践和创新相连接，教育的效果和质量正在由此逐步提升和完善。

第二节 慕课教学模式的设计与应用

一、慕课内容的设计

（一）课程结构设计

在高校英语教学中，慕课作为一种创新的教学模式，以其全球化特性和技能导向的教学需求得到广泛应用。课程结构设计作为慕课的核心环节，涉及模块划分和课程时间线规划。

在模块划分方面，一般包括以下几类：基础模块，如语法、词汇等，作为整个课程的基石；进阶模块，即根据不同专业和学科方向，设置不同的进阶模块，如商务英语、科技英语等；实践模块，提供实际的语言应用环境，如口语实践、写作训练等；文化模块，强调英语所承载的文化内涵，帮助学生在学习语言的同时，理解和欣赏英语文化。

在课程时间线规划方面，课程内容可以分为几个学期或阶段，每个阶段设定明确的学习目标，确保学生按部就班地进行学习。同时，允许学生根据自身水平选择不同的学习路径，这样做既有利于个人学习，也可以提高学习效率。随着英语的不断演变和学生需求的变化，课程内容也需要持续更新，以确保其相关性和有效性。

课程结构设计不仅是慕课内容设计的核心，更是高校英语教学中的关键环节。经过精心的模块划分和时间线规划，慕课平台可以构建既符合学生的个性化需求，又能满足高校英语教学整体目标的课程体系。而未来的挑战在于如何将这些设计思路具体实施，并在实际教学中不断优化和调整，以达到最佳的教学效果。

（二）英语教学内容的定制

在慕课教学模式中，特别是针对高校英语教学的内容设计，英语教学内容的定制显得尤为关键。英语教学内容的定制不仅应该反映英语的语言结构和功能，还应该结合学生的具体需求，融入文化背景和职业方向等因素。

对于不同水平的学生，教学内容的定制可以满足个体化学习的需求。例如，慕课平台可以通过先进的学习分析工具识别学生的英语水平和学习倾向，然后为其提供量身定制的学习资源和教学路径。这种个体化的教学内容定制有助于优化学习效率，让学生在掌握基础知识的同时，根据个人兴趣和职业方向深入学习。

文化背景的融入是英语教学内容定制中的另一个重要方面。要知道，语言不仅是交流工具，还是文化的载体。在教学内容中融入英语国家的历史、文化、社会等元素，可以使学生在学习语言的过程中更好地理解和欣赏英语文化的多样性和深度。例如，在阅读和听力教学中，教师可以通过经典文学作品、历史纪实、当代社会问题等素材，展现英语文化的丰富内涵。这不仅可以增加学生的学习兴趣，还能提高其跨文化交际能力。

英语教学内容的定制还应考虑慕课的特殊教学环境。与传统课堂教学相比，慕课教学更加强调自主学习和互动合作。因此，教学内容的设计应包括各种形式的学习资源，如视频讲座、在线测验、讨论区等，以满足不同学习风格的学生的需求。教学内容还可以通过案例分析、项目合作、模拟实践等方式，将理论知识与实际应用结合起来，以增强学生的实践操作能力。

从更广泛的角度看，英语教学内容的定制还涉及课程与社会、产业、政策等外部环境的对接。与时俱进的教学内容不仅要反映英语学科的前沿发展，还要结合国家政策、社会需求、产业发展等因素，确保教学内容的前瞻性和实用性。这有助于培养学生的综合素质，提高学生适应社会和职业发展的能力。

二、慕课平台的选择与特色构建

（一）高校英语慕课平台的选择

在高校英语教学的慕课模式中，平台选择是构建有效教学环境的关键步骤。慕课平台的选择不仅关系到教学内容的展示和传递，还涉及教学管理、学生互动、教学评估等多个方面的功能实现。因此，平台选择的过程必须兼顾多种因素，以确保慕课教学的全面、稳定和高效运行。在平台选择的过程中，可选择的平台主要分为开源平台和商业平台两大类。

开源平台通常具有代码公开、自由修改、免费使用等特点，广受教育机构的欢迎。利用开源平台，高校可以根据自身的教学需求，定制开发慕课平台上的各项功能，如课程管理、学生跟踪、成绩评估等。而且，开源平台的社区通常活跃，有着丰富的插件和教程资源，这有利于高校快速构建和维护慕课平台。

与开源平台相比，商业平台则以其专业化服务和稳定性著称。商业平台通常由专业团队开发和维护，为用户提供全方位的技术支持和服务保障。在功能设计上，商业平台通常更加成熟和完善，能够满足高校英语教学的多样化和深度化需求。选择商业平台合作，高校可以节省自主开发和维护的成本和时间，集中精力提升教学内容和质量。

无论是选择开源平台，还是选择商业平台，平台的选择都必须考虑高校英语教学的具体目标和特点。例如，针对不同学科方向、学生特点、教学资源等因素，高校可以选择具有相应功能和特性的平台。此外，学校还需要考虑平台的可扩展性、兼容性、安全性等技术因素，以确保慕课平台的长期稳定运行。

平台选择还涉及教育理念和战略定位的匹配。慕课平台不仅是教学内容的载体，还是教育理念和教学模式的体现。因此，在平台选择的过程中，高校需要充分考虑其教育理念、教学目标、战略定位等因素，并选择与之相匹配的平台。

从更广泛的视角来看，慕课平台的选择是教育技术与教育实践相结合的过程，通过精心的平台选择，高校可以有效利用现代信息技术，推动英语教学的创新和优化；慕课平台的选择也是一项复杂的决策过程，涉及多方面的考虑和权衡，高校需要结合自身的实际情况，通过全面分析和审慎选择，找到最适合自身需求和特点的慕课平台，从而为提高英语教学质量和效率奠定坚实基础。

（二）高校英语慕课平台的特色构建

在当今信息化时代，慕课作为一种创新的教学模式，正在逐渐渗透各级各类教育领域。对于高校来说，如何构建具有自身特色的慕课平台成为一项挑战和机遇。高校英语慕课平台的特色构建不仅要考虑教学内容的传递和管理，还要注重学生的参与和互动、教师资源的共享和利用以及与外部环境的对接等多方面因素。

学生互动设计是高校英语慕课平台特色构建的重要方面。与传统课堂教学不同的是，慕课教学更侧重于学生的自主学习和协同合作。因此，高校英语慕课平台需要设立各类互动机制，如讨论区、小组合作、项目实践等，以促进学生与学生之间的交流和合作，提高其主动参与和深入学习的积极性。高校还可以通过智能分析和推荐系统，为学生提供个性化的学习路径和资源，使其在探索和实践中不断成长。

教师资源共享是实现高校英语慕课平台高效运作的关键。高校与高校之间的教师资源共享可以促进教学资源的充分利用和优化配置，打破校际壁垒，促进教学经验和成果的交流和传播。例如，高校可以通过云平台和共享库，实现英语课程的跨校开设，共享优质教师和教学资源。

教师资源共享还可以激发教师与教师之间的合作和竞争，推动教学方法和技术的创新和提升。

高校英语慕课平台的特色构建还要与外部环境紧密结合。现代社会对英语人才的需求日益多样化和国际化，其要求高校英语教学培养学生的语言技能，提高学生的跨文化交际能力、创新思维能力等综合素质。因此，高校英语慕课平台需要与企业、社会组织、国际合作伙伴等外部力量紧密对接，开展产学研合作，实现教育资源和社会需求的有机结合。通过项目合作、实习实践、国际交流等方式，高校可以使学生在真实的工作和生活环境中学习和成长，培养其适应未来职业和社会发展的能力。

三、慕课教学方法与高校英语教学结合

（一）同步教学与异步教学结合

在现代高校英语教学中，教学方法的多样化和个性化需求日益凸显。作为一种新型教学模式，慕课正通过其独特的同步教学与异步教学结合方式，为解决这一挑战提供了新的可能性和方向。

同步教学，通常以在线直播课堂的形式进行，具有时空同步、实时互动的特点。在高校英语慕课教学中，同步教学可以让教师和学生通过网络进行面对面的交流和探讨，营造类似于传统课堂的教学氛围。教师可以根据学生的反馈和表现，及时调整教学内容和策略，为学生提供个性化的指导和支持。学生则可以通过同步教学，直接向教师提问、与同学互动，增强学习的参与感和体验感。

与同步教学相辅相成的是异步教学。异步教学通常以录播资源、在线文本、互动测试等形式进行，学生可以自主选择学习时间和进度，灵活掌握学习方法和路径。在高校英语慕课教学中，异步教学可以让学生根据自身的学习目标和兴趣，自由选择和组合课程资源，进行深入学习

和拓展探索。教师则可以通过异步教学，收集和分析学生的学习数据，了解其学习过程和效果，为下一阶段的同步教学提供依据和支持。

同步教学与异步教学的结合，为高校英语慕课教学提供了一种全新的教学方式。通过同步教学，教师和学生可以实现即时沟通和交流，增强教学的针对性和灵活性；通过异步教学，学生可以自主探索和实践，享受个人化和多样化的学习体验。同步教学与异步教学的结合，既保留了传统课堂教学的互动和引导优势，又充分利用了现代信息技术的便捷和智能特点。但需要注意的是，同步教学与异步教学的结合并不是简单的叠加和拼凑，而需要教师深入理解和精心设计。教师需要根据课程内容和目标，学生特点和需求，合理安排同步教学与异步教学的内容和时间，确保两者之间的有机衔接和互相促进。教师还需要利用现代教育技术，如多媒体展示、云计算分析、社交网络互动等，丰富和优化同步教学与异步教学的形式和方法，提高其效率和效果。

（二）评估与反馈机制

评估不仅是衡量学生学习成果的工具，更是推动学生学习的重要力量。反馈作为评估的延伸，不仅是信息的回馈，更是促进学生持续成长的关键环节。

在高校英语慕课教学中，评估与反馈机制构成了教学体系的核心部分，涵盖了多个层次和方面，体现了教学目标和教育价值的追求。

通过精心设计的在线测试，学生可以在完成学习任务后立即接受评估，这种计算机自动评分和反馈的方式既保证了评估的客观公正，又提高了评估的效率。在线测试不仅加强了学生的自我认知能力，让他们可以直观地了解自己的学习水平和问题，还有助于他们及时调整学习策略和方向。

学生互评与教师评估共同构建了一个多元化的评估体系。学生互评可以促进学生与学生之间的互动和合作，培养他们的批判性思维和社交能力。通过同伴的评价，学生可以从不同的视角和标准看到自己的学习，从而获得更全面和深入的反思和改进。教师评估则提供了对学生学习的专业评价和权威评价，能够给出更系统和准确的反馈和指导。

高校英语慕课的评估与反馈不仅关注传统的笔试和口试，还追求形式与内容的多样化。项目评估、组合评估、素质评估等多样化的评估形式和内容不仅能更全面和真实地反映学生的英语能力和素质，还能更有效和灵活地促进学生的学习和进步。评估与反馈的及时性与持续性也受到了重视。它们不是孤立和零散的事件，而是教学的持续和有机过程。及时、频繁、持续的评估与反馈，可以引导学生始终保持对学习的关注和反思，从而使其更加主动和有序地推进学习。

评估与反馈机制的设计和实施不仅需要教师、学生、管理者等多方的参与和协作，还需要现代信息技术的支持和推动，更需要教育理念和文化的引领和熏陶。评估与反馈的真正价值体现在能够让学生更加明确和自信地走上学习的道路，让教师更加敏感和专注地进行教学的实践与研究。

第三节　微课教学模式的定义与特点

一、微课教学模式的定义

从字面上来说，"微课"有三个概念层面的阐释。

从"课"这一概念层面上来说，微课是"课"的一种，是一种课式，呈现的是一种短小的教学活动。

从"课程"这一概念层面上来说，微课同样是有计划、有目标、有内容、有资源的。

从"教学资源"这一概念层面上来说，微课具有丰富的教学资源，如数字化学习资源包、在线教学视频等。^①但是，对其内涵进行挖掘，可以发现微课是一种具有单一目标、短小内容、良好结构以及以微视频为载体的教学模式。微课的最初理念是通过正式或者非正式的学习方式，让学习者不断对短小、主题集中、与实践紧密结合的专业知识进行学习，从而提高学习者的学习效果，促进其对知识的内化。

黎加厚认为，"微课是时间在十分钟内，教学目标明确、内容短小，能够对某一问题集中说明的微小课程。"^②焦建利认为，"微课是以某一知识点为目标，其表现形式是短小精悍的在线视频，主要应用于教学和学习的一种在线教学视频。"^③而胡铁生的观点是，"微课又可以称为'微型课程'，是建立在学科知识点的基础上，构建和生成的新型网络课程资源。微课以'微视频'作为核心，包含很多与教学配套的扩展性或支持性资源，如'微练习''微教案''微反思''微课件'等，从而形成了一个网页化、半结构化、情境化、开放性的交互教学应用环境和资源动态生成环境。"^④

上述这些学者的概念均具有针对性，并在一定程度上反映出微课模式的基本特征，虽然具体内容存在某些差异，但是其理念和核心基本一致。涉及综合性问题，本书认为，微课从本质上讲是一种对教与学进行支持的新型课程资源，而且微课与其他与之匹配的课程要素共同构成了微课程。从这点来看，其属于课程论的范畴。当学生通过微课模式开展学习时，他们就是以微课作为媒介与教师产生交互活动，通过面对面辅

---

① 吉科利. 基于微课的大学英语教学模式分析：评《基于微课的大学英语教学改革研究》[J]. 教育发展研究，2022，42（8）：2.

② 黎加厚. 多媒体课件的设计、开发与应用[M]. 上海：上海教育出版社，2002：15.

③ 焦建利. 教育技术学基本理论研究[M]. 广州：广东教育出版社，2008：62.

④ 胡铁生. 微课程的属性认识与开发建议[J]. 中小学信息技术教育，2014（10）：13-15.

导、在线讨论等进行直接交互，从而产生有意义的教学。

二、微课教学模式的特点

微课教学模式作为一种现代教育理念和方法，突破了传统教学的时空界限，注重以精练、高效和互动的方式推动学习的进程。

（一）明确的教学目标

在微课的设计与实施中，明确的教学目标占据了关键地位。具体而言，每一节微课的设计都是精准定位特定知识点或技能，这种精确的定位不仅确保了教学内容的针对性和有效性，而且提高了学生的学习效率和效果。对于教师而言，明确的教学目标使其在教学过程中有了明确的方向和焦点，从而能够更加精细化地安排教学内容和教学方法，进而提高教学质量和学生的学习体验。对于学生而言，明确的教学目标也有助于学生更专注于学习过程，更有针对性地进行学习，避免走入学习的误区。当学生清楚地知道每一节微课要达到的目标时，他们可以更有计划地安排学习时间和精力，更容易实现自我评估和自我调整。这样的学习过程不仅提高了学生的学习积极性，还培养了他们的自主学习能力和批判性思维能力。

（二）短小精悍的教学内容

微课的时间通常控制在十分钟以内，并以简洁而精悍的方式传递知识。这种短小的内容设计响应了现代社会对高效学习的需求，符合现代人们快节奏的生活和学习习惯，有利于学生快速吸收和理解信息。短小精悍的教学内容能够让学生在短时间内集中注意力，使其更加聚焦于核心知识点。这不仅降低了学生的学习负担，还提高了学生的学习效率。通过精选和浓缩的教学内容，学生能够更容易掌握关键概念，避免了冗长的讲解可能带来的混乱和压力。此外，短小的教学单元还提供了更灵活的学习方式。学生可以根据自己的需要和兴趣，有选择地学习特定的微课，形成个性化的学习进程。这种学习方式更符合现代人的碎片化时间利用习惯，可以让学习更好地融入日常生活中。短小精悍的内容设计还体现了教师对教学内容的精心筛选和整合，每一个微课都是对特定知识点的精准剖析，有助于构建清晰有序的知识体系。①

（三）结构化的组织方式

微课的组织结构严密，内容连贯、完整，确保了知识点的逻辑性和内在联系。这种结构化的设计有利于学生形成完整的认知体系，从而使其更好地理解和掌握所学内容。这种结构化的设计还能促进学生思维能力和逻辑理解的发展，使学生能够自如地运用知识，进行分析和判断。结构化的组织方式强调了每一部分的相关性，保证了内容之间的衔接和整体的协调性。这不仅有助于形成更连贯的教学流程，还能引导学生沿着有序的路径逐步深入，进而消除学习过程中的障碍和困惑。结构化教学设计能够将复杂的信息和知识分割成易于理解和消化的小部分，进一步增强学生对所学科目的吸收和理解。这样的组织方式能够使学生在学习过程中形成清晰的思维脉络，培养其严密的逻辑思维习惯，对于提高学生的学习效率和质量具有重要意义。

（四）丰富多元的教学资源

微课不仅提供了视听教学内容，还通过微练习、微教案等教学资源为学生提供了多样化的学习渠道和方法。这些丰富的教学资源增强了学习的趣味性和参与度，使学生能够从不同的角度和层次进行学习，满足了不同学生的学习需求和兴趣。丰富多元的教学资源不仅扩展了学生的学习途径，还激发了他们的学习兴趣和主动性。通过微练习，学生可以

---

① 吉科利．基于微课的大学英语教学模式分析：评《基于微课的大学英语教学改革研究》[J]．教育发展研究，2022，42（8）：2.

实时检测自己的学习效果，并得到及时的反馈和指导；通过微教案，教师可以更灵活地调整教学计划，更好地满足学生的个性化学习需求。此外，这些多样化的资源还为教师和学生提供了更多互动的机会，增进了双方的沟通和理解，使学生能够在轻松愉快的氛围中学习。这样的教学方式不仅使知识的传递更为生动有趣，而且有助于培养学生的创造力、批判性思维和协作能力。

（五）在线交互教学的实践

在线交互教学是微课模式的关键组成部分，它鼓励学生与教师、学生与学生之间的互动，这增加了教学的灵活性和响应速度。交互式教学还促进了学生与学生间的合作学习，为培养学生的团队协作和沟通能力提供了机会。在线交互教学不仅让学生有机会及时提问、获得反馈，还支持学生间的讨论和协作。通过实时的在线讨论，学生可以分享观点，共同探讨问题的解决方案。这种互动过程不仅使学习变得更加有趣和深入，还帮助学生形成了更丰富的思考方式，开阔了他们的视野。在线交互的便利性也增加了教学的灵活性，学生可以根据自己的学习进度和需求选择合适的交互方式，而教师也能更好地了解学生的需求，灵活调整教学策略。此外，在线交互教学还有助于培养学生的团队合作能力。学生可以通过线上合作项目，学会如何在团队中有效沟通、分工合作，培养自己的协调和组织能力。

第四节 微课教学模式的设计与应用

一、微课内容的开发与定制

（一）内容设计与开发

微课教学作为一种创新的教学模式，其内容的设计与开发是构建有效微课的基础与核心。与传统教学模式相比，微课通过精练、生动的内容呈现，为学生提供了灵活、便捷的学习路径。内容设计与开发的过程涉及多个方面。

教学内容的选择作为设计的起点，是微课成功的关键。选择的内容必须符合高校英语教学的目标和学生的学习需求，以便达到预定的教学效果。在选择过程中，教师要充分考虑课程的整体结构、内容的连续性和递进性，确保微课与传统教学相融合，形成有机统一的教学体系。

多媒体资源的整合是微课内容设计的另一个重要环节。借助多媒体技术，微课能够以图文、音视频等多种形式展示教学内容，大大丰富了教学手段和教学效果。通过合理选择和整合多媒体资源，微课还可以将抽象难懂的知识点转化为直观、形象的信息，使学生更容易理解和掌握。

文化元素的融入是微课内容设计中不容忽视的方面。在高校英语教学中，文化交流和理解同样重要。微课可以作为一个平台，将目标语言国家的文化、风俗、习惯等融入教学内容中。这不仅有助于培养学生的跨文化交际能力，而且能增强学生的学习兴趣和动机。

微课内容的设计与开发不是孤立的过程，而是要与高校英语教学的整体规划和目标紧密结合。它要求教师具备跨学科的知识和技能，即教师既要理解和掌握教学内容，又要具备一定的信息技术能力，这样才能将教学内容有效地转化为微课形式。通过科学合理的内容设计与开发，微课能够真正成为支持高校英语教学的有力工具，为提高教学效果和培养学生的综合素质做出贡献。

（二）针对高校英语教学的定制

针对高校英语教学的微课定制是一项复杂而重要的任务，它不仅涉及对教学内容、教学目标、学生需求的深入理解，还要求教育工作者具备将这些理解转化为实际教学资源的能力。微课作为一种灵活、生动的教学形式，在高校英语教学中具有较大的潜力。下面将探讨如何实现这一定制过程。

首先，定制高校英语微课要考虑教学内容。不同于通用英语教学的是，高校英语教学往往更强调专业性和实用性。因此，在微课设计中，教师需要充分考虑学生的学科背景、职业目标和学习兴趣，并将这些因素融入教学内容之中。

其次，定制高校英语微课要考虑教学风格与高校文化的结合。每所高校都有自己独特的教育理念和学校文化，微课作为教学工具，应当能够反映和传递这些特质。通过与学校文化相结合，微课不仅能够提高学生的学习动机，还能加强学生对学校归属感的认同。

再次，为了实现针对高校英语教学的定制，在设计中，教师还需要关注教学方法的创新与适应。微课以其短小、精悍的特点，为教学方法的创新提供了丰富的可能性。例如，情景模拟、角色扮演、问题探究等教学策略的使用，可以使微课更符合高校英语教学的实际需求。

最后，与学生的互动与参与也是高校英语微课定制中不可忽视的部分。相比于传统的教学模式，微课更有利于实现个性化学习。通过调查学生的学习需求、学习习惯和学习效果，微课可以更有针对性地提供教学支持。同时，借助现代信息技术，可以实现学生与教师、学生与学生之间的实时互动与合作，使教学过程更为动态和富有生机。

二、微课平台的构建与管理

（一）平台技术选择

微课平台的构建与管理在高校英语教学的现代化进程中起着重要的作用。平台技术选择作为其中的关键步骤，不仅决定了平台的功能和性能，而且直接关系到教学效果和用户体验。下面是关于微课平台技术选择的综合分析。

从技术性能方面考虑，微课平台技术选择首先要考虑的是技术的成熟度和稳定性。首先，选择成熟、稳定的技术可以确保平台的可靠运行，从而降低出现故障的风险。这对于确保教学的连续性和顺利进行具有重要意义。其次，技术的灵活性和可扩展性也是平台构建时必须考虑的因素。由于教育技术和教学需求在不断变化，平台必须具备足够的灵活性，这样才能快速适应新的教学模式和教学工具。可扩展性则确保了平台可以随着用户数量的增长和功能需求的扩展而相应扩展，不会因规模的增大而降低性能。再次，安全性的考虑也不可忽视。作为教学平台，其中涉及大量敏感的教育信息和个人隐私。因此，平台必须具备强大的安全防护能力，以防止数据泄露和非法访问。最后，平台的易用性和互动性也是技术选择的重要依据。易用性体现在平台操作的便捷和直观上，这有助于吸引更多的教师和学生使用平台。互动性则体现在平台是否支持丰富的交流和合作功能，是否能够促进教师与学生、学生与学生之间的有效互动。

从运营成本方面考虑，微课平台技术选择必须兼顾经济效益。无论是开源技术的利用还是云服务的整合，都需要从成本效益的角度出发，充分考虑平台的总体预算和长期运营成本。

（二）平台管理与运营

微课平台的管理与运营是确保教学质量和效率的重要环节，特别是在高校英语教学的场景中，复杂的教学需求和多样化的用户群体使平台管理与运营的工作显得尤为关键。下面将深入探讨平台管理与运营的各个方面。

在平台管理层面，用户管理作为核心环节，旨在提供个性化的教学服务，确保教学资源的合理分配。通过精准的用户画像分析，平台可以为不同水平和需求的学生提供定制化的教学方案。同时，用户管理还涉及教师的角色定义和权限分配，这样可以确保教学的秩序和效率。内容审核与管理则关系到教学资源的质量和合规性。所有上传到平台的教学内容必须经过严格的审核流程，确保其学术准确、合法合规。此外，内容的分类和标签化管理有助于提高平台的搜索效率，提升用户体验。数据分析与反馈是平台持续优化的基础。通过对用户行为、学习成效、教学互动等方面的数据进行分析，平台可以及时发现教学中的问题和不足，为教学改进提供有力支撑。数据反馈也有助于教师了解学生的学习状况，调整教学策略。

在运营层面，平台必须具备高可用性和稳定性，以确保教学的连续性。这需要平台拥有强大的技术支撑，例如，合理的负载均衡、有效的故障恢复机制等。平台的推广和拓展也是运营工作的重要部分。通过合理的市场定位和推广策略，平台可以吸引更多的教师和学生加入，形成良好的教学生态。另外，平台还应致力于构建开放、合作的教学环境。例如，与其他高校和教育机构合作共建教学资源，推动教学方法的创新和交流等。

三、高校英语微课的教学实施

（一）教学策略与方法

1.建立微课学习平台

高校英语微课的教学实施涉及多方面的内容和环节，其中，建立微课学习平台尤为重要。微课学习平台不仅是高校英语微课的载体，而且是教学实施的关键环节，其设计和构建需要结合高校英语教学的特点和需求，确保平台的专业性和实用性。

微课模式主要建立在视频这一载体上，而视频教学的优势在于其直观性和形象性，能够提高学生的学习兴趣和动力。但单纯的视频教学不能满足现代教学的复杂需求，因此，微课学习平台还需要整合一些辅助模块，如微练习模块，通过及时、有针对性的练习和测试，可以促进学生对所学知识的巩固和运用，提高学生的学习效率。此外，互动答疑模块也是必不可少的，通过实时或异步的方式，让学生在遇到问题时能够及时得到教师或同学的帮助，构建了积极、互助的学习氛围。

一个较为创新的方法是微慕课平台，即微课模式展现出慕课模式的系统性和专业性。这一平台具有一定的知识含量，且具有结构灵活、系统性强、制作成本低等优点。微慕课平台的灵活性表现在教学内容的丰富和多样上，即其可以根据不同学生的学习水平和兴趣进行个性化推送。系统性则体现在教学流程的连贯和完整上，即其能够确保学生按照合理的路径进行学习，避免碎片化学习带来的困扰。此外，微慕课平台还可以整合高校的教学资源，打破课堂的时间与空间限制，使优质的教学资源能够共享和推广，实现教学资源利用的最大化。

2.提升微课录制技术

微课录制技术在现代高校英语教学中占据了重要地位，它将课堂教学与现代多媒体技术完美结合，旨在通过高质量的视频教学资源为学生提供更丰富、更灵活的学习方式。追求质量是微课录制的核心，这涉及图像的清晰度、声音的纯净度、剪辑的流畅度等。因此，需要通过高清摄像、专业录音、精湛剪辑等方式，确保微课的专业性和观赏性。

微课录制的过程应尽可能简单化，以便让更多教师能够快速掌握。通过提供模板、教程、一键操作等方式，降低录制门槛，能够让教师更容易地创造和分享微课资源。个性化定制也是微课录制的必要方向，其允许教师根据自己的教学风格、学生的学习水平等因素进行定制。多媒体整合则使微课内容更加生动有趣，现代教学需要图片、动画、互动等元素的支持，录制技术应能轻松整合这些资源。

微课录制还需要考虑网络优化，结合网络特点进行压缩、缓存、流畅播放等优化，以确保用户无论在什么网络环境下都能流畅观看。普遍推广也是一个重要考量，优秀的微课资源应该让更多人共享，结合大数据、云计算等先进技术，则可以实现微课的普遍访问和共享。持续创新是录制技术持续向前的动力，这需要与时俱进，不断探索和创新，以适应教育的发展和变革。

反馈与改进是确保微课录制技术真正服务于教育教学的关键，这需要通过对学生的学习效果、教师的使用体验等方面的反馈，不断优化和完善录制技术。综合这些方面，提升微课录制技术是一个复杂而系统的工程，只有全方位地考虑，才能推动高校英语教学的现代化进程。

3. 加强资源开发，实现共建共享

教学资源的共建共享在当今高校英语教学中具有重要意义。随着现代信息技术的快速发展和教育国际化的发展趋势，教学资源已不仅仅是高校的专利，而是可以广泛流通、共享的资产。微课作为一种教学新模式，为教学资源的共建共享提供了有效途径。

当前的高校英语教学中，教学资源的分配仍然存在不均衡现象。一方面，一些知名大学、研究机构拥有丰富的教学资源和优质的教师团队，能够为学生提供丰富多彩的学习体验；另一方面，一些地区，特别是偏远地区的高校，可能因为资金、人员等限制，无法获得同样优质的教学资源。微课的出现正在改变这一局面，微课以其轻量化、便捷化的特点，能够让优质教学资源快速流动，跨越地域、学科、文化等界限。一门由知名教授讲授的微课可以通过互联网传送到全国各地的高校，为更多学生带来优质的学习体验。微课也可以作为教学资源的重要补充，允许教师根据自己的教学需求进行选择和整合。

共建共享不仅涉及资源流动的问题，还涉及资源开发的问题。共建共享意味着所有高校都可以参与到教学资源的开发和改进中来，每所高校都可以根据自己的特色和优势，贡献自己的教学资源，与其他高校共享。这样不仅可以最大限度地利用现有资源，减少重复建设，还可以通过合作和交流，不断提高教学资源的质量和多样性。

（二）学习支持与服务体系

学习支持与服务体系在高校英语微课教学实施中扮演了重要角色。作为学习的辅助结构，该体系旨在为学生提供更丰富、更个性化的学习体验，以及为教师提供更灵活、更多样化的教学工具和资源。在微课教学模式下，学习支持与服务体系的构建涉及多个方面，包括学习辅导与支持、学习社群的建设以及学习资源的共享。

学习辅导与支持是该体系的核心组成部分之一。通过个性化的辅导、答疑和反馈，学生可以在学习过程中获得及时的指导和帮助，从而更有效地掌握知识、提高能力。教师则可以通过监测和分析学生的学习情况，调整教学策略，优化教学效果，特别是在微课这种自主、灵活的学习环境中，有效的辅导与支持对激发学生的学习兴趣、培养学生的自主学习能力具有重要意义。

学习社群的建设则关注学习的社交属性。学习不仅是知识的传递和能力的培养，更是一种社交过程。通过构建学习社群，学生可以互相交流、合作，共同探讨问题、解决问题。教师则可以参与到这个社群中，与学生互动、分享经验、提供指导。在微课教学模式下，学习社群可以打破时间和空间限制，让更多人参与到学习中，从而提高学习的活跃度、深度和广度。

学习资源的共享则强调教学资源的流通和利用。与教学资源的共建共享相似的是，学习资源的共享也可以解决资源分配的不均衡问题，提高资源的利用效率。此外，学习资源的共享还可以激发学生的学习兴趣，提供更丰富的学习选择，促进学生的主动学习和探索学习。

高校英语微课的学习支持与服务体系是一个复杂的、多层次的结构。它涵盖了学习的各个方面，旨在为学生和教师提供全方位的支持和服务。这一体系的构建和运行需要教育工作者、技术人员、管理人员的共同努力，也需要与时俱进的理念和技术的支撑。只有在这样的基础上，学习支持与服务体系才能真正发挥其潜能，为高校英语微课教学实施提供有效的支持。

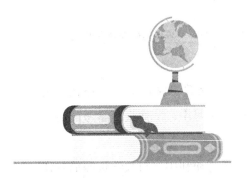

第七章　高校英语教学模式的创新实践

第一节　高校英语听力教学模式的创新

一、大学英语听力教学策略

在听、说、读、写四项语言技能中，听是十分重要的一种技能。第二语言习得理论认为，语言的输入是语言习得最基本的条件，没有语言输入就不会有语言习得。听力作为一种输入型技能，在学生的语言习得中占有十分重要的地位。根据外语教学法专家里弗斯（Rivers）和坦珀利（Temperly）的统计，听在交际活动中所占的比例高达45%。[①] 因此，在外语教学中，要想发展学习者的语言能力，从而达到使其流利地用英语进行交际的目的，听力起着重要的作用。英语听力策略包括以下几种。

<hr />

① Rivers W, Temperley M S. A Practical Guide to the Teaching of English as a Second or Foreign Language[J]. *Tesol Quarterly*, 1980, 14（1）: 103.

（一）认知策略

依据听力理解的特征，听力学习中的认知策略可概括为预测、联想发挥、利用关键词句、利用语法知识、做笔记、推理等。

1.预测

在听力学习中，预测策略扮演了关键的角色。学生利用已知的信息，如听力材料的题材、语言和内容进行预测，从而提高听力效率。这个过程不是像录音机那样被动地接收声音材料，而是一种积极的心理加工过程。学生无意识地对听到的信息进行预测、筛选、解释和总结等一系列复杂的操作。这一技能对于听力水平达到中级以上的学生来说尤为重要，而且其在听力材料只播放一次的考试环境中变得更加关键。预测策略的有效运用使学生能够更好地准备和专注于听力任务，从而有效提高了学生理解和记忆的能力。此外，预测还可以减轻听者的焦虑，增强其对听力材料的掌握感。

2.联想发挥

联想发挥在英语听力教学中是一种非常重要的认知策略。它涉及将听到的信息与个人已有的知识（如文化背景、生活常识等）相联系，以便更好地理解听力材料。

学生通过将听力内容与自己的先验知识联系起来，可以更深入地掌握材料的意义和语境。这一过程不仅有助于学生理解具体的事实和细节，而且能够促进学生对整体情境和主题的理解。联想发挥还能激发学生的兴趣，提升学生的参与度，因为它强调了个人经验和世界观与学习内容之间的联系。例如，在听一个有关某个文化节日的对话时，学生可能会联想到自己所了解的相似节日或传统，从而更好地理解和欣赏对话中的特定细节和含义。

3.利用关键词句

在英语听力教学中，关键词通常是最能反映场所、环境以及特征方面的词语，它们在听力材料中起着引导和定位的作用。当学生在听对话或演讲时，抓住其中的关键词，他们就能迅速判断出主要内容和语境。这些关键词可能是反映主题的名词、带有否定意义的副词、形容词、代词、转折词、连词，或者是某些特定的词组等。同样，重点句子在语篇中也占据着重要地位。它们可能是主题句或能够体现重点信息的句子，能够为听众提供理解整个材料框架的线索。

利用关键词句的技巧要求学生在听的过程中保持警觉，识别并关注那些对理解材料整体意义重要的词语和句子。这一过程不仅增强了学生的集中注意力，而且有利于他们更有效地从听力材料中提取和整合信息。

4.利用语法知识

在英语听力教学中，语法知识的运用起着不可或缺的作用。这一策略是指学生通过运用诸如虚拟语气、定语从句等语法规则来辨别语篇的标记词，或分析长句的结构以促进理解。例如，对虚拟语气的理解能够帮助学生捕捉到说话者的假设和愿望；对定语从句的掌握则有助于学生理解句子中的描述和修饰关系。长句的结构分析能够让学生更准确地把握句子的主干意思，从而避免在复杂的句型中迷失方向。

利用语法知识不仅增强了学生分析和理解听力材料的能力，而且提高了他们从中获取准确信息的效率。这一过程要求学生将平时的语法学习与实际听力练习紧密结合，并运用所学的语法知识来分析和解读听力内容。

5.做笔记

做笔记这一技巧并不仅是简单地记录下听到的每一个词，而是要精心挑选和整理关键信息。根据听到的内容，学生可以选择边听边记下关键词和重要信息，或者听懂一段话后概括其主要意思并记录下来。此外，学生还可以通过画图、列提纲等方式整理和理解听力材料。例如，学生可以通过用树状图来概括一个段落的中心思想，或用流线图解释复杂的工艺流程。这些方法不仅可以帮助学生生成新的理解，还可以减轻短时记忆的负担，让他们能够更集中精力来理解新的听力材料。

6.推　理

推理在英语听力理解过程中是一项复杂而精微的认知活动，具有关键作用。通过推理的实现，学生可以深入解读听力材料，洞察其中的细微之处，并形成对材料的全面理解。以下是推理在英语听力理解中的主要实现途径和内涵。

对非语言信息进行分析是推理过程的一部分，涉及倾听背景声音、分析说话者的语气和语调、观察说话者的态度等。通过对这些非直接语言元素的分析和推测，学生可以推断谈话发生的地点、说话者之间的关系等。这种对非语言信息的敏感性不仅丰富了听力材料的理解层次，还有利于学生更深入地理解听力材料的含义和背景。另一个关键方面是基于已知信息的推论。这一过程要求学生运用从听力材料中获得的已知信息来对结果或后续事件做出推论。这不仅涉及对具体信息的捕捉，还要求学生对这些信息进行综合分析，从而得出合理的结论。与对非语言信息进行分析相结合，基于已知信息进行推论可以进一步提高学生对听力材料的理解深度和广度。

（二）社会策略

作为语言学习策略之一，社会策略主要集中在促进学习任务完成的交流过程，具体体现在对疑难问题的解释、澄清，以及与他人的交流合作上。相较于其他学习策略，社会策略的这些特点为语言学习提供了独特的社交维度，有助于丰富学生的学习体验，提高学生的学习效率。

在对疑难问题的解释与澄清方面，社会策略强调与他人的沟通与合作，允许学习者在困惑或不理解的情况下寻求他人的帮助和解释。这种策略有助于增进学习者之间的互动和合作，形成良好的学习氛围，还可以通过不同的解释和观点增强学习者的理解和记忆。通过与他人的交流合作，学习者不仅可以从他人的学习经验中吸取教训，还可以在学习过程中与他人交流学习方法，共同探讨、发现和解决问题。相较于单纯依赖个人的学习和实践，这种交流与合作的过程更能提供多样化的观点和方法，丰富学习者的认知结构，从而增强听力技能的学习效果。

（三）情感策略

听力学习中的情感策略关注的是学习者在听力过程中如何有效地控制和调整自己的情感状态，特别是焦虑情绪，以便达到最佳的听力效果。这一策略的核心是理解和管理与学习过程有关的情感因素，强调在心理层面上寻找支持学习的内在动力，从而促进听力能力的提高。

克拉申的情感过滤假设为学习者理解情感策略提供了重要的理论基础。根据该假设，如果学生的情感过滤程度较低，即他们不处于焦虑的学习状态下，那么他们语言习得的能力就容易提高。这一观点突出了情感策略在听力学习中的关键作用，强调了情感调节与学习效果之间的密切联系。

学生应充分意识到控制自身情绪的策略对听力学习的重要性，并学会调整自己的状态，进而积极、充满信心地投入学习过程。这一过程不仅要求学生掌握和运用有效的情感调控技巧，更需要教师的积极参与和引导。教师在教学过程中应尽量帮助学生减轻心理负担和压力，消除焦虑，使学生能够发挥应有的水平，达到良好的听力理解效果。这涉及教学方法的选择、教学氛围的营造、学生与教师之间关系的建立等多个方面。例如，教师可以通过提供清晰的指导、鼓励学生积极参与、强调学习过程而非仅关注结果等方法，降低学生的焦虑水平。情感策略还与学生的自我效能感有关。学生的自我效能感越强，对自己的听力学习能力越有信心，那么他们在面对听力挑战时就越能保持积极态度，就越容易取得成功。因此，教师应通过多种方式提高学生的自我效能感，如适时的反馈、正面的激励以及有效的目标设置等。

情感策略还与整个教育环境紧密相连。一个充满支持、鼓励和理解的教育环境不仅可以促进学生的情感健康，而且能够降低学生的焦虑，增强学生的信心和动力。

二、大学英语听力教学的有效途径

（一）课前准备

大学英语听力教学的有效途径涵盖了许多层面，其中课前准备占据了关键的位置。课前准备不仅有助于学生建立知识框架和对背景的理解，更具有激发学生学习兴趣并使其积极参与的功能。这一过程涉及学生与教师共同的准备和努力，可以从不同的维度展开分析。

学生的课前准备体现了主动学习的理念，他们通过网络、书籍和杂志等多样化手段搜集与听力主题相关的材料，并进行分类整理。这一过程不仅加深了他们对听力内容的理解，还能使其熟悉相关词语和句型，进而促进听力和口语能力的提升。通过课堂展示和同学间的交流分享，学生能更好地综合运用所学知识。

对于教师的课前准备方面，充分的教学设计和准备展现了教师教学的专业性和负责态度。对听力材料的梳理涉及多方面内容，如历史、地理、政治背景、文化风俗等。通过图片和视频的辅助，再配以风趣幽默的语言描述，这样的教学设计能使学生更生动、直接地接收信息。

更进一步，教学的个体化需求要求教师在课前准备时考虑学生的个别差异，并通过灵活多样的教学设计满足不同学生的需求。整个课前准备过程还应着眼于激发学生的学习兴趣，而富有吸引力的内容设计和有效的教学策略可以引导学生积极参与，进而增强其学习动机。

（二）课堂教学

1.培养学生听力技巧和正确的听力习惯

课堂教学在大学英语听力中占据了核心地位，其中，培养学生的听力技巧和正确的听力习惯成为必要的组成部分。这一过程不仅要求学生学会审题、预测和快速复述所听内容，更需要教师通过具体指导、实践和训练，引导学生正确理解和运用这些技能。

在听力技巧的培养方面，审题和预测成为首要环节。教师应教授学生如何在听前对可能听到的问题进行预测，帮助他们建立对即将听到内容的预期理解框架。这样，学生在听到实际内容时能更快捕捉到关键信息。对于关键信息的把握，可能是整个句子的理解，也可能仅集中于某个关键词语。对这些信息的快速复述练习可以进一步巩固学生的听力理解能力。

除了基本的听力技能，正确的听力习惯的培养同样重要。其中，将学生的中式思维转变成西式思维的训练值得关注。由于文化背景和思维方式的不同，西方的语言表达可能含有特定的隐含意思，这就需要学生学会从不同的角度进行揣摩和理解。教师则可以通过具体的实例和场景模拟帮助学生逐渐适应这种思维方式的转变。

2.结合听力材料的话题进行口语训练

传统的大学英语听力教学模式往往倾向于对听力技能的培训，却忽略了对学生的口语能力的培养。这一做法虽然在一定程度上能够提升学生的听力水平，但其效果却往往受到学生口语能力不足的制约。事实上，听力与口语是相辅相成的，二者在语言运用中密不可分。

口语能力的缺失或不足会直接影响学生的听力理解能力。因此，教师在英语听力教学过程中应将口语训练融入其中，实现听说结合，以便更全面地提高学生的英语运用能力。具体来说，教师可以通过结合大学英语四级考试的听力部分来设计口语训练的内容和形式。该部分所涉的话题或考查的问题，如人物关系、建议措施、地点场景等，都可以作为口语训练的素材。将这些话题和考试中出现过的重点单词融入口语练习中，不仅可以增强练习的实际性和针对性，还能让学生对这些单词的用法和读音更为熟悉。学生则可以按照一定的场景，编写并练习对话，甚至可以模拟考试情境，进行自我测评和同伴评价。

教师在这一过程中的角色也相应地从单纯的教授者转变为组织者、指导者和促进者。他们可以通过组织课堂活动、指导学生的练习和评价学生的表现等方式，帮助学生了解自己的不足和需要改进的地方。

强调情境在教学中的作用，可以更好地体现建构主义教学理论的精神。情境是教学的重要组成部分，可以激发学生的学习兴趣，增强学习的现实性，从而提高学生的学习效果。情境对话练习将教学目标、内容和形式有机结合，让学生在实际情境中感知和运用语言，实现了听、说、读、写等多方面的交互和整合。

3. 自上而下与自下而上双向提高听的能力

在英语教学中，提高学生的听力理解能力是一项复杂而重要的任务。针对这一挑战，教师可以采用自上而下和自下而上的双向提高听力能力的方法进行教学。此方法强调从整体到局部，以及从局部到整体的学习和理解过程，旨在促进学生深入领会语篇的通篇意义，并使其掌握具体的细节。

自上而下的听力训练强调，学生在视听过程中应将注意力放在对篇章的总体理解上。这一过程倡导学生抓住文章的主旨和框架结构，并通过对文章的整体理解，促进对具体细节的掌握。这不仅是一种更符合日常交际实际的学习方法，更有助于培养学生的积极思维习惯，提高学生对整个语篇的理解能力。

自下而上的训练方法则侧重于从具体的单词和句子层面入手，通过细致的分析和理解，达到对整体内容的领悟。这一方法要求教师在辨音方面教授学生连读、失爆、省音、同化等技巧，并在交流中练习词句的重音、节奏、语调。这种对细节的关注有利于学生提高语言技能和听力水平。

将自上而下和自下而上的方法结合使用，可以形成一个完整的、相互补充的教学策略。自上而下的方法提供了一个全局的视角，有助于学生迅速把握语篇的主旨，而自下而上的方法则提供了深入的细节分析，有助于学生准确理解每个部分的具体内容。这种双向的训练模式，允许学生在宏观和微观层面之间灵活切换，从而使其更好地理解和掌握语言。

值得注意的是，这一双向模式还需结合学生的个人背景和学习需求，合理选择教学材料和方法，以确保教学的针对性和有效性。教师也需要灵活运用这两种方法，并根据学生的实际情况和学习进度，适时调整教学重点和方式。教师还可以引导学生运用逻辑关系、已有的知识、生活经验、词的前后缀知识等多元化的认知资源，加速听力理解的进程。这不仅能提高听力训练的效率，还能促进学生综合语言运用能力的提高。

4.利用英文歌曲进行教学

英文歌曲作为一种富有表现力和感染力的艺术形式在外语教育领域内展现了独特的教学价值。与传统的听力材料相比，歌曲通常具有更强的情感色彩和节奏感，它可以引起学生的兴趣，使他们在享受音乐的同时锻炼听力理解和速记能力。模仿和演唱歌曲也为学生提供了一个实际运用场景，使他们能够在实践中纠正单词的错误发音，提高发音的准确性和流利性。韵律和节奏的练习不仅培养了学生的语感，使其更好地把握英语的音调和重音，还为课堂带来了活力，打破了传统模式下可能出现的枯燥现象。

这种教学方法不仅有助于放松学生的紧张情绪、提高学习的积极性，还能够帮助他们深入了解英语国家的文化背景和社会价值观。许多英文歌曲都反映了特定的文化和历史背景，通过对歌词的分析和解读，学生可以更深入地了解语言背后所承载的文化信息和情感表达。这种方法无疑强调了现代外语教学中的人文关怀和学生中心的教育理念，是一种更自然、有趣和实用的教学方式。因此，英文歌曲作为教学材料具有广阔的运用空间，其在教学中的融合性运用，无疑为促进外语教育的创新和发展提供了有力支撑。

（三）课后自学

课后自学不仅为学生提供了复习和巩固所学知识的机会，还为他们打开了一扇探索新知识、提升自我能力的大门。与课堂教学相辅相成，课后自学强调学生的主体地位和自主学习能力，目的是使学生在自我努力和教师的指导的共同作用下达到更好的学习效果。

自学的过程不应局限于对课本内容的复习和回顾，而应扩展到更宽广的领域。通过增加单词量和针对语法薄弱环节的专项练习，学生可以逐渐掌握语言的基本结构和运用规则。然而，语言学习的最终目的是交流和理解，因此自学的内容和方式应更加丰富和多样。例如，通过大量阅读英文杂志、报纸和书籍，学生可以接触真实的语言环境，了解不同文体和语境下的表达方式。这不仅有助于提高学生的阅读理解能力，还能够培养他们的文化素养和批判性思维。此外，通过欣赏经典英文影视作品和听英文歌曲，学生可以训练自己的听力和口语能力，同时感受到语言的生动性和表现力。

需要强调的是，课后自学并不是孤立的过程，而是与课堂教学相互融合，形成的一种有机的教学体系。教师应督促和指导学生进行自学，为其提供必要的支持和资源，鼓励他们发挥主动性和创造性。同时，教师应关注学生的自学效果，适时给予反馈和评价，以确保学生自学过程的有效性和针对性。

三、利用不同的听力教学模式对听力进行改进

（一）基于网络多媒体的现代英语专业听力教学新模式建构

自网络多媒体技术应用于语言教学以来，其对英语专业听力教学方法和教学模式的优化作用主要体现在以下三个方面。

1. 优化听前准备活动

网络多媒体技术在现代英语专业听力教学中的运用开辟了全新的教学路径。借助音、形、义的多重展现，以及背景知识的直观呈现，该技术为听力教学提供了更丰富、更生动的教学资源，从而优化了听前准备活动，增强了学生的听力技能。

在现代教育环境中，听力不仅是学生接收信息的重要渠道，而且是他们与外界沟通的有效手段。然而，听力能力的培养往往是一个复杂而漫长的过程，尤其是对于非母语学习者而言，听力练习可能充满挑战。传统的听力教学模式可能无法满足学生多样化、个体化的学习需求，而基于网络多媒体的现代英语专业听力教学新模式则提供了一种创新的解决方案。该模式的核心在于利用网络多媒体技术优化听前准备活动。通过音、形、义的协同作用，学生可以迅速建立对重、难点词汇的全方位理解。与传统的听写和解释相比，这种多维度的呈现方式更符合人类的认知特点，有助于学生提高记忆效率和理解深度。

网络多媒体技术还能使听力材料所涉及的背景知识展示得更加丰富直观、生动形象。例如，教师可以使用图表、图片、视频等多种媒体形式呈现复杂的历史背景、文化习俗、社会环境等，从而帮助学生更好地理解听力材料的语境。通过标准英文解说，教师还可以引导学生从多个角度审视目标学习材料，培养他们的批判性思维和跨文化交际能力。

基于网络多媒体的现代英语专业听力教学新模式具有较高的教育价值和实用性。它突破了传统教学模式的局限，充分发挥了现代科技的优

势，使听力教学变得更加有效、更加生动。通过优化听前准备活动，该模式不仅提高了学生的学习效率，还提高了他们的学习兴趣，为英语专业的全面素质培养做出了有益的探索。这一模式的推广和应用，无疑为英语专业听力教学的未来发展提供了新的方向和动力。

2.优化听力教学手段

网络多媒体技术在听力教学手段的优化方面展现了其独特的价值和潜力。这种技术的运用不仅丰富了教学资源，增强了教学的生动性和趣味性，而且能够更有效地培养学生的听力和口语能力。下面是对该技术在听力教学手段优化方面的全面分析。

网络多媒体技术使听力课教师能够更灵活、更深刻地运用常规教学手段，如游戏、讨论和表演等。通过多样化的视听材料，教师可以创造真实的语言环境，激发学生对所听语言材料的兴趣，从而提高学生的学习积极性和参与度。配音练习便是一种具体的应用实例，它展示了网络多媒体技术是如何促进听力教学的创新和发展的。

配音练习的设计巧妙地结合了听、说两种语言技能的培养。通过选取经典影片中的片段，教师可以引导学生进入真实的语言环境，让他们感受语言的生活化和情境化。在这一过程中，教师通过隐去画面、消去声音等操作，逐渐增加学生的认知负荷，引导他们从听懂梗概到准确配音，从而实现了听力和口语的全方位训练。

值得注意的是，配音练习不仅是一种有效的听说训练手段，还是一种交际能力的培养方法。在配音过程中，学生需要理解人物性格、情感状态、社交背景等复杂信息，从而在模仿和表达上做到准确和生动。这一过程促使学生深入思考语言和文化的内在联系，培养他们的跨文化交际意识和能力。

网络多媒体技术的运用还有助于实现个体化教学。通过智能分析和反馈，教师可以更精确地了解每个学生的学习进度和需求，从而为其提供更个性化的支持和指导。这种以学生为中心的教学方式有助于激发学生的自主学习意识，促进他们的全面发展。

3.优化听力教学内容

优化听力教学内容是现代英语听力教学的关键环节之一，而网络多媒体技术为此提供了前所未有的可能性和资源。网络多媒体环境下的听力教学内容不再局限于传统的教材和教辅材料，而是可以包括多种类型和层次的真实语言输入，从而能够促进学生的全面语言能力和跨文化交际能力的发展。

具体来说，网络多媒体教室使教师能够依托教材，在相近或相同的层面上整合多种语言材料，扩大信息量，增加学生学习和运用英语的机会。例如，教师可以选录一些世界主要电台和电视台的英语节目作为课堂听力的补充材料。这些真实的新闻报道、访谈节目和评论等既丰富了听力内容，也增加了学生与真实英语交际环境的接触机会。

通过多媒体教学片或影视内容的适当补充，教师可以调动学生的视觉、听觉和口头等多种感官的综合运用，使学生更加直观、生动地感受英语语言的韵律、节奏和情感色彩。教师还可以针对片中的文化背景和语言难点设计练习，或者结合影片中出现的日常用语和文化现象进行说明和讲解，使学生能够真实体会英语语言在日常生活中的使用，进而促进他们的语言实际运用能力和文化意识的提升。例如，对于易懂的影片，教师可要求学生背诵一些对白，并模仿影片进行表演。这样的影视学习训练不仅有助于提高学生发音的准确性，还能够创造一个生动、自然的英语学习环境，鼓励学生积极参与、自主探索，从而发展他们的语言创造力以及对交际策略的运用能力。

（二）基于认知策略理论的大学英语听力教学模式研究

基于认知策略理论的大学英语听力教学模式为当今教育界提供了一种新颖的视角，强调听力理解不仅是语音信息的感知和处理，更是涉及多层次、多维度的认知活动。这种理论从根本上转变了人们对听力训练的认知，使人们从传统的模式转向了更为深入和科学的探讨路径。

在感知阶段，学生面临的主要挑战是如何快速准确地捕捉和保留流动和瞬时的语音信息。这种流动性和瞬息性使信息提取的速度变得至关重要。运用如预测这样的认知策略可以有效地提高信息提取效率，因此，通过预测来刺激图式，不仅有助于减轻学生的认知负荷，而且能够使学生对即将听到的材料做好充分的准备，从而实现更有效的听力理解。

解析阶段进一步加深了对语音信息的探讨，此时学生需要在短时间内对信息进行加工和解码。此过程涉及主题的识别、意群的划分和语义结构的组合等复杂活动。考虑到短时记忆的容量限制，因此，迅速将这些信息转移到长时记忆中变得尤为关键。否则，随着新信息的输入，旧信息将会被迅速替代。此时，运用诸如记笔记、回避母语转换、概括主旨和集中于意义等认知策略，可以有效提高学生的听力理解效率和质量。

应用阶段则是对所学知识的实践和综合运用，此时学生需要将输入的话语意义与长时记忆中的先验知识进行整合，以实现深度的语义理解。先验知识的丰富程度、是否能够及时调用和组织都将决定听力理解的最终效果。在此过程中，合理地运用联想等认知策略，可以为学生提供有效的支持，进一步改善其听力理解的应用效果。

从整体来看，听力理解是一种复杂的认知过程，涉及信息的筛选、记忆、存储、处理以及理解。在认知观信息处理模式下，听力被视为一种主动型接受性语言能力。听力理解不是一个线性、机械的过程，而是一个动态、交互的系统过程，既有"自上而下"的主导机制，也有"自下而上"的数据驱动机制。

基于认知策略理论的大学英语听力教学模式，突出了听力理解的认知本质和策略性特点，强调了学生主动参与和策略运用的重要性。这种教学模式不仅有助于提高学生的听力效率，而且有助于培养他们的自主学习能力和终身学习素养。它也为听力教学研究和教学实践提供了新的视角和思路，是对传统听力教学的有益补充和提升。未来的研究和实践可以进一步探讨认知策略在不同教学环境、不同学习者群体中的适用性和效果，以期为听力教学的个性化和智能化提供更为精准和有效的支持。

第二节　高校英语口语教学模式的创新

一、基于模块教学的大学英语口语教学模式

高校英语口语教学模式的创新一直是教育界关注的焦点，特别是随着国际交流的日益增加，大学生的英语口语交际能力变得尤为重要。模块教学法在口语教学中的应用逐渐受到重视，并以其系统化、灵活性和实用性为口语教学带来了新的生机。

基于模块教学的大学英语口语教学模式可分为多个层次和方向，包括模仿训练、实际报告、互动问答、情境对话、角色扮演、内容复述、小组讨论、英语角实践、多媒体运用、口语活动等。每个模块都有其特定的目标和功能，但又共同构建了一个全面、多元和有针对性的口语教学体系。

模仿训练是学习口语的基础。通过准确的发音模仿、词汇和句型背诵、对话和经典文本的背诵，以及抄写、默写等手段，学生可以掌握基础的语音、语法和词汇，为进一步的学习打下坚实的基础。

实际报告活动能够让学生在真实场景中练习口语，提高其适应实际交流的能力。通过对话表演、天气报告、故事讲述等形式，学生能够逐步融入真实的英语交流环境。

互动问答、情境对话和角色扮演三个模块相辅相成，有助于培养学

生的反应能力和表达能力。在基于这三个模块的教学过程中，教师的指导和同学之间的互动，能够激发学生的英语交流热情，还能使学生在实践中增强他们的交际技能。

内容复述和小组讨论则更注重学生的理解和创造力。通过复述练习，学生可以学会如何用自己的语言表达原文的意思。小组讨论不仅能让学生学会团队合作，还能增强他们对复杂问题的分析和解决能力。

英语角、多媒体教学和口语活动是直接面向实际交流的教学手段。其中，英语角为学生提供了在真实语言环境中练习的机会；多媒体教学利用现代化技术手段，提高了教学的趣味性和效果；丰富的口语活动，如英语晚会、演讲比赛等，则提高了学生的学习兴趣，促进了他们的英语实际应用能力的发展。

二、大学英语口语教学中交互式教学模式的应用

随着经济全球化的发展和国际交往的日益频繁，社会对大学毕业生的英语能力，尤其是英语实际运用水平，提出了更高的要求。因此，培养和提高大学生的口语表达能力，成为当前大学英语教学的核心内容之一。然而，传统的大学英语口语教学主要以单一的知识传授为主，学生在课堂中得不到充分的锻炼，这使他们的口语实际应用水平难以得到提高。因此，引进新的教学模式，改革落后的教学方法，成为改善教学效果、提高学生英语口语水平的必然选择。

当今社会发展迅速，我国与世界的联系更加密切，这对大学生的口语交际能力提出了更高的要求。交互式英语口语教学法便是值得一试并推广运用的口语教学方法之一。

（一）交互式教学模式的理论依据

交互式教学模式在大学英语口语教学中的应用是一种理论上基于主体间性理论和建构主义心理学的教学方法。这一模式旨在促进师生之间

的平等民主性、互促互补性以及全员参与性，从而形成师生之间相互对话、相互交流、相互促进的教学行为。此教学方式摒弃了传统的主客体关系模式，强调人与人之间、群体与群体之间的交互主体性，以促进各主体的和谐发展。

在交互式教学模式下，大学英语口语教学的目标不再仅限于语法和语言能力的传授，而是以交际能力为重点，鼓励学生大量运用语言功能实现信息交流。英语教师在此过程中不再单纯地传授知识，而是转变为技能的培训者，着重启发学生认识英语口语技能的重要性，并积极为学生提供语言锻炼机会。学生被鼓励不断练习和实践，并通过分析、类比等方法形成掌握并运用所学语言的能力。

该教学模式的理论基础之一是主体间性理论，其主张通过相互理解和沟通促进各主体的和谐发展。在这一理论指导下，师生之间、生生之间、群体之间都存在交互主体性。在英语口语教学中，这意味着学生应被视为积极主体，被赋予参与并推动教学活动的能力。另一个理论基础是建构主义心理学，该理论认为知识的建构是学习者在特定情境中，通过与他人的会话等协作方式实现的，个体主体性在建构过程中起决定性作用。在英语口语教学中，这意味着学生的语言能力不仅仅是通过教师的灌输获得的，而是在与他人交流和合作中逐渐建构形成的。因此，教师的角色不再是单纯的知识传授者，而是作为协助者帮助学生培养意义建构能力，作为引导者带领学生体验学习并掌握知识。

综合以上理论指导，交互式教学模式尊重学习者的主观能动性，重视对学习者交际能力的培养，倡导在师生之间、生生之间和群体之间建立相互沟通、启发、学习、促进的稳定教学活动模式，以促进学生对知识的建构和积累。

为了更好地在大学英语口语教学中应用交互式教学模式，教师应注重在课堂中营造积极互动的氛围，鼓励学生参与到教学过程中。教师可以采用小组讨论、角色扮演、情景模拟等活动形式，帮助学生主动运用所学语言进行交流。教师还可以借助现代技术手段，如在线交流平台、多媒体教学辅助工具等，增加学生与他人交流的机会，促进跨文化交际。在实施交互式教学模式时，教师需时刻关注学生的学习进度，并根据学生的实际情况进行个性化辅导，以及通过及时反馈和评估，帮助学生发现自身在口语表达方面的不足，激励其进一步提高。

（二）交互式教学模式的特征及内容

交互式英语口语教学的特征和内容体现在其即时性、交互性和情景性等方面。交互式口语教学的即时性表现在学生需要边思考边表达，而非事先准备好每一段话。这要求学生能够快速组织语言并进行实时交流，从而培养他们流利、自然地运用口语的能力。交互式教学强调交互性，即师生之间以及生生之间相互进行提示与补充。在口语交流中，说话人与听话人之间会有互动和反馈，这有助于提高学生的听说能力，培养他们在真实语境中有效交流的能力。交互式教学还侧重情景性，即对话需要控制特定情境。在实际交际中，同样的话题和内容可能会因为情境的不同而表达方式各异。因此，教学应注重帮助学生理解不同情境下的表达方式，使他们能够灵活运用口语进行交际。

交互式教学活动法主要包括全班活动法、小组活动法和个体活动法三种方式。全班活动法主要是通过课堂中有趣的英语游戏、交流、讨论等活动，营造积极的学习氛围，使学生置身于英语世界中。此方法可以培养学生的群体交际能力，促进他们在集体中相互沟通、合作和竞争，从而增强他们的口语表达能力。小组活动法着重于小组内部的合作与讨论，旨在减轻学生害怕发言的压力，同时增加口语练习的机会。即学生在小组内共同讨论问题、展示研究成果，并互相点评，从而促进知识的建构和相互学习。这种方法能更好地满足学生的个体差异，提高学习效率。个体活动法注重学生的自主学习，强调教师引导学生自主思考和探究，培养他们独立解决问题的能力。此方法有助于学生在小组讨论和全班活动的基础上深入思考，提高他们在口头表达中的自信和流利程度。

在交互式教学过程中，教师应灵活运用这些活动方法，并结合学生实际情况进行教学。对此，教师可根据学生的不同层次和需求，设计丰富多样的口语活动，提供合适的学习环境和机会，激发学生学习的兴趣和动力。教师还应时刻关注学生的学习进度，及时进行反馈和评估，帮助学生发现和改进不足，进一步提高口语表达能力。

（三）交互式教学模式在口语中的具体运用

1.教师与学生交互

交互式英语口语教学的具体运用在口语教学中涵盖了教师与学生之间的交互方式，主要包括示范—模仿式和提问—回答式两种方式。这些交互方式有助于培养学生的口语表达能力，提高他们的注意力和积极思考能力，以及增进师生之间的情感交流。下面将详细解释交互式教学在口语中的具体运用。

（1）示范—模仿式交互方式。在示范—模仿式交互中，教师通过示范发音、操作活动、朗读技巧等，向学生传授信息和技巧，学生则通过模仿教师的示范来获得技能和掌握要领。这种交互方式对学生学习语音和语调等基础口语技能非常有效。

在教学过程中，教师还可以引入交际策略和域外文化培养，以加强口语教学的综合性。例如，在训练学生的交际策略时，教师可以要求学生在不知道或忘记某个词语时，用自己的话来说明和概括，并加上手势，最终让对方能够听明白词语的意思。这种策略让学生在实际交际中更具灵活性，能够更好地应对各种情况。

（2）提问—回答式交互方式。在提问—回答式交互中，教师根据学生已掌握的知识和经验进行提问，并指导学生如何回答问题。这些问题既可以提高学生的注意力，也可以引发学生对问题的积极思考，有利于学生口头表达能力的培养和提高。

这种交互方式在口语教学中非常常见。教师可以利用这种方式来引导学生表达自己的想法、意见或感受，从而培养他们在真实交际中的表达能力。提问—回答式交互还可以帮助学生逐步掌握语言知识和运用技巧，提高他们对口语知识的理解和应用能力。

在交互式英语口语教学中，教师可以灵活运用这些交互方式，并结合学生的实际情况进行教学。例如，在示范—模仿式交互中，教师可以设计各种生动有趣的口语练习活动，让学生在轻松愉快的氛围中进行模仿和表达；在提问—回答式交互中，教师可以设计多样化的问题，引导学生深入思考，并鼓励他们用英语进行回答，并用英语表达自己的观点。

除了以上交互方式，教师与学生的交互还应该设定情景、掌握域外文化背景以及注重情感交融。设定情景有助于学生将口语技能应用于真实情境，增强学生在真实语言环境中的交际能力。掌握域外文化背景使学生能在口语交流中更好地适应英语国家的文化习惯，使交际更加得体和有效。在交互式教学中，教师与学生之间的情感交融则有助于建立良好的师生关系，增进学生学习的积极性和主动性。

2.学生与学生交互

学生与学生的交互有助于培养学生的合作精神、主动学习能力和思维能力。在交互式口语教学中，学生与学生的交互可以通过值日报告、演讲和集体活动等形式进行，这些方式促进了学生之间的互动和合作，提高了学生的口语表达能力和自信心。

（1）以学生个体面对全体学生的交互形式

值日报告和演讲是学生个体面对全体学生进行交互的形式。

值日报告允许学生自由选择报告内容，通过分享读到或听到的新闻，以及对一些事件的个人感受，从而激发全体学生的兴趣，并展开讨论。这种形式培养了学生的胆量和勇气，使他们能够更自信地表达自己的观点和看法。

演讲则要求学生在有限的时间内准备并进行表达，这对口语表达能力是一种挑战。演讲前给学生准备时间，让他们准备好自己的演讲内容，然后在短时间内进行演讲。演讲后，教师或其他学生可以提出问题，鼓励演讲者进行更深入的交流和探讨。这种形式提高了学生的口语表达技巧和应对能力。

（2）以集体活动为主的交互形式

集体活动是一种更为常见的交互形式，它促进了学生之间的合作和讨论。

在口语交互式教学中，集体活动的重要性不容忽视。由于教学班级通常较大，所以学生个人在课堂上使用英语进行交际的机会有限，这时集体活动发挥了重要作用。小组活动方式，如结对活动或小组活动，为学生提供了更多的练习机会，使他们能够更自然地运用口语进行交流。

集体活动常以完成任务的形式进行，这种形式激发了学生的口语表达热情。通过任务导向的集体活动，学生可以在解决问题和完成任务的过程中进行交流和合作，从而提高自身的口语表达能力和交际技巧。例如，让学生分组进行角色扮演或情景模拟，让他们在真实情境下运用口语技能，这有助于增强学生的学习兴趣和主动性。

在交互式英语口语教学中，学生与学生的交互应该是一个相互促进、相互学习的过程，其可以帮助学生解决问题，从而提高其口语练习的效果。同时，学生与学生的交互也可以培养他们的合作精神和团队意识，这对于他们未来的学习和工作都具有重要意义。

3.与教学氛围交互

在英语口语教学中，教学氛围的重要性不可忽视。教学氛围被称为"无声的教材"，它通过学生的感知器官潜移默化地对他们产生影响，进而影响教学效果。创造良好的教学氛围对学生获取知识和提高学习效率起着重要的作用，尤其是在英语口语课上，教师应该特别注重创造轻松、积极、愉悦的氛围，使学生处于一种有利于交流的状态，从而激发学生的学习兴趣，使他们愿意表达和交流英语。

在创造良好的教学氛围时，教师可以采取多种措施。首先，教师应以身作则，用自己的行为和态度引导学生。教师的乐观、友善和关爱会影响学生的情绪和态度，让学生感到愉悦和放松。其次，教师可以运用幽默和轻松的语言调动学生的积极性。教师在课堂上适度地使用幽默和轻松的语言，可以缓解紧张的气氛，让学生感到愉悦，更容易积极参与课堂活动。最后，教师可以使用多媒体和教具来丰富教学内容，吸引学生的注意力，增加学生对英语口语的兴趣。

创造良好的教学氛围还需要教师注重学生的情感需求。教师应尊重学生的个体差异，理解学生的情感状态，并设身处地地考虑学生的感受。教师在交流中要展现出耐心和包容，鼓励学生敢于开口说英语，充分尊重学生的表达，不因错误而批评或挖苦学生，而是通过鼓励和肯定来激发学生的学习动力。教师还可以鼓励学生之间的互相帮助和支持，营造一种友好和合作的学习氛围，让学生感到彼此之间的支持和鼓励。

4. 与教学媒体交互

在交互式口语教学中，教学媒体的应用具有重要意义。教学媒体是传递教学信息的重要工具，包括传统教学媒体和现代教学媒体。传统教学媒体主要包括教科书、图文资料、黑板、实物模型等，而现代教学媒体则涵盖了幻灯、投影、广播、电视、多媒体计算机辅助教学系统、网络系统等。

与教学媒体交互能够激发学生的学习兴趣和主动性。现代教学媒体的使用使教学更具吸引力和趣味性，其通过图像、声音等多媒体形式展示信息，使学习过程更加生动和真实。学生可以通过观看视频、听录音等方式进行直接思维和学习，提高对口语学习的兴趣和投入程度。交互式教学媒体可以让学生主动参与各种探索活动，自主选择学习资源，培养学生自主获得知识的积极性和主动性。

教学媒体的应用还能够增强口语学习的情境真实性。通过使用现代教学媒体，教师可以模拟真实语境，让学生在虚拟的情境中进行口语练习，提高语言交际的真实感和有效性。例如，通过模拟英语对话情景，让学生扮演不同角色进行口语对话，从而加深学生对口语知识和交际策略的理解和应用。

另外，交互式教学媒体在提高学生的口语水平方面具有优势。现代教学媒体可以提供大量的语言输入资源，丰富学生的口语学习内容，帮助学生积累更多的词汇和表达方式。学生可以通过反复观看和听取语音材料，加深对语言的理解和记忆。多媒体计算机辅助教学系统和语言实验室教学系统可以对学生的口语表达进行实时评估和反馈，帮助学生发现并纠正口语中的错误，提高口语表达的准确性和流利性。

三、交互式教学模式在教学实践中的原则

交互式教学模式是当前教学领域中的一个重要趋势，尤其是在大学英语口语教学中，这一模式的实施有助于促进对学生的语言交际能力的培养，使其更好地顺应素质教育的要求。下面是对这一模式在实际教学中的原则和方法的深入探讨。

在教师与学生之间以及学生与学生之间，交互式教学强调建立平等和包容的交际关系。在这一过程中，教师应将自己与学生视为平等的伙伴，营造一种轻松的教学氛围，从而使学生更积极地参与教学活动，最大限度地提高教学效果。

在大学英语口语教学中，传统的教学方法通常将重点放在教师的讲解上，这在一定程度上限制了学生的口语练习机会。交互式教学模式则强调将教学重心转移到激发学生的学习动机和提高学生的口语能力。通过设计具有挑战性和趣味性的学习任务、组织多样化的课堂活动以及及时的点评与引导，教师可以促使学生通过刻苦训练不断提高口语水平。

评价体系的建立也是交互式教学模式的一个关键环节。传统的教学评价体系常常忽略了学生的动机、态度、意志和创造力等难以量化的重

要因素。而交互式教学模式则推崇一种结合形成性评价和终结性评价的新型评价体系。形成性评价主要用于衡量学生在教学过程中的参与程度，激发学生的学习主动性；终结性评价则用于期末考试，以考查学生实际的口语水平。

交互式教学模式标志着大学英语口语教学从单纯的知识传授向培养交际能力的转移，符合素质教育的内涵，也是教学方法创新的重要尝试。然而，培养学生的口语能力是一个长期的过程，需要教师与时俱进，积极探索教学改革，及时总结和反思，以不断提高教学水平。

四、多模态视野下大学英语口语课堂教学模式的构建

自从多媒体技术进入教室以来，外语教学活动呈现数字化和多模态化的趋势，这为推进大学英语口语教学、构建多模态化的口语课堂模式提供了机遇。所谓模态，指的是实现话语交际的符号资源，可以通过一个或多个媒介来实现。感知外界的视觉、听觉、触觉等方式是感觉模态，而感觉所依赖的工具，如眼、耳、手则是媒介。多模态是指在交际中使用多种模态，如语言、颜色、味道、图像等。多模态话语则是指人们运用听觉、视觉、触觉等多种感官，并以语言、图像、声音、动作等符号资源作为媒介来进行交际的现象。

（一）多模态化的大学英语口语课堂的特点

1.教师角色的转变：从主控者到设计师

在多模态化的教学环境下，教师的角色已从过去的主控者逐渐转变为设计师。这种转变强调教师不仅负责传递知识，还需要整合各种教学资源，如音频、网络资源和教学软件等，以设计出全方位和多层次的口语课程。

教师在这一过程中不再局限于单一的模态，而是需要运用多模态教学手段。通过图、文、声、形的融合，教师能够更有效地激发学生的学

习兴趣，使他们从各种渠道感知语言材料。为此，许多学校已开始开设相关课程，目的是加强对教师的理论素养和多模态教学能力的培养，并通过组织教学观摩、讲座、研讨会等活动，促进教师之间的信息资源共享，从而提高教师的教学应对能力。

2.学生角色的转变：从被动参与到主动创造

多模态化的大学英语口语课堂模式，要求学生由过去的被动参与者变成主动创造者。教师可通过在班级营造竞争气氛来调动学生的积极性，如采取小组竞赛制、个人奖励等。教师还应改变过去单一的评价方式，制定评价表记录学生的课堂表现，作为平时成绩列入期末考核。

现代多媒体技术以不同的形式将丰富、地道的语言材料呈现在学生面前，这需要他们调动各种感官去吸收。课堂上丰富多彩的活动，需要学生亲自去参与，学生成为课堂的"主人公"，他们必须充分发挥想象力和主动性完成一个个富有趣味、充满挑战性的任务，创造出课堂教学中的闪光点。

（二）多模态化的大学英语口语课堂的具体构建

1.营造真实语境，激发交际欲望

多模态化的大学英语口语课堂具有深远的意义。在现代教学实践中，营造真实语境、激发交际欲望的教学策略得到了广泛的重视和推崇。

口语教学通常涉及三个关键因素：语言形式、语言内容和交际规则。融合这三个方面的教学方法能够为学生提供真实的交际环境，使他们更容易理解和掌握语言的实际使用。多模态教学环境下的口语教学不仅关注语言知识的传授，而且致力于以三维立体的方式对学生进行信息输入，充分激发其感官意识。

通过使用与主题相关的图片和实物，教师能够构建情境化的教学环境。例如，在一堂以运动为话题的口语课中，展示一系列相关图片并配上讲解可以引发学生的思考和兴趣，然后将学生置入一个假想的角色，要求他们制作招募海报并编写吸引人的纳新宣言，这样的教学设计可以使学生在模拟的真实情境中运用所学知识。

这种方式将口语课堂与现实生活连接起来，有助于学生将现实中的交际规则迁移到课堂中来。由于大学生多数有过社团纳新的经历，所以这样的话题容易引发共鸣。通过将学生的亲身经历纳入教学内容，这样的教学设计有助于消除学生紧张和懈怠的情绪，激发学生的交际欲望，进而提高学生的口语能力。

触觉模态的运用则为学生营造了交际的真实感。它不仅强调了对学生口语交际能力的培养，还倡导了通过手工活动，如海报制作来加强学生对知识的理解和掌握。教学的多样性有助于培养学生的综合素质，促使他们在轻松的课堂气氛中自主学习、主动交流。

2.借助影视媒介，发散学生思维

借助影视媒介在口语教学中是一种富有创造性的教学方法，其在大学英语教学中的应用已经成为促进学生思维发散和激发学习兴趣的有效手段。影视作为一种具有视觉和听觉双重刺激的教学载体，无疑增强了对学生的语言输入，同时为教学增加了生动性和趣味性。使用原文电影、新闻视频或截取的片段等不同类型的影视材料，可以满足不同学生的学习需求和兴趣。因此，将影视教学与特定任务结合的教学策略值得关注，它可以推动教学过程逐步实施。通过观看无字幕、无声音的视频片段，学生可以进入一种主动思考的状态，他们需要猜测视频中人物的身份、事件的经过等。随后教师可以根据视频中的角色人数将学生分成小组，每个小组必须为角色配上台词内容，并现场表演即兴配音。这种影视配音的教学设计使学生不仅通过视觉和视频进行互动，而且还必须根据自己的理解和想象力设计出合理的情节。在这种轻松和愉快的教学环境中，学生的主动性和学习兴趣被充分激发，他们的自我效能感也随之提高。

此种教学模式也为培养学生的团队合作和沟通能力提供了宝贵的机

会。小组讨论和合作促进了学生之间的交流和合作，有助于提高他们的社交技能和团队精神。此外，通过比较学生的表演与原版视频内容，教师可以引导学生反思自己的理解和创造过程，促使他们对自己的语言运用和思维能力进行深入的反思，进而不断提升自己。

3.善用图片或实物，辅助口语表达

利用图片或实物辅助口语表达已成为大学英语口语教学的重要组成部分。这一方法结合了多模态理论，即通过多种符号或表达方式（如视觉、听觉、触觉等）协同工作，以促进学生的语言理解和表达能力的提升。

例如，在计划一节关于风景名胜主题的口语课程时，教师可提前要求学生搜集关于自己家乡和母校的照片和视频，并将它们编辑成课件。正式上课时，教师可以播放一段从英语旅游节目中剪辑出来的视频，用以介绍某一著名景点。通过教师的协助，学生将从视频中总结出与旅游相关的常用句型和高频词汇，以便在随后的口语练习中使用。随后，教师可以分配一个任务，让学生扮演导游角色。学生可借助预先准备好的课件，用英语向全班介绍自己的母校或家乡的美丽景色。通过鼓励学生用英语描述熟悉的风景，这样的教学方式能够引起学生的情感共鸣，并帮助他们体验说英语的乐趣。在整个活动过程中，教师将负责录制学生的演讲，并挑选出一些表现优秀的录像与学生一同观看和点评。这种教学方法不仅可以增加学生对家乡和母校的自豪感，而且有助于提高他们的口语能力，增进其对英语学习的热爱。

4.协调多种模态，渗透文化内涵

当代英语教学注重文化与语言的整合，特别是在大学口语课堂中，多模态教学手段的运用日益受到重视。下面将重点探讨多模态教学在大学英语口语课堂中的运用，并从理论和实际应用两方面分析其优势与挑战。

多模态教学以整合视听、动态、静态资源为特点，深入口语实践过程中，促使学生摆脱母语思维模式的束缚，提高感官和大脑对语言信息的综合反应。例如，通过话剧表演，学生可以全方位、多感官地体验语言和文化，其在练习口语的同时，也锻炼了自身的表现力与感染力。

在话剧表演中，服饰、发型、道具等静态资源与声音、表情、动作等动态资源的结合，使学生在真实的语言环境中自然地吸纳语言。通过视听模态的融合，教师能够更好地向学生传达语言中的文化内涵，培养他们的多模态话语交际能力。

多模态教学方式是一把双刃剑，如何合理地发挥它的作用需要教师不断地努力。从长远来看，多模态教学手段在大学英语口语课堂中的应用具有独特的优势，是新时期口语教学改革的方向之一，但目前国内研究者对多模态话语分析理论的研究框架和分析方法仍需完善，同时多模态英语教学中教师自身的发展问题也需要进一步探索研究。

第三节　高校英语阅读教学模式的创新

一、高校英语阅读教学模式的理论基础

高校英语阅读教学模式的理论基础多样且丰富，涉及许多不同的方面，包括心理、语言、教育和文化等领域。

图式理论是阅读教学中一个重要的理论，它关注读者如何通过已有知识来理解和解释新信息。图式理论可以进一步细分为内容图式和形式图式。内容图式主要关注文章的主题，与文章的内容和范畴有关；形式图式主要关注篇章结构知识。这两种图式共同构成了理解阅读材料的框架，有助于学生迅速且有效地理解和掌握文章的意义。

心理语言学阅读理论从心理学角度出发，强调阅读过程中的认知、情感和社会因素，解释了读者如何将文本信息与个人经验相结合，以达到深层次理解。

交互型阅读理论强调读者与文本之间的动态交互关系。该理论认为阅读不仅是从文本中提取信息的过程，还涉及读者的主动参与和反思，即通过与文本的互动来构建意义。

合作学习理论关注的是学生间的互动和合作，旨在通过集体讨论、小组工作等方式，促进学生之间的交流与合作，增强他们的阅读理解和批判性思维能力。

体裁分析理论则从文本结构和功能角度来考查阅读，强调了不同体裁和风格对阅读理解的影响。

兴趣型教学理论是近年来在阅读教学中逐渐受到重视的一个方向，通过灵活多变的教学活动，强调培养学生的阅读兴趣，使学生更加投入和积极地参与阅读过程，从而提高阅读效率和水平。

在模式研究方面，整体语言模式和阅读课堂策略训练的教学模式（integrating strategic reading in L2 instruction, ISRI）等具有一定的代表性。整体语言模式强调语言的整体性，认为语言学习应该在真实的语境中进行；ISRI 教学模式则强调教师与学生间的互动，以及学生自主学习的重要性。

二、高校英语阅读教学模式分析

（一）任务型教学模式

任务型教学模式是一种鲜明的教学模式，与传统的教学方法有显著的区别。传统的教学方法将教师视为知识的灌输者，学生被动地接收信息。任务型教学模式则强调学生主动地学习参与，教师起指导和促进的作用。任务型教学模式下的教师需要有效利用现代教学媒体，如网络资源，以促进信息化教学的开展。任务型教学模式通过提供学习机会、交流平台和自我发展空间，有助于发展学生的综合语言训练能力。任务型教学促使学生自行掌控学习进度，从而使其能够有效提升学习效率。

1. 任务设计与编排

任务型教学模式在教学任务的设计和编排方面较为严密。它着重于语言形式与意义的结合，使课程教学呈现出多元化与多样性的趋势。

例如，教师可以设计如下任务：Read the text and find the answers to the following questions.（阅读文本并找出以下问题的答案。）

① How did English learning change for the writer after entering senior middle school?（作者进入高中后英语学习发生了什么变化？）

② While taking online courses, what other things did the writer do to help himself learn English?（上网课时，作者还做了什么来帮助自己学习英语？）

2. 教师的角色转变

在任务型教学模式下，教师不再是单纯的知识灌输者，而是学生阅读理解的帮助者和促进者。对此，教师在确立阅读主题方面应结合教材进度和教学需求，例如，引导学生在网络上寻找更多与课文相关的信息，同时关注学生的独立学习能力，提高学生的阅读理解水平。

3. 学生的主动参与与自主学习

大学英语任务型阅读强调学生在教师指导下的自主学习，促使学生从机械学习转化为意义与功能阅读。此模式鼓励学生进行创新思维，探究兴趣热点问题，并在网络环境下灵活安排学习时间和方式。

例如，教师可设计以下讨论问题：① Discuss the advantages and disadvantages of learning English online.（讨论在线学英语的优点和缺点。）② Share your English learning experiences with your classmates.（与同学分享你的英语学习经历。）

（二）兴趣型教学模式

兴趣型教学模式强调激发学生的阅读兴趣，通过各种方式促进学生积极主动地阅读，进而提高学生的阅读能力和理解能力。

兴趣型教学模式的核心在于积极激发和维持学生的阅读兴趣。教师需要利用多样化的教学方法和教学内容，设计吸引学生的阅读任务，与学生的现实生活和兴趣爱好相结合。例如，选择当下流行的文化主题、社会热点话题等，使学生在阅读中感到新奇和有趣。超文本阅读模式下的个性化主题阅读也是这一教学模式的重要组成部分。超文本阅读允许学生根据自身兴趣和语言水平选择适合的阅读内容。在这种灵活的阅读环境中，学生可以自由地在不同的文本之间跳跃，根据自己的兴趣和需求进行选择，使阅读变得更加生动有趣。

兴趣型教学模式不仅可以提高学生的阅读兴趣，还可以促进他们的思维能力和创造力的发展。学生在阅读过程中不断探索新的知识，将新的材料与原有的认知结构相结合，实现了从接收信息到获取知识的转化。教师作为引导者，应关注学生的兴趣倾向，并为其提供适当的指导和支持，以确保学生在有趣的阅读过程中获得深入和全面的学习效果。

（三）合作型教学模式

合作型教学模式自 20 世纪 70 年代在美国兴起以来，已经成为国际教育界普遍采用的教学理念。其核心思想是通过小组合作的方式，让学生在共同的学习目标下相互促进和帮助。在外语阅读教学，特别是英语阅读教学中，合作型教学模式被广泛采用。

小组合作是合作型教学的基本形式，它强调学生之间的相互促进和协助。学生在小组中不仅可以促进自我学习，而且可以带动其他人的学习。这种方式有助于培养学生的团队精神和社交技能，增强学生之间的信任和尊重。在合作型教学模式下，教师与学生之间，学生与学生之间主要形成一种互动和协作的形式。互动性和协作性能在一定程度上推进学习进程并构建阅读意义框架。它们能激发学生的学习兴趣，增强学生的阅读主动性和积极性，促使学生不断改进学习方法，加强对新知识的融会贯通。

合作型教学模式还强调借助媒体这一工具，如网络工具，来增强互动性。教师和学生可以在网络上建立互动与沟通的平台，以促进学生及时共享教学内容。在课堂时间和内容受限的情况下，网络平台可以弥补传统阅读教学模式的不足，促进班级师生间的有效沟通与交流。合作型教学模式还要求教师在英语课堂上尽可能地补充一些教学内容，包括当前社会教育及其他方面的热点问题。通过话题转换的多样化，教师可以提升兴趣教学的效果，同时增强合作型教学的效果。

三、通过高校英语阅读教学模式提升学生英语应用能力

英语阅读教学模式在提升学生英语应用能力方面的作用已受到广泛关注和重视。大学英语作为一门具有较强实践性的课程，在传统教学中往往过于强调知识点的讲解和记忆，忽视了对学生英语应用能力的培养。此现状促进了教育工作者对英语教学模式的全面探索和革新。

英语阅读能力是英语综合能力的关键组成部分。教育部在《大学英语课程教学要求》中对学生的英语阅读能力提出了三个层次的明确要求，强调了阅读能力对大学生英语水平全面提高的重要性。

（一）研究性教学的实施背景

研究性教学模式在大学英语阅读教学中的实施背景可以从多个方面进行分析。

1.适应新时代的教育需求

随着社会的不断发展和全球化的推进，英语作为国际交流的重要工具，在大学教育中的地位越来越重要。教育模式的不断更新，也更加强调学生的主动参与和对其创新能力的培养。研究性教学模式符合这一教育趋势，有助于培养学生的综合素质和实际应用能力。

2.改变传统英语教学模式的局限性

传统的英语教学往往过于强调语法和词汇的教学，可能会忽略对学

生的应用能力的培养。而研究性教学模式通过引入探索、研究和应用的元素，使学生的英语学习不再仅停留在理论层面。此模式鼓励学生阅读真实的英语材料，如报纸、杂志、学术论文等，从而培养其更强的阅读能力。

3.提高学生的自主学习能力

大学阶段的学习要求学生具备较强的自主学习能力。在这个关键时期，学生不仅需要积累专业知识，还要学会如何主动学习和解决问题。研究性教学模式正是为了满足这一需求而诞生的。它强调学生的主动探索和自我发现，能够培养学生的自主学习习惯和能力，促进他们终身学习能力的发展。在研究性教学模式下，学生不再是被动接受知识的容器，而是主动探求真理的追寻者。他们被鼓励提出问题，寻找答案，并在探索过程中培养分析和批判性思维。教师的角色也由传统的知识传递者转变为指导者和合作者，他们引导学生找到自己的学习道路，而不是简单地灌输知识。

4.融入实际应用和跨学科素质

融入实际应用和跨学科素质是英语阅读教学的重要方向。研究性教学鼓励学生主动探究，英语阅读不再局限于文字理解，而是延伸到与实际生活和专业学科的结合。例如，在阅读商务英语文章时，学生可以深入了解国际贸易、市场营销等领域的知识，这不仅丰富了学生的专业知识，还增强了学生对英语的实际运用能力。学生在阅读中可以接触到医学、工程、法律等不同领域的专业英文，这使他们跳出语言学习的单一框架，拓宽视野，提升综合素质。而其与实际生活和专业学科的结合，使英语阅读教学更有趣味性和挑战性。学生可以通过阅读解决实际问题，如通过阅读技术手册来完成某项工程任务，或通过阅读法律文件来理解某个法律案例。这种学习方式更符合人们的实际需求，也更能激发学生的学习兴趣。

5.响应教育部门的政策导向

根据各级教育部门对素质教育的要求和英语教学的指导方针，研究性教学模式显得尤为重要。作为一种创新的教学策略，它不仅可以提升教育质量，还能有效培养学生的综合素质，与时俱进地响应教育部门的政策导向。素质教育强调的是学生的全面发展和个性化教育，而研究性教学正好与这一理念相契合。它强调学生的主动学习和探索精神，鼓励学生走出课本，将理论知识与现实生活相结合，从而培养其分析问题、解决问题的能力。通过研究性教学，教师和学生共同构建知识，激发学生的创新意识和批判性思维。

（二）研究性教学模式的实施基础和依据

研究性教学模式的实施基础和依据得到了许多教育理论和实践的有力支持。这一模式通过强调学生的主动性和探究精神，提供了一种与传统教学截然不同的教育视角，旨在培养学生的综合素质和能力。

建构主义教学理论为研究性教学提供了坚实的理论基础。在建构主义的视野下，学习不再是简单的知识传递，而是一种复杂的心智建构过程。激发建构主义、社会性建构主义、社会文化认知观点、信息加工的建构主义、社会建构论和控制论系统等多元化的理论方向共同揭示了学习的本质和过程，特别是同化和顺应的概念，分别描述了新的信息是如何被融入学习者的现有知识体系，以及是如何通过调整原有的知识结构以纳入新的知识的。这种观点强调学习者通过合作学习，相互交流，互相补充，使理解更为丰富全面，而不是被动地吸收信息。

人本主义教学理论也强有力地支持了研究性教学模式的可行性。人本主义教育关注学生的自我发展和全面教育，强调学习是学生自我评价的过程，要求学生亲身参与到各项学习活动中去，并全身心地投入各项教育活动。罗杰斯的观点进一步强调了学习过程中学生主体的重要性，强调只有学生全身心投入才能激发学习兴趣和热情，并促使学生持续学习。

研究性教学模式与这些理论观点高度契合。它强调学生的主动探索和自我发现，鼓励学生走出课本，将理论知识与现实生活相结合。它还认为每个学生都是独特的个体，应该得到个性化的教育，而非一味地追求标准化的教学目标。研究性教学模式强调教学的过程和学生的参与，促使学生主动参与到教育活动中，充分调动他们的学习兴趣和积极性。

研究性教学模式并不仅仅是理论构想，它已经被很多教师所采用，并在实践中取得了积极的效果。通过深入探索和反思，这种教学模式已经在许多领域展现出了独特的教育价值，为现代教育理论与实践提供了新的视角和方向。从长远来看，研究性教学模式不仅有助于提升教育质量，还能促进教育改革和创新，为未来的教育发展提供新的可能性。

（三）研究性教学模式的实施策略

研究性教学模式的实施策略涉及多个方面，包括教师的角色、教学材料的选择、小组合作的方式，以及评估和反馈的机制。这种教学模式不仅倡导学生的主动参与和合作学习，而且强调教师在引导和支持学生学习过程中的关键作用。

在实施研究性教学中，教师的角色逐渐由知识的传授者转变为学习的引导者和协助者。与传统的教学方法相比，教师需要更加关注学生的学习过程，而非仅将注意力集中在教学内容的传递上。此外，教师必须具备高素质水平，对学生的各种研究及成果进行正确的评价，并具有同情心，以便及时给予遇到困难的学生支持。

阅读材料的准备同样关键。教师和学生在选择阅读材料时，不仅要考虑语言难度的适中，还要强调实用性、话题性和趣味性。合适的材料不仅可以开启研究课题的方向，还可以激发学生的兴趣，促进他们更深入地投入学习。此外，在大量网络资源中进行筛选工作也是一项关键能力，学生需要学会如何将信息进行组合、处理，以形成自己所需要的知识结构。

研究性教学也倡导小组合作。通过小组协作，学生可以学会如何在团队中合作，运用语言知识，并主动建构知识。教师的角色在于确保研究活动有明确的主体，强调活动的要素分析和基本流程，以及提出活动的评价标准。这三个方面确保了学生的学习不偏离轨道，可以使研究活动顺利进行。

研究性教学模式不仅是一种理论框架，更是一种实践方法。它促使学生更加主动、自主和创造性地学习，也要求教师在教学过程中起到更加灵活和多元化的角色。通过深入的阅读材料选择、小组协作以及教师的引导和评估，研究性教学模式不仅有助于提高学生的学习效果，而且有助于培养学生的创造力、批判性思维和团队合作能力。在今后的教育实践中，这种教学模式的深入研究和广泛应用将有助于推动教育的创新和发展。

四、在高校英语教学中运用阅读教学法的主要理论依据

（一）图式理论

图式理论在大学英语阅读教学中的应用深刻而广泛，作为现代认知科学的一个关键概念，它为人们理解阅读过程提供了重要的理论基础。下面是对该理论及其在教学中的重要性的详细探讨。

图式理论可以追溯到18世纪，1781年，哲学家康德（Immanuel Kant）首先提出这一概念。这一理论后来在心理学、语言学、认知科学等领域得到了进一步的发展。图式是人类大脑中存储的知识结构，作为一种复杂的网络体系，涵盖了人们的经验、文化、社交背景等各个方面。

在英语阅读教学中，图式理论突出了读者的先验知识对于理解新信

息的关键作用。这一理论观点改变了传统的阅读教学观念，强调阅读不仅是接收信息的过程，而且是一个与已有知识结构互动、解释、整合新信息的复杂过程。读者在阅读过程中，会调动自己的图式，与文本中的信息进行互动，通过选择、预测、验证等方式，主动构建新的意义。

图式理论强调了词汇和篇章理解的相互关联性。词汇的理解不是孤立的，而是与整个篇章的上下文以及读者的先验知识和经验紧密相连的。因此，教师在教学过程中应引导学生注意词汇在特定上下文中的含义，鼓励他们从整体上理解和解释文本。

图式理论还提倡了以学生为中心的教学方法。根据这一理念，教师应考虑学生的背景知识、兴趣和需求，选择合适的阅读材料，设计富有挑战性的任务和活动，促进学生的主动参与和深入思考。这种教学方法有助于培养学生的批判性思维和创造性思维能力，提高他们的阅读理解和分析能力。

（二）输入假说理论

克拉申的输入假说理论在大学英语阅读教学中的应用彰显了语言输入在语言习得过程中的核心地位。输入假说理论起源于克拉申对第二语言习得的深入研究。他认为，语言习得的核心是大量的理解性输入，即所谓的"i+1"理论。在这里，"i"代表学习者当前的语言能力水平，"+1"代表略超出该水平的语言输入。通过这种方式，学习者能够在理解的基础上逐渐吸收和掌握新的语言结构和语法规则。

在大学英语阅读教学中，输入假说理论具有重要的实际意义。大量英文阅读可以为学生提供丰富的语言输入，通过接触各种类型和难度的文本，学生不仅可以学习到新的词汇和表达方式，而且可以在真实语境中理解和运用语言规则。这有助于弥补教科书知识的局限性，增强学生的语言使用能力。

语言输入的质量与数量是需要平衡的两个方面。选择合适的阅读材料至关重要。过于复杂的文本可能会让学生感到沮丧和困惑，而过于简单的文本可能不会提供足够的挑战促进学生的学习。因此，教师应根据学生的实际水平和需求，灵活选择和使用不同的阅读材料。此外，输入假说理论还强调了语言输出的重要性。虽然输入是习得外语的基础，但输出是实际运用语言的关键。通过鼓励学生参与讨论、写作和演讲等活动，教师可以帮助学生将阅读的输入转化为实际的语言表达。这样的实践活动有助于提高学生的语言灵活性和准确性，培养他们的沟通和批判性思维能力。

五、高校英语阅读教学中实施互动教学模式的必要性

（一）知识增长与信息时代对阅读技能的影响

在现代科学技术迅速发展的时代背景下，知识更新频率的加速和信息量的倍增，强调了高效阅读能力的重要性。在全球化和信息革命的趋势下，阅读不仅成为获取新信息的主要方式，而且成为人类交流科学、文化、经验和思想的关键工具。因此，在大学英语阅读教学中实施互动教学模式的必要性显得尤为重要。下面是对这一命题的学术性探讨。

在现代社会中，文字作为信息跨越时空的最佳载体，已成为无可替代的工具。这一现象特别强调了英语阅读在我国与世界各国科学文化交流中的地位和作用。在全球化和数字化时代，外文资料的海量涌现，要求人们具备高效的阅读能力，以便快速寻找所需信息，并在有限时间内汲取尽可能多的关键信息。

高效阅读能力的培养和训练需以科学的阅读理论为基础。1956 年成立的"国际阅读协会"和阅读学的诞生，标志着阅读作为一门独立学科的崛起。自此，众多学者从不同学科视角对阅读进行了深入广泛的研究，涵盖了阅读的生理和心理机制、理解过程、速度、影响因素、效果、教材、方法和教学等方面。

在大学英语阅读教学中，实施互动教学模式显得尤为关键。互动教学模式强调学生的主体地位和教师与学生之间的交互，其有助于培养学生的主动学习意识和批判性思维能力。这一模式能够促进学生在实际语境中运用阅读策略，提升其解决问题和应对挑战的能力。此外，教师可以通过灵活的教学方法和评估策略，诊断和支持学生的个别差异和需求，进一步提高阅读教学的效果和效率。

阅读学的多学科背景还为互动教学模式提供了理论支持。通过融合语言学、心理学、哲学、社会学、认知科学、信息论、人工智能等领域的研究成果，教师可以开展全方位的阅读教学，培养学生的多元智能和跨文化素养。这一跨学科的教学视角有助于促进学生的全面发展，使其适应复杂多变的信息社会和国际环境。

（二）英语在国际交流中的广泛应用

英语在全球范围内不仅作为一种语言存在，而且已经成为一个标志，其象征着国际的沟通和专业能力。在当今信息时代，这种沟通工具的重要性已经进一步放大，使英语成为连接世界各地人们的桥梁。

英语的广泛使用为发展中国家提供了一个窗口，在当前社会，这种语言已经转化为获取、解析和传播信息的主要手段。掌握了英语技能的人不仅可以无障碍地访问世界各地的知识资源，还能够成功地分享自己的见解和创新，特别是在科技领域，对于我国的研究者和工程师来说，高效的英语阅读能力变得尤为重要，因为这可以帮助他们直接、迅速地获得国际最新的研究成果和趋势。

英语的全球重要性不仅局限于教育领域，而且已经扩展到商业领域。全球范围内的英语教学不仅是一个教育领域的分支，还演变成了一个庞大的产业。从小型的学习中心到大型的国际学校和在线学习平台，英语教育正在各个角落蓬勃发展。

这种对英语教育的巨大需求进一步加深了教育工作者对英语本身的

研究，以及如何最有效地进行教学。英语阅读研究作为其中的一个关键领域，为提高学习者的语言能力和信息获取能力提供了理论支持。阅读作为掌握和使用英语的关键入口，对于广大学习者而言，无疑是其学习旅程中的一个重要组成部分。

考虑到英语的全球地位和其在各个领域的广泛应用，对于英语教育和研究的投资变得尤为关键。这不仅涉及教学方法和策略的完善，还涉及如何更好地结合技术来实现教学目标。例如，教师可以利用人工智能和机器学习来提供个性化的学习经验，或使用虚拟现实和增强现实来模拟真实的语言环境，从而增强学习者的沉浸感。

英语的全球地位也为国际合作和交流提供了机会。无论是在科研、商业还是在文化领域，英语都作为一个通用工具促进了跨国和跨文化的交流。这种交流为我国带来了无数的机会，无论是吸引国外的投资、技术还是文化资源，都为我国的进一步发展和繁荣提供了支持。

（三）英语阅读在中国英语学习者学习目标中的地位

在中国，英语学习的主要驱动力源于信息获取和文献阅读的需求，而非日常交流或工作所需。英语在我国的学习，尤其强调阅读能力的培养，这一特点不仅体现在教学目标上，还反映在各级教育体系和相关考试评估中。

不同于第二语言学习，我国的英语教学不仅注重语法结构和词汇积累，还强调如何通过阅读理解和分析，获取和使用信息。阅读，作为一种能够深入理解和消化知识的方式，已经成为我国英语学习的核心。

在学校教育中，从中学到大学的英语教学大纲，都强调对学生阅读理解能力的培养。这并非偶然现象，而是与国家对英语人才的实际需求相一致的。在许多专业领域，如科学研究、技术开发和商业分析中，大量的国际文献和信息都是以英文形式存在的。掌握高效的英语阅读能力，便成为连接全球知识网络的关键。

无论是国内的英语水平测试，还是国外的英语水平测试，阅读理解部分往往占据了相当大的比重。例如，雅思、托福等国际英语考试的阅读部分，不仅题量大，而且内容深入，这反映了国际社会对英语阅读能力的高度重视。这一方面是对读者词汇量、语法理解和逻辑推理能力的考验，另一方面也反映了阅读能力在实际应用中的核心地位。阅读并不局限于学术领域的文献浏览和理解。随着全球化的推进，国际商业、法律、政府工作报告等许多领域的文本也以英语为主要语言。对于我国的商业人士、法律专家和政府工作人员来说，英语阅读能力同样是一个重要的职业技能。

（四）英语阅读是中国英语学习者的学习途径之一

在中国，英语阅读不仅是英语学习的目的，更成为学习的手段和途径，这一现象深受多种因素影响。

1. 缺乏实际的语言环境

中国的英语教学缺乏实际的语言环境，这不利于学生听说能力的发展。在此背景下，从阅读入手成为培养语感、积累语言经验的有效途径。对于英语作为第二语言的学习者来说，阅读提供了一个更为可控且多样化的语言接触方式。

2. 文字材料的重要性

外语学习，特别是在缺乏第二语言环境的情况下，十分依赖文字材料。无论是正规的学校教学还是现代化教学手段的自学，文字材料成为外语学习的基础。没有文字材料，学习者就失去了语言知识输入的源泉，也失去了获得语感和复习巩固所学语言的依据。

3. 其他语言能力的基础

英语阅读能力对于发展其他语言能力（如写、听、说、译等）具有基础性作用。这种基础性作用在许多成功的学习者身上得到了体现，他们通过英语阅读能力培养了语言综合运用能力。

4.提高学习兴趣和增长知识

随着阅读能力的提高和语言知识的增加，学习者的阅读兴趣从纯语言性阅读逐渐转移到语言应用性阅读。这种转变不仅促进了知识的积累，还通过取得进步和成就，进一步激发了学习者的英语学习兴趣。

5.有利于智能的全面发展

英语阅读不仅有利于学习者增长知识、提高兴趣，而且可以提高学习者在抽象概括、归纳综合、逻辑思维、理解记忆等方面的能力。这种能力的提升归功于阅读作为一种复杂的逻辑理解活动，涉及了大量的假设、预测、验证、确定等思维过程。而且，逻辑理解能力的提高还有助于学习者对所学材料的逻辑掌握，这是高效率学习的前提。

6.适应教育现实和文化背景

阅读不仅是信息获取的重要途径，还是文化沟通和思维训练的有效方式。借助阅读，学习者不仅可以跨越文化和语言的障碍，还可以培养跨文化交际和批判性思维的能力。

通过以上分析可以看出，英语阅读在中国的英语教学中所起的多重作用。作为学习目的，它反映了中国对英语人才的实际需求和全球化背景下的语言挑战。作为学习手段，它展现了阅读在语言学习、认知发展和文化沟通中的中心地位。这种多元化的角色，使英语阅读成为中国大多数英语学习者的首要学习手段，也为英语教育的未来发展提供了丰富的思考和探索空间。

六、互动教学模式在高校英语阅读教学中的实施原则

互动教学模式在高校英语阅读教学中的推广和应用，是一种积极回应当代教育挑战的教学策略。该模式强调学生的主体地位，倡导师生、生生之间的交流与合作，与传统教学模式中以教师为中心的教学观念形成鲜明对比。下面将探讨互动教学模式在大学英语阅读教学中的实施原则，并从理论和实践层面分析其教育价值。

（一）开放性原则

互动教学模式强调开放的学习氛围和自主探索的精神。它要求教师放宽对学生的控制，以鼓励学生进行大胆且有创新的探索和思考。开放性原则还意味着对多元文化的尊重和接纳，这有助于培养学生的跨文化交际能力。

（二）实践性原则

这一原则要求教学过程与学生的实际需求和兴趣相结合。教师通过开展小组活动，并充分融入课程内容，可以让学生在互动和合作中逐渐提升英语阅读能力和表达能力。实践性原则还强调教学的灵活性和多样性，为学生提供了丰富多彩的学习体验。

（三）层次性原则

由于学生在知识储备、学习技能、综合素质等方面存在一定的差异，因此，教师在教学过程中需要有针对性地开展分层教学策略。层次性原则要求教师充分了解学生的个体差异，并根据他们的特点和需求设计教学活动。这样的教学设计可以保证每个学生都能在合适的水平上发展和挑战自己的能力。

（四）问题中心原则

互动教学模式鼓励学生提出问题，并在交流互动中进行深入分析和研究。教师的角色不再是传统的知识传递者，而是学生思维的引导者和促进者。这种以问题为中心的教学方法，有助于培养学生的批判性思维和解决问题的能力，同时可以促使学生对英语阅读材料进行深入的理解和分析。

（五）反馈与评估原则

互动教学模式还强调教学的反馈与评估机制。教师需要时刻观察学生的学习状态，及时提供反馈，以调整教学策略和支持学生的学习。同时，与学生的互动评估也是该教学模式的重要组成部分，其可以帮助学生形成对自身学习过程进行反思和自我监控的能力。

（六）技术整合原则

在数字化时代背景下，互动教学模式还应考虑如何有效整合信息技术。而现代教育技术手段的利用，则可以为师生互动、学生合作学习提供更多样化的平台和工具，从而增强教学的互动性和个性化。

七、高校英语阅读教学互动教学模式中的教师和学生角色

（一）教师角色

在高校英语阅读教学的互动教学模式中，教师的角色是多元化和复杂的。

作为整个教学活动的掌控者，教师负责制定明确的教学目标，规划课程的具体步骤，并按照既定计划推动教学进度。通过这种系统化的方法，教师可以确保教学活动的连续性和一致性，从而实现理想的教学效果。

作为组织者，教师的任务是确保教学活动的顺利进行。这涉及选择和开展特定的教学活动，衔接课程内容，以及提升学生的学习效率，所有这些都需要教师精心策划和安排。

作为设计者，教师需具备灵活的思维和卓越的才智，在程序设置、时间安排和课堂活动设计方面表现出独到的见解。例如，他们要了解如何逐步推进学生的学习，合理分配时间，以及如何设计丰富多样的课堂

活动来激发学生的兴趣。教师还扮演着教学活动的促进者角色。通过耐心地帮助学生提高学习兴趣、找到合适的学习方法并克服学习难题，教师不仅可以促使学生取得良好的学习成绩，而且有助于培养学生的自主学习能力和批判性思维。

教师还是教学活动的互动者。与学生之间的互动对于一个成功的教学过程至关重要。教师需要充分了解学生的心理特征和思维方式，深入学生的学习世界中去。真实的互动能使教师更好地理解学生的需求和期望，并根据这些信息调整教学方法和策略。

（二）学生角色

在高校英语阅读教学的互动教学模式中，学生的角色已经发生了根本性的转变。他们不再是被动的信息接收者，而是转变成为教学活动的主体和主动参与者。这种转变反映了现代教育理念对学生中心化和主动学习的强调。

学生在阅读教学中的主体地位意味着他们不仅要积极学习阅读方法和理念，还要用已经掌握的知识和技能来分析、梳理英语文本。这种主体性阅读强调学生的学习过程，而不是教师的教学过程。学生应积极主动，有效并熟练地运用多种阅读技巧，努力培养英语阅读兴趣和阅读习惯，学会分析英文文章的各类体裁和结构。

互动教学模式强调了教师和学生之间的合作关系，即两者在教学过程中是一种"搭档"的关系。学生需要依靠教师的指导来完成阅读训练和提升阅读效率，教师需要了解学生的学习特性和知识结构，以便制定适当的教学目标和提高教学效率。这种互补关系促进了教学活动的有效性和效率，使教学更加符合学生的需求和兴趣。

学生在互动教学模式中还扮演着合作者和创造者的角色。作为合作者，学生与教师和同学一起协作，共同探索知识，解决问题，发展批判性思维。作为创造者，学生被鼓励运用他们的想象力和创造力，将自己的观点和理解融入阅读和讨论中，使教学过程更加丰富和生动。

通过互动教学模式，学生能够更加深入地参与到阅读过程中，发展自主学习和合作学习的能力。他们被鼓励对阅读材料进行深入分析和反思，使用多种阅读策略和技巧，形成批判性思维和解决问题的能力。而且，教师与学生之间的互动也促进了教学活动的个性化和灵活化，有助于建立一种积极的学习环境，提升学生的学习动力和参与度。

八、互动教学模式在高校英语阅读教学中的具体应用

（一）准备阶段

互动教学模式在高校英语阅读教学中的应用开启了一种新的教育视角，其强调了学生在教学过程中的主体地位，推动了教师角色的转变，加强了对学生兴趣和习惯的培养。

在准备阶段，确立学生主体观成为首要任务。这一理念要求教师从教学实践的深层次理解和应用互动教学模式开始。通过对互动教学理念的深入学习和实践，教师应倡导以学生为中心的教学方法，促使学生积极参与教学活动。

教师的角色转变也是互动教学模式的核心之一。教师过去的教学活动主宰者角色已逐渐向引导者和组织者角色转变。但是，这一观点并不意味着教师地位的下降，相反，互动教学模式对教师提出了更高的要求。教师需掌握课程内容，明确教学目标，规划课堂教学流程，预估学生可能遇到的问题，从而在教学过程中为学生创造更多参与机会。

学生学习兴趣和良好习惯的培养是提高英语阅读教学效率的重要手段。教师需要通过精心准备，如选择一些轻松有趣的英语文章，鼓励学生享受阅读过程，以及组织学生进行预习，促进学生良好阅读习惯的养成。教师还应致力于增强学生的阅读自信心，如教授有效的阅读技巧和方法，包括略读、导读等。

（二）实施阶段

1.让学生通过不同的互动方式从整体上理解课文内容

通过教师在课前对课文背景、重难点内容、学习任务等方面的引导和提示，学生能够提前预习课文，并为课堂学习做好准备。教师的引导可以帮助学生了解课文的重点，解决难点，并使其结合以前学过的知识进行新知识的学习，使他们既能完成课前预习，又能为小组讨论打下坚实基础。在讲解课文之前，教师安排学生进行小组讨论，如四人一组，组内成员轮流分享学习心得，提出问题并进行归纳总结，对于不能解决的问题，可以请教师解答。小组讨论后，教师对各组的表现进行总结评价，评价要客观、全面、公正，并按照一定的评价标准进行。对于表现优异的小组，教师要给予表扬和鼓励；对于小组讨论过程中出现的问题，教师要明确指出。这样的教学设计不仅可以让学生更好地理解课文内容，还促进了他们之间的互动和合作，使学习变得更为有趣和有效。

2.让学生通过协同研讨掌握语言点

在让学生通过协同研讨掌握语言点的过程中，教师应鼓励学生在阅读过程中发现语法知识点，并对其进行解释和补充，然后再将这些知识运用到阅读中。这一过程不仅帮助学生培养了自学能力和把握要点的能力，还增强了课堂的互动性。针对语法知识点，协作讨论成为一个有效的组织方式。通过将学生分成三个部分，即负责寻找知识点、解释知识点以及总结和补充，每个学生都各司其职，有效提高了学生的参与积极性，发挥了他们的主观能动性。教师在学生讨论后的总结中，也可以对他们的掌握情况进行评估，对课文难点内容进行补充和纠正。这种充满活力的互动教学方法，使学生的学习过程更加轻松愉悦，学习效果也强于传统的教学方式。

（三）总结阶段

总结阶段在教学活动中具有关键作用，其体现在对教学过程的全面回顾和反思，为未来教学提供方向上，特别是在高校英语阅读教学中，此阶段的作用更加重要。以下分析涵盖教学反馈、互动教学模式的优势，以及高校英语阅读教学的实际意义和挑战。

在教学活动中，对学生的兴趣进行观察，对学生的反馈进行听取，不仅有助于教师理解学生的需求，还可以使教师根据学生的意见进行教学模式的调整和优化。例如，在每个单元结束后，对学生的意见和反馈进行分析，可以了解他们更倾向的教学形式，这有助于课堂组织的多样化，并增强课堂的吸引力。这样的持续反馈和改进过程使教学活动更具有灵活性和适应性。

互动教学模式在高校英语阅读教学中展现出显著的优势。其强调学生的主体地位，明确了教学活动不仅是教师的任务，还需要学生的配合，其所营造的有趣、轻松的课堂氛围还有助于学生主动参与和互动。此外，互动教学模式还提供了更多机会让学生参与教学活动，这不仅可以培养学生的英语阅读兴趣和习惯，使其不断提升阅读效率，还能切实激发学生的积极性和主动性，使教与学的过程充满热情和激情。

高校英语阅读教学作为外语教学的重要环节，受到国内外学者的广泛关注。教师在教学中需要重视培养学生的英语综合应用能力，提高他们使用英语获取信息、提出问题、分析问题和解决问题的能力。考虑到阅读在各类英语考试中所占比例较大，如何有效提升高校英语阅读教学效果，培养学生的阅读理解能力成为需要深入研究和解决的问题。

第四节　高校英语写作教学模式的创新

一、高校英语写作教学：体验式混合教学模式探索

（一）高校英语体验式写作混合教学模式的理论基础

高校英语体验式写作混合教学模式汲取了多种教育理念和教学理论，如行为主义学习理论、认知学习理论和体验式学习理论等。这些理论共同为体验式学习提供了坚实的基础和理论支撑，反映了教学过程中经验与知识构建的复杂性。

行为主义学习理论强调学习是反应和刺激的连接，所有行为都是习得的。这一理论认为学习过程中的外部环境和刺激是关键，而不强调个人意识和主观经验。认知学习理论强调认知大于效果，其将注意力集中在学习者的内部心理过程上。体验式学习理论则突出经验的中心作用，强调学习过程中的主动参与和反思。

科尔布（David Kolb）的体验式学习理论是体验式教学的核心。他提出了一种包括具体经验、反思观察、抽象思维和积极实验的循环结构。这一模式引领学习者通过直接或间接经验获取知识碎片，并进行整理和归纳，以及通过反思活动加工信息，通过抽象思维提炼理论知识。科尔布强调了对经验的升华和理论化过程，把实际经验转化为可理解的知识，并将其应用于实践。

高校英语体验式写作教学紧密联系这些理论，强调了"做中学"和情境教学。它以学生的经验生长为中心，以学生的潜能为动力，把学习与学生的兴趣和愿望结合起来。这一教学模式不仅关注学生语言技能的发展，而且关心学生如何在实际情境中运用所学知识。

混合教学模式也为高校英语体验式写作教学增添了新的维度。它结合了传统教室教学和在线学习，为学生提供了更灵活的学习路径。在线组件可以促进学生的自主学习，鼓励他们在真实世界中探索和应用英语。传统教室组件则可以提供导师支持和同伴互动，以及实际运用英语的机会。

（二）高校英语体验式写作混合教学模式设计

1.反思观察—互动讨论

高校英语体验式写作混合教学模式设计中的反思观察阶段突显了互动讨论的重要性，其中教师不再是评判者，而是学生讨论、同伴互评、即时反馈、习作修改等活动的组织者、指导者和支持者。这一角色转变突破了传统教学模式，将教师置于促进和引导学生积极思考和讨论的位置。通过分享阅读材料和提出问题，教师激发了学生的反思，引导他们与同伴互动讨论。[①]

在这个阶段，同伴的互评和即时反馈成为学习过程的重要部分。学生不仅能通过阅读同伴的习作来增强读者意识，还能从不同的视角审视自己的写作，从他人的观点中学习和提高。即时反馈促进了写作过程的推进，激发了学生改进和提高自己作品的欲望。

在写作平台的辅助下，学生能够与同伴即时互动、群策群力、互通有无，使写作从一个人的"私密化"过程变为"参与式"过程。这样的参与式过程鼓励学生的合作和共享，从而促进了他们的写作欲望。

2.抽象思维—评阅指导

在高校英语体验式写作混合教学模式中，抽象思维与评阅指导阶段代表了一种创新的教学实践，其核心在于通过多元化的修改和评阅策略

---

① 惠芬芬.混合教学模式下法语写作中同伴互评的运用[J].才智，2023（14）：155-158.

促进学生的抽象思维能力的发展。在网络平台下，体验式英语写作的修改主要分为三个层次，即学生自评、生生互评和教师评阅。这一设计旨在为学生提供丰富多样的反馈渠道，同时鼓励他们积极参与并体验不同角色的评阅活动。

学生通过参与小组讨论，采用"三级评议模式"进行修改，这一模式包括局部修改、文中批注、文末评价与建议等方式。这种层次化的评审机制有助于学生从多个角度审视自己的作品，从而更好地形成该类语篇的主题思想、逻辑结构和衔接连贯性，为后续的写作做好准备。

教师在此阶段的主导作用体现在对学生的具体指导上，例如，通过使用范文材料来明确行文规范、语言特点，以及不同文体的写作原则和技巧。这一过程不仅可以促使学生更深入地了解不同语篇的社会交际功能，而且有助于他们整合抽象概念并应用于具体的写作实践中。

教师所给出的积极评语是整个评阅过程的重要组成部分，它可以增强学生的写作信心，丰富他们的写作体验，并对他们的内心认知感受产生积极影响。通过有针对性的鼓励和支持，教师不仅能够推动学生在写作技能上的进步，还能深化他们对写作过程的积极态度和感受。

3. 积极实验—终稿形成

在高校英语体验式写作混合教学模式的积极实验阶段，终稿的形成是一个重要的里程碑。

之前的评阅过程为学生提供了反思和互动的机会，有利于他们从同伴的视角审视自己的作品。学生进一步进行自我评析和独立修改的过程，侧重于从个人经验和反思出发，深化对语篇衔接与连贯的理解，保证切题和合理的推进模式。自我评议的过程可以借助过程写作评议对照表进行，以确保修改的专业性和准确性。现代写作平台功能的运用，在一定程度上减轻了教师的评阅工作量，增加了反馈的充分性与及时性。例如，平台的自动生成评语功能能够提供即时反馈，有助于形成终稿。

终稿的形成过程是一个链式的循环过程，涉及不同层次的修改和反思。这一过程的复杂性和动态性要求学生不断回到具体的体验，并在实践中不断积累和完善。值得注意的是，终稿并不是一个固定的结束点，而是一个开放、流动和可持续发展过程中的一部分。

体验式学习的混合模式通过体验英语写作教学资源平台，向学生提供了新鲜、及时、有趣的信息资源，有助于缩短新知识和原有知识结构之间的距离。这一模式强调了在线学习和课后作业的交换式体验，强化了师生交流和生生交流，提高了课堂教学的效率。同时，教师在做出评价时应注重人文层面的关怀，平衡过程性收获和结果性收获。这不仅体现了对学生全面素质的关注，还促进了教育的人性化和个体化。

二、基于交际能力迁移的高校英语写作教学模式的构建

构建基于交际能力迁移的高校英语写作教学模式在英语学习过程中具有重要意义。正确的教学模式对于提高大学生的英语成绩至关重要，而英语写作水平则是评估学习者综合运用能力的重要指标。研究表明，英语写作与口语能力和词汇量密切相关，因此，高校英语写作能够充分体现学生对词汇的掌握和运用能力。当学生具备熟练的口语交际能力时，其英语写作能力也会得到显著提升。因此，教育工作者可以借助正迁移关系，将口语交际能力与词汇积累相结合，从而有效提升学生的英语写作能力。在课堂教学中，教师可以充分利用这种迁移关系，并以此为新思路来构建高校英语写作教学模式，从而更好地帮助学生提高英语写作水平。

（一）基于交际能力迁移的高校英语写作的具体要求

基于交际能力迁移的高校英语写作的具体要求与传统教学模式有所不同，其着重于构建一个"说写一体"的写作教学模式。这一模式充分考虑到大学生的英语交际能力特点，以及口语与书面表达之间的内在联系，尝试通过综合运用各种教学策略和手段，提高学生的语言使用能力

和创造性思维能力。

在口语方面的培训强调通过反复描述、复述和背诵，使学生能够熟练掌握给定文章的语言结构和内容。教师还可以根据给定文章设置话题，引导学生使用文章的语句和词汇进行对话交流。这样的设计有助于学生对语言的自然运用，培养他们在实际交际情境中灵活运用语言的能力。

在书面表达方面的训练则注重实践与反馈。教师可通过设置相同的话题，并每周安排多次写作练习，使学生在真实的写作环境中不断提高。在这个过程中，教师的批改和反馈起到关键作用。通过绘制成绩曲线和分析精品作文词汇与语句运用情况，教师能够全面了解学生的进度，从而更精准地提供指导和支持。学生与教师之间的互相反馈和讨论也为写作练习的修正和完善提供了机会。

基于交际能力迁移的写作教学模式的实施需要教师具备较高的专业素养和创新精神。教师需要能够灵活运用各种教学方法和技巧，注重学生的个体差异和需求，鼓励学生的主动参与和自主学习。

这一模式还强调教学的连续性和一体性，即说与写的有机结合，理论与实践的紧密联系。它倡导一种全方位、多层次、互动式的教学方法，旨在培养学生的综合语言素质，提高他们的交际能力和文化素养。

（二）解析交际能力迁移的高校英语写作模型与各要素间的关系

1.写作模型与说的关系

解析交际能力迁移的高校英语写作模型与其各要素间的关系是深化理解和实施该教学模式的关键环节。其中，写作模型与说的关系尤为显著，它涉及英语教学中听、说、读、写四要素的内在联系和动态互动。

在英语学习中，写作模型强调说与写的有机结合，即使学生在口头表达的基础上，逐渐形成书面表达的能力。具体而言，教师可以根据教学大纲选取合适的英语文章，将其制成精品作文系列，并按照经济、社会、人文等主题进行分类，从而便于学生的学习和查找。通过每周的背诵、朗读、文章复述和分组讨论交流等多样化教学活动，学生可以在真实和自然的语境中练习和运用语言。这一过程不仅促使学生积极参与，也有助于他们发现并纠正自身的错误，互相学习和借鉴。

这一模型还突出了反馈和互评的重要性。学生之间的相互指导和评价，使他们能够更全面地审视自己的语言运用情况，找出问题所在，促进自我改进。这一过程还可以增强学生的合作和沟通能力，培养他们的批判思维和自主学习能力。

2.写作模型与写的关系

写作模型与写的关系揭示了高校英语写作教学的核心目的和实施机制，即通过合理的教学设计促进学生写作能力的提升。这一关系不仅涉及教师与学生的互动合作，还涉及输入与输出的教学理论的应用。

在语言习得的过程中，输入和输出是相辅相成的两个方面。输入指的是学生通过阅读和听力接收到的语言素材，输出则是学生通过说和写将所学语言转化为自己的表达。在写作模型中，输入和输出的结合被用来实现"说写一体"的目标。写的关系在此模型中不仅仅局限于语言形式的训练，通过对所背诵文章的词汇和语句的运用，学生的写作能力和逻辑性也能得到提升。这一点突出了写作教学不仅是对学生语言技能的训练，更是对学生思维能力和逻辑素养的培养。

从理论和实践的角度来看，这一写作模型深入挖掘了输入与输出理论在英语写作教学中的实际应用价值。它强调说与写的有机融合，将学生的口头表达能力与书面表达能力紧密联系在一起，使写作不再是孤立的语言技能训练，而是与其他语言技能相互促进的综合素质培养过程。

3.写作模型与师生的关系

在英语教学的写作模型中，学生和教师的关系得到了新的诠释和实现。学生不再是被动的学习者，而是学习的主体；教师也不再是授课者，而是转变为了指导和协助的角色。这种转变不仅体现了现代教育理念的变化，还充分关注了学生个体差异和其自主学习能力的培养。

在此写作模型中，学生的主体地位被强调，他们通过积极参与和实践，自主掌握和运用所学的英语知识和技能。学生主动参与练习，不仅有助于提高实际运用能力，还能激发学习兴趣和积极性。教师的角色也发生了根本性转变。教师不再是知识的唯一传递者，而是成为学生学习过程中的引导者和协助者。教师通过指导和改正学生的错误，促进他们的自主学习和思考。这一模型还强调了师生合作机制的形成。教师与学生之间不再是单方向的教与学的关系，而是通过互动和合作，共同推动学习过程的进行。这种合作不仅有助于学生提高学习效率，还能促进对学生的综合素质的培养。此外，此写作模型以学生的需求和兴趣为出发点，注重激发学生的学习兴趣和积极性，充分调动学生的主观能动性，使他们在实际的练习和交流中，自主地掌握和运用所学知识和技能。

三、多媒体网络技术运用于高校英语写作教学的必要性

（一）写作教学应达到的目标

在现代高校英语教学体系中，写作能力的培养占据了核心地位。写作不仅是语言表达的基本手段之一，而且是对学生综合运用语言的能力进行考查和锻炼的重要方式，特别是在全球化背景下，英语写作能力更是成为衡量学生英语综合素质的重要标准之一。

《大学英语课程教学要求》对学生的英语写作能力进行了层次化划分，明确了不同层次的具体能力要求。从一般要求到较高要求，再到更高要求，涵盖了从基础写作到专业写作的全方位需求。一般要求着重于学生的基本写作能力和应用文写作能力，强调内容完整、中心明确、用词恰当、语义连贯等基本写作素质；较高要求进一步提升了学生的翻译能力和专业文献处理能力标准，要求学生能够在英汉之间自如转换，译

文通顺达意；更高要求则关注学生的专业报告和论文撰写能力，强调思想表达清楚、内容丰富、文章结构清晰、逻辑性强等。

现实教学中，大多数学生的英语写作能力仍然停留在基本层次，难以满足更高层次的学习和职业需求。这主要是由于传统教学模式下，写作教学的实践性不足，缺乏有效的个体化教学策略和现代教学手段的支持。积极探索新的教学模式，利用多媒体网络技术，已成为提高学生写作能力的必要途径。多媒体网络技术的运用能够打破时间和空间的限制，实现个体化、灵活化教学。通过线上资源、互动平台和智能辅助工具，学生可以随时随地进行写作练习和反馈，教师也可以根据学生的个体差异提供针对性指导。例如，通过网络平台，学生可以自主选择适合自己的写作题材和难度，进行有针对性的练习；教师可以设置自动批改和智能反馈机制，实时监控学生的写作进度，及时发现问题并调整教学策略；同时，学生与学生之间的线上互评和讨论也有助于培养他们的合作意识和批判思维。

（二）多媒体网络技术运用于英语写作教学的实施模式

1. 从过程教学法的角度分析网络多媒体技术在英语写作中的运用及理论支持

多媒体网络技术运用于英语写作教学的实施模式可从过程教学法的角度深入探析。根据这一教学法，写作教学被分为三个相互衔接的阶段：写前阶段、写作阶段和修改与重写阶段，每个阶段都与多媒体网络技术紧密结合。①

在写前阶段，多媒体网络技术的应用促进了集体思维的激发，帮助学生通过电子邮件进行讨论以及通过电子阅读收集数据，进而积累素材

---

① 焉玉波．基于网络和多媒体的大学英语写作教学的研究 [J]．语文学刊（外语教育与教学），2011（9）：121-122.

和启发新思想。这不仅丰富了学生的前期准备，还通过信息共享提高了教学效率。

进入写作阶段，多媒体网络技术的运用提升了教学的灵活性和实时性。利用具体的软件编写文章框架和草稿，学生可以快速浏览文章并获取反馈。同时，教师能通过电子邮件等工具实时监控学生的写作进度，确保教学目标的达成。

在修改与重写阶段，多媒体网络技术展现了更多的优势。从教师评改到同学与读者评改，再到计算机自动评改，每个环节都为教学的精准化和个性化提供了支持，特别是计算机评改，这一特殊功能方便了文档的修改和校对，使教师和学生免于反复抄写的劳苦。

从建构主义学习理论的视角来看，网络平台不仅为过程性写作提供了必要条件，还增强了教师和学生之间的互动交流。这一理论强调学生是学习的中心，强调过程、能力、情境、学习共同体和意义建构等因素，这些理论观点在多媒体网络英语写作教学中得到了充分的体现和实践。

网络技术突破了时空限制，有效促进了教学活动的便捷性。丰富的信息资源、即时的交流工具、生动的模拟情境等，共同为英语写作教学创造了理想的条件和环境。教师和学生之间的及时交流和反馈，不仅提高了教学质量，而且增强了学生的学习兴趣和积极态度。

2.基于教学理论及实践的英语写作教学模式的运用

基于网络技术的发展和教育教学理论的创新，高校英语写作教学模式的探索变得尤为重要。从网络技术、教师、学生三个方面考量，这一探索应体现出时代的要求和高校英语教学的特点。

（1）从网络技术层面来讲。网络技术是英语写作模式创新的基础，它的进步决定了英语写作模式的变革环境。而网络技术的改善和发展，也为教学模式的创新提供了实质性的支持。网络技术的发展主要包括两个方面：硬件设备和网站建设。

硬件设备是不可或缺的物质基础，为教学模式的改革奠定了基础。[1] 因此，为了让学生能够更好地在网络环境下进行协作学习，学校应该建设必要的网络学习设施。

信息技术的进步改变了知识信息的呈现方式。依托网络教学平台，写作教学可以采用多种方式呈现作文题目、背景资料、词汇语法等内容。然而，所有这些都必须建立在良好的网站建设基础之上。网站建设也是实施英语写作学习的必要条件。[2] 学生在网上学习英语写作时面临的困难之一是不知道如何学习，无法找到合适的学习网站。因此，为学生提供满足其学习需求的网站，强化网站建设势在必行。一个科学合理的学习网站，不仅要提供丰富的学习课程，还应该包含具有娱乐性的学习栏目。同时，网站应融合文字、图片和视频等多种形式，坚决避免单一的文字或音频文件带来的枯燥学习氛围。

（2）从教师层面来讲。在当今的互联网时代，教师在网络环境下的英语写作教学中扮演着关键而不可或缺的角色。教师应对网络环境下的英语写作教学有清晰的认知，并深刻意识到网络技术所带来的教学模式的彻底改变是不可逆转的趋势。因此，教师应积极尝试新的教学方式，打破传统教学模式和思维定式。

首先，教师必须提高自身在计算机网络技术领域的造诣。计算机技术对于教师适应网络环境下英语写作教学至关重要。教师只有掌握了较高水平的计算机技术，才能充分利用丰富多样的网络资源，从而更好地丰富和完善教学过程。其次，教师需要实现教学模式的多样化。传统的教学方式受制于技术手段和资源限制，常常局限于单一的讲授式教学模式。而网络技术为教师提供了丰富多样的教学资源和展示手段，使教

---

① 　郭囡. 新时代背景下大学英语教学模式及内容探索 [J]. 英语广场，2021（26）：115-117.

② 　徐秋波. 基于网络多媒体技术的大学英语写作教学改革研究 [J]. 成人教育，2011, 31（1）：117-118.

师能够在教学过程中灵活地运用不同的素材和教学方式，以达到较好的教学效果。最后，教师角色的转变是必然趋势。[①] 教师不再是传统意义上的知识灌输者，而应成为教学过程的监督者。教师需要精心挑选与教学内容相关的写作材料，并通过资源共享的方式为学生提供支持。教师还需下达适当的写作任务，并对学生在网上学习的整个过程进行细致监督。这样，教师能够及时发现学习过程中的问题，并积极指导学生解决困难，全面了解学生的学习状况。

（3）从学生层面来讲。学生在网络环境下的高校英语写作教学中应充分认识和利用网络学习的价值，树立科学的学习观念，并积极与教师进行交流和互动。

网络不仅是娱乐工具，更是一种重要的学习资源和工具。通过网络，学生可以获得丰富的英语写作教学资料。学生可以在网络平台上与教师和同学进行积极的交流和互动，实现学习效果的最大化。在网络环境下的英语写作教学中，学生应认识到学习是一个持续不断的过程，需要积极主动地探索和学习。学生应具备批判性思维，对学习内容进行深入思考和分析，而不是被动接收信息。同时，学生还应培养自主学习的能力，学会利用网络资源独立学习，提高自我英语写作水平。

网络环境下的高校英语写作教学模式探究是一个复杂而长期的过程。学生在这个过程中扮演着关键的角色。通过树立科学的学习观念，学生可以更好地适应和应用网络技术，有效地利用各类网络资源进行英语写作学习。学生应积极参与与教师的交流。网络提供了便捷的交流平台，学生可以通过网络与教师进行在线讨论、询问问题以及接受指导。通过与教师的交流，学生可以及时了解到写作任务的要求并获得指导，从而更有针对性地开展学习。学生还可以分享自己的学习心得和体会，

---

① 　杨烁. 对多媒体网络条件下英语写作教学的反思 [J]. 重庆三峡学院学报，2009，25（6）：148-150.

促进知识的交流和共享，加深学习的理解和应用。

在网络环境下的高校英语写作教学中，学生应尽量避免被动接收信息，而应积极主动地探索和发现知识，通过科学的学习方法和途径进行学习。学生应养成勤于思考的习惯，对学习内容进行深入探讨，发现问题并提出解决方案。通过主动学习，学生可以更好地理解和应用所学知识，提高写作能力。

（三）基于网络和计算机的高校英语写作教学模式的过程

1.准 备

在课程开始时，教师立即布置任务，并在课堂上激发学生的兴趣，引导他们阅读和分析教材中的文章。这一过程涉及探索文章的篇章结构和写作手法，并从中挖掘出可以模仿的句式。

通过使用PPT将这些句式展示给学生，教师不仅可以直观地呈现句子结构，还可以增加课堂的互动性。再通过适当的练习，使学生还能够熟练掌握这些句式，并将理论知识转化为实际应用的能力。

当学生明确了写作主题和要求后，他们通常会采用头脑风暴的方式，在英语班的QQ群或者微信群里分享自己对题目的见解和想法。这种学生与学生之间的互动不仅有助于他们在写作准备阶段发现素材和确定角度，还可以使他们深化对写作意义的理解。

此外，教师还可以适时提供帮助，建议学生浏览特定的网站来检索与写作主题相关的内容和材料。这一阶段的整体目的是确保学生充分准备，以便进行下一阶段的写作任务。

2.写 作

在写作阶段，学生的方法和习惯各异。有些学生可能会仔细考虑文章的组织结构和内容，并先写出提纲；而有些学生可能会直接开始写作，几乎不花时间构思，但在写作过程中会频繁停下来思考。这些不同的写作习惯提醒教师应因材施教，不强求学生在写作过程的步骤上保持一致，而是以他们的写作质量为评判标准。

现代网络技术和文字处理软件为学生提供了便捷的工具，使他们能够轻松快速地完成文稿。在线词典、英国广播公司（BBC）官网等网络资源为学生提供了较大的帮助。学生可以通过输入关键词搜索到相关的写作素材和适合的英文表达方式。在文本的编辑和修改方面，学生可以轻松地进行删除、复制和粘贴等操作。完成初稿后，学生可以将作文提交到在线自动评改系统。该系统会逐句分析学生的作文，自动对比语料库，识别词汇搭配和语法错误，并实时提出改进建议。学生可以根据系统的反馈进行修改，实现人机互动，从而提高作文的得分。教师则可以在自动评改系统中设置查重功能，以杜绝学生大段原文照搬的抄袭现象。这一阶段强调了技术与教学的结合，以及个性化教学的重要性。

3. 修 订

修订阶段在英语写作教学中占据重要地位，它涉及学生、同伴和教师之间的互动和反馈。这一阶段可以分为两个主要部分：同伴互评和教师评价。此外，现代技术的支持也发挥了重要作用。

（1）同伴互评。同伴互评是一种有效的学习策略，通过将学生分成小组，并在小组内进行作文评阅，促进了学生之间的合作和交流。学生在教师提供的评价表的指导下，从结构设置、连贯性、内容和技术性等方面入手，对同伴的作文进行深入评价。这一过程不仅促使学生转换身份和视角，以读者和评论者的眼光审视作文，还激发了他们对写作的兴趣，培养了写作的读者意识。学生可以有意识地选择写作内容和方法，以求客观清晰地表达主题思想。

（2）教师评价。教师评价更侧重于文章的内容和连贯性，考虑行文是否合乎逻辑，文中的转折语句使用是否正确，有无行文累赘的部分。教师在评价时应积极肯定学生作文的长处，客观评论而不批评，并提出具体可操作的修改意见。教师的评价还特别强调文章是否有作者的创见。如果学生在作文中提出独到的见解并可以自圆其说，会得到额外加分。这一举措旨在鼓励学生独立思考，批判性地遴选作文素材。

（3）技术支持。现代技术在修订阶段也起到了关键作用。在线自动评改系统可使学生轻松快速地完成文稿的修订，并对学生作文进行分析，识别语法错误，以及实时提出改进建议。教师还可以在自动评改系统设置查重功能，确保学生充分考虑同伴和教师的反馈，积极认真地对作文进行修改。

4.建立档案

教师在学期末要求所有学生提交个人电子版写作档案，档案包括所有作文的初稿、二稿和其中一篇作文的定稿，所有作文的同伴评价意见，所有作文写作过程中的反思报告，以及学生对整个学期英语写作学习的反思报告。教师将所有学生的写作文件整理并建立档案，档案可以帮助教师了解学生在一学期的英文写作学习中的付出与进步，辅助教师对学生进行过程性评估，而这同样有助于学生客观反省自己在英文写作学习中的问题，从而自觉加强对自身英文写作薄弱环节的重视。

5.网络平台

网络平台在高校英语写作教学中的运用已成为一种创新的教学模式，它不仅促进了教学资源的共享，还为教师和学生提供了一个交流和合作的空间。

教师和学生通过网络平台的互动，实现了教学资源的高效利用。教师可以将教学课件、教学资料、作业布置等上传至平台，学生则可以通过平台提交作业和查阅资料。这一过程不仅方便了教学管理，还增强了教学的灵活性和实时性。网络平台还促进了写作与阅读教学的相互融合。基于"输出驱动—输入促成假设"，学生在写作过程中会自发在网络平台上利用各种信息技术搜索相关材料。这一过程中的大量阅读和筛选，使写作与阅读相互促进，从而激发了学生对写作的兴趣。

网络环境下的大学英语写作教学还培养了学生的自主写作能力和思辨能力。学生在整个写作过程中独立进行文章的构思、修改和完善，并逐渐建立起读者意识。在网络上搜集写作素材时，学生更进行了批判性阅读，有意识地思考信息的可靠性和立足点，从而决定对写作材料的取舍。网络平台的运用还促进了教师与学生之间的互动和合作。教师可以通过网络平台进行作业评改，学生则可以通过网络平台与教师和同学进行沟通和讨论。这一过程不仅增强了教学的互动性，还促进了学生与学生之间的合作学习。

（四）高校英语写作教学改革模式创新研究

1. 利用互联网技术，增加与学生的互动

在高校英语写作教学改革模式创新研究中，利用互联网技术增加与学生的互动成为关键一环。

在课前任务阶段，教师可通过网络将与学生实际情况相结合的写作材料和练习，如投资与贸易、经济与发展等主题发给学生。学生从中选择感兴趣的内容，并与选择相同主题的同学共同搜寻材料，探讨和理解更多写作技巧和方法。教师再对重点和难点进行讲解和总结。这样的课前任务不仅能激发学生学习和翻译的积极性，而且通过教师和学生的互动，有助于提高学生的写作能力。

在课堂互动阶段，各小组的代表讲解作文后，教师要求学生展示写作过程中的难题及处理方法，并展示作文的优点和不足之处、使用的写作策略和技巧，其他小组的同学可以提出意见和建议，然后由教师和同学一起讨论作文的优点和缺点，以及如何改进和应用写作方法和技巧。这一环节使学生能够将写作理论与实践相结合，通过反复讨论和分析，借鉴其他作文的优点，修正自己的不足。这样的互动不仅使学生提高了对写作的兴趣，还解决了学生写作过程中的问题和难点，使学生掌握了更多的写作技巧和方法。此种教学模式有助于提高学生的作文能力和综合能力。

2.充分使用互联网工具

（1）建立个性化的英语资源库。在"互联网+"时代背景下，学生自行在网络上寻找英语资源可能会耗费大量的时间和精力，并且找到的资源质量也可能参差不齐。因此，学校应当主动介入，建立一个高校特色的个性化英语资源库。这样，学生便可直接通过学校的内网搜索到众多优质资源，提高写作效率。而且，资源库的建设并不是一次性的工作，高校需要不断更新和引入新的资料素材，以便让学生紧跟时代步伐，及时了解到最新的知识和词汇。这一点对于高校英语写作能力的提升尤为关键，因为教学并不能仅停留在课堂之上。通过个性化的英语资源库，教师能够更有针对性地为每个学生设定英语写作教学方案，全方位地提升学生的英语能力。这一改革措施不仅有助于提高学生的学习效率和兴趣，还有助于促进学生自主学习能力的培养，使学生能够更灵活、更深入地掌握英语写作技巧和策略。

（2）微课教学模式。微课教学模式是在"互联网+"背景下英语在线教学的创新形式。该模式以其短小、灵活的视频格式，展示了知识内容，通过共享的方式，为学生提供了便捷的学习途径。微课不只是一段简短的视频，它还需要教师精心准备和设计，同时平衡客观性和主体性，以营造出丰富多元化的教学氛围。微课的特点在于能够把复杂的知识点浓缩在短时间内进行展示，使学生能够在快节奏的生活中随时随地地进行学习。

在"互联网+"时代下，如果要进一步提高学生的英语写作能力，教师就必须充分利用现有的互联网技术。这意味着需要在课堂上加强师生之间的互动，借助各种互联网工具，如微课，甚至建立英文资料库等，从而提高整体教学水平。微课的应用不仅可以弥补课堂教学时间的不足，还能根据学生的学习进度和兴趣进行个性化的调整和补充，激发学生的学习兴趣，增强学生的自主学习能力。这种灵活、个性化的教学模式有望为英语写作教学注入新的活力，推动教学方法的创新与发展。

第五节　高校英语翻译教学模式的创新

一、高校英语翻译教学模式创新的必要性

（一）大学英语四、六级考试的变革

自 2013 年 12 月起，全国大学英语四、六级考试委员会对四、六级考试的试卷结构和测试题型做了局部调整，这为四、六级考试带来了新的挑战与机遇。翻译部分的变革，特别是从汉译英语句翻译到段落、语篇翻译的转变，以及翻译内容的丰富化，不仅反映了大学英语教学对翻译能力的重视，而且对教学模式提出了新的要求。翻译字数的增加以及内容的多样化要求学生具备更强的语言表达能力和跨文化理解能力。

（二）翻译能力对社会经济发展的重要性

在全球化背景下，翻译能力不仅是语言技能的体现，更是文化交流和国际合作的桥梁，特别是在经济、文化和历史等方面的翻译，对于促进我国与其他国家的沟通具有关键作用。这一点在大学英语四、六级考试的翻译内容上得到了体现，因此高校英语翻译教学的创新成为当前教育发展的重要方向。

（三）现有教学模式的不足

传统的翻译教学模式可能更侧重于语法和词汇的训练，而缺乏对实际应用和说英语国家的文化背景的关注。这种局限性可能会影响学生在实际翻译过程中的效率和准确性。而考试的改革和社会经济发展的需求使翻译能力的培养不能仅停留在表面层次。

（四）教学方法与技术的更新

随着教育技术的发展，高校英语教学有机会利用现代工具和方法来促进学生的学习。例如，利用线上平台、虚拟现实等技术手段，教师可以为学生提供更真实、更丰富的跨文化交际和翻译实践经验。

二、高校英语翻译教学创新的策略

（一）培养正确的学习观，激发学生翻译的主动性与积极性

高校英语翻译教学正处于关键的转型时期。随着全球化和科技的迅速发展，传统的教学模式已经无法满足现代社会对翻译人才的需求，这促使教育工作者思考如何进行教学改革和创新。

在现代教学环境中，教师不再是知识的唯一传递者，而是要成为引导者和促进者。传统的翻译课堂常常忽视学生的主动性与积极性，强调教师的授课和翻译练习，而新的教学策略强调培养学生独立思考和分析问题的能力，以及学生自主学习的能力。[①]

通过正确引导，教师可以将基础知识和翻译理论与实践有效地结合起来，系统地培训学生掌握翻译的原则、技能与方法。当学生翻译错误时，教师不应归咎于其词汇和语法知识的缺陷，而应鼓励其从错误中学习和成长，以促进学生翻译技能的提高。

新时代的学生具有对新事物的理解和接受能力，网络的普及和多媒体教学手段的应用为他们提供了丰富的学习资源。教师应引导学生灵活运用这些先进的学习手段，并教育他们不要过度依赖机器翻译，而应主动提高自身的思维能力与翻译技能。

---

① 唐涛．"互联网＋"时代大学英语翻译教学创新研究［J］现代职业教育，2023（19）：41-44.

（二）提高教师的翻译授课能力

高校英语翻译教学在当今全球化背景下的重要性日益凸显。然而，仅依靠教师的英语综合水平并不能确保翻译教学的成功。翻译教学不仅仅是一种简单的语言转换活动，它还涉及学习者对深层次的文化、社会和历史背景的理解。

教师的翻译授课能力不仅依赖于他们的语言知识丰富程度，更依赖于他们如何将这些知识融入实际的教学活动中。这包括但不限于词汇积累、语法掌握，还要能为学生讲授翻译技巧，如增词法和词类转换法等。①

增词法是一种在忠于原文的基础上适当增加一些原句中没有的词汇的翻译方法。这种方法可以帮助学生更好地理解和掌握源语言与目标语言之间的微妙差异，从而增强他们的翻译能力。词类转换法则让学生在各种词性间进行转换翻译，如动词转名词、名词转动词等，这能够增强学生的语言灵活性。

教师在教授各种翻译技巧的同时，必须结合具体的翻译练习，以增强学生的翻译实践训练，提高翻译教学效果与学生的翻译能力。这一过程还必须涵盖中西方的社会、历史和文化知识，因为翻译不仅是语言层面的转换，还涉及文化层面的对接。教师应使学生做到知己知彼，这样才能确保翻译的准确性。

教师还需要具备与时俱进的教学理念，以适应不断变化的学生需求和翻译教学环境。例如，探索全新的翻译教学模式、运用现代化的教学工具、灵活应用不同的教学方法等，都是提高教师翻译授课能力的重要方向。

---

① 任俊红．"互联网+"时代大学英语翻译教学创新研究[J]．食品研究与开发，2023，44（6）：239．

（三）课堂教学与翻译实践结合

大学阶段是学生处于走向社会的关键过渡时期，这一时期对于学生的社会适应能力的提升和个人发展具有重要意义。对此，学校不仅应引导学生接触和了解社会，还应培养学生的实践能力和创新精神。在英语翻译教学领域，这一理念也得到了广泛的应用和体现。

教师在进行翻译教学时，不应拘泥于传统的教学模式，而应帮助学生突破课堂的局限，积极引导学生全面探索和理解中西方的语言与文化差异。这种教学方法可以使学生的翻译技能经得起实际应用的检验，并在实际操作中发现自己的不足，从而进行有针对性的改善，以促进个人水平的真正提升。

教师还应注意翻译教学的规范化和实用性。除了充分利用经典的教学素材外，教师还应寻找更多与实际生活和社会需求相结合的课外资源进行教学内容的扩展和优化。例如，2017 年全国大学英语四、六级翻译题就选取了与华山、泰山、黄山以及洞庭湖、青海湖、太湖等名胜相关的段落进行翻译。这种生动实际的素材不仅让广大考生感受到了学习的乐趣，而且还可以激发学生的学习兴趣和实践欲望。

由此可见，实践不仅是检验真理的唯一标准，也是培养与提高翻译能力的必由之路。教师只有走理论结合实践的道路，才能真正提高翻译教学效果。

参考文献

[1] 杜羽洁，史红霞. 高校英语教学模式创新与发展研究 [M]. 北京：北京工业大学出版社，2021.

[2] 冯改. 大学英语教学模式问题与对策研究 [M]. 北京：中国商务出版社，2017.

[3] 宫玉娟. 大学英语教学模式改革创新研究 [M]. 长春：吉林出版集团股份有限公司，2018.

[4] 李冰冰. 英语教学与翻译理论研究 [M]. 北京：北京理工大学出版社，2017.

[5] 李慧. 我国高校英语教学模式研究 [M]. 长春：吉林出版集团股份有限公司，2021.

[6] 鲁萍. 英语教学与翻译研究 [M]. 北京：光明日报出版社，2016.

[7] 邱东林，季佩英，范烨. 大学英语教育探索与实践 [M]. 上海：复旦大学出版社，2012.

[8] 汤海丽. 高校英语信息化教学改革与微课教学模式探究 [M]. 北京：冶金工业出版社，2018.

[9] 夏珺. 高校英语教学设计优化与模式创新研究 [M]. 长春：吉林人民出版社，2022.

[10] 徐琴. 新时代高校英语教学模式创新研究 [M]. 北京：北京工业大学

出版社，2021．

[11] 许西萍．基于网络多媒体的大学英语教学模式的研究 [M]．长春：吉林大学出版社，2017．

[12] 杨贤玉，杨荣广．汉英翻译概要 [M]．天津：天津大学出版社，2014．

[13] 杨雪静．高校英语教学模式创新研究 [M]．长春：吉林人民出版社，2019．

[14] 于明波．当代高校英语教学与混合式学习模式探究 [M]．北京：中国纺织出版社有限公司，2020．

[15] 张金焕．高校英语教学设计优化与模式改革研究 [M]．长春：吉林人民出版社，2020．

[16] 张君．高校英语的慕课教学模式研究 [M]．西安：西安交通大学出版社，2019．

[17] 白会娟．大学英语任务型翻译教学模式的建构分析 [J]．佳木斯职业学院学报，2016（7）：348-349．

[18] 毕晨光．新时代背景下大学英语教学模式探究：基于中华优秀传统文化融入的视角 [J]．黑河学刊，2022（6）：41-46．

[19] 蔡莺，翟风杰．基于语块理论的赋能型大学英语教学模式研究 [J]．海外英语，2023（3）：1-3，7．

[20] 曾志文．中职学生英语演讲技能培养初探 [J]．职教通讯，2012（21）：46-49．

[21] 陈薇，汪学立．建构主义理论视阈下的英语跨文化交际教学模式构建：南京邮电大学英语跨文化交际课程建设例析 [J]．西南农业大学学报（社会科学版），2013，11（6）：152-156．

[22] 陈懿．以信息化产出为导向的大学英语教学模式研究 [J]．广东农工商职业技术学院学报，2023，39（2）：61-65．

[23] 戴正莉．基于跨文化交际能力培养的大学英语教学模式改革探索 [J]．现代英语，2023（11）：5-8．

[24] 丁薇. 基于网络的大学英语混合式合作学习模式研究 [J]. 浙江交通职业技术学院学报，2016，17（1）：60-64.

[25] 符晗. 大学英语课堂互动教学模式的现状及成因分析 [J]. 学周刊，2014（35）：39.

[26] 傅玉珊. 中国文化融入视域下的大学英语教学模式探究 [J]. 河北能源职业技术学院学报，2022，22（3）：71-74.

[27] 郭静，蔡秀国. 翻转课堂与应用型本科高校大学英语教学模式改革研究 [J]. 教育教学论坛，2016（24）：143-144.

[28] 郭囡. 新时代背景下大学英语教学模式及内容探索 [J]. 英语广场，2021（26）：115-117.

[29] 过宇. 英语演讲中预制语块功能探究 [J]. 海外英语，2012（9）：36-38.

[30] 吉科利. 基于微课的大学英语教学模式分析：评《基于微课的大学英语教学改革研究》[J]. 教育发展研究，2022，42（8）：2.

[31] 姜军. 信息化背景下探索大学英语教学模式改革：评《基于现代教育技术的大学英语教学改革路径探析》[J]. 中国高校科技，2023（5）：106.

[32] 寇培宇，李鸿雁. 人工智能背景下大学英语教学模式重构研究 [J]. 林区教学，2022（8）：88-91.

[33] 李丽君，大学英语教学改革与以学科内容为依托的语言教学模式 [J]. 科教文汇（下旬刊），2016（3）：149-150.

[34] 李燕玲. 探索大学英语的跨文化交际教学：导入与输出模式 [J]. 南昌教育学院学报，2012，27（7）：159-151，153.

[35] 梁娜，刘昭彤，任务型教学模式下大学英语教学改革的现状与内容研究 [J]. 海外英语，2015（9）：48-49.

[36] 廖春兰.《大学英语教学指南》背景下听力教学改革趋势探析 [J]. 吉林化工学院学报，2016，33（6）22-25.

[37] 林盛. 基于语言实验室的大学英语"个性化"教学模式探索 [J]. 高教学刊，2016（12）：136-137.

[38] 凌婧君. 多媒体背景下大学英语教学模式改革 [J]. 湖北开放职业学院学报，2023，36（10）：185-187.

[39] 娄瑞娟，訾缨，段克勤. 大学外语文化类公共选修课考评形式与方法的研究与实践 [J]. 中国校外教育，2013（27）：89-90.

[40] 马颖. 构建中医药特色的大学英语模块化教学模式 [J]. 英语广场，2017（6）：97-98.

[41] 邱泳惠，黎玮君. 跨文化教学模式下大学生英语自主学习能力的培养 [J]. 西部素质教育，2016，2（16）：53.

[42] 曲恒，李成华. 翻转课堂在大学英语听说教学中的应用 [J]. 语文学刊，2016（7）：147-148.

[43] 石琳. 民族地区大学英语分级教学模式的现状调查及优化研究 [J]. 内蒙古农业大学学报（社会科学版），2015，17（2）：76-80.

[44] 唐冬梅. 大数据驱动下大学英语教学模式与教学策略探讨 [J]. 教育教学论坛，2023（13）：135-138.

[45] 汪启凯，兰杰，甘灵红. 媒体融合背景下的大学英语教学模式探究 [J]. 黑龙江工业学院学报（综合版），2021，21（10）：128-132.

[46] 王华梅. 大学英语"模块化体验式"教学模式构建 [J]. 办公室业务，2018（1）：44.

[47] 王晓静，李悦. 大学英语教学模式的现状及其改革对策 [J]. 学周刊，2014（16）：18-19.

[48] 王晓清. 大学英语"模块化体验式"教学模式的构建 [J]. 中国培训，2016（12）：52.

[49] 王轶，李姝焱，杨璐. 大数据视域下混合式大学英语教学模式的构建与应用 [J]. 吉林广播电视大学学报，2022（3）：109-111.

[50] 王英. 浅谈美术院校大学英语与美术学科的跨学科课程建设 [J]. 艺

术教育，2016（4）：253-254.

[51] 王园．基于项目式教学的大学英语教学模式重构探究 [J]．西部素质
    教育，2023，9（10）：161-164.

[52] 韦娅．大学英语双主听说教学模式的发展与实践 [J]．云南农业大学
    学报（社会科学），2016，10（2）：110-112.

[53] 武小燊．基于任务型教学法的线上大学英语教学模式探究 [J]．齐齐
    哈尔师范高等专科学校学报，2023（1）：133-135.

[54] 张芳．翻转课堂模式在大学英语读写课中的应用 [J]．高等职业教育（天
    津职业大学学报），2016，25（1）：81-84.

[55] 张建军．二语习得视角下的大学英语课堂教学模式 [J]．英语广场，
    2022（31）：76-79.

[56] 郑春丹．体育类院校大学英语教学模式的现状与思考 [J]．哈尔滨体
    育学院学报，2012，30（5）：93-96.

[57] 高西．整合移动工具的大学英语混合式教学的设计与应用研究 [D]．
    深圳：深圳大学，2017.

[58] 顾露雯．通识教育视野下我国大学外语课程改革研究 [D]．南京：南
    京大学，2013.

[59] 吕炯．跨文化传播视角下的大学英语教学模式探析 [D]．合肥：中国
    科学技术大学，2013.

[60] 马琴．大学英语个性化教学研究 [D]．重庆：西南大学，2017.

[61] 任丽．生态学视角下大学英语教学研究：基于山东省三所高等院校的
    教学调查 [D]．上海：上海外国语大学，2013.

[62] 隋晓冰．网络环境下大学英语课堂教学优化研究：基于佳木斯大学的
    实证调查 [D]．上海：上海外国语大学，2013.

[63] 王静．我国高校外语教育信息化政策发展研究 [D]．上海：上海外国
    语大学，2018.

[64] 许元娜．MOOC 资源在我国大学英语教学中的应用研究 [D]．大庆：

东北石油大学，2016.

[65] 周婷. 大学英语翻转课堂中的学生自主性研究 [D]. 南京：南京航空航天大学，2016.